学校選択のパラドックス

フランス学区制と教育の公正

園山大祐［編著］
Daisuke Sonoyama

Agnès Van Zanten, "Le choix des autres",
dans *Actes de la recherche en sciences sociales*, no.180, pp.25-34.
Copyright © 2009 *Actes de la recherche en sciences sociales*.
Reprinted by permission.

Jean-Christophe François & Franck Poupeau,"Les déterminants
socio-spatiaux du placement scolaire",
dans *Revue française de sociologie*, vol.49, no.1, pp.93-126.
Copyright © *Revue française de sociologie*, 2008, 49, 1, pp.93-126.
Reprinted by permission.

Marco Oberti "Différenciation sociale et scolaire du territoire",
dans *Sociétés contemporaines*, no.59-60, pp.13-42.
Copyright © 2005 *Sociétés contemporaines*. Reprinted by permission.

はじめに

　本書は，現代フランスでもっとも話題となっている教育問題を社会学的に考察したものである。我が国の教育争点の一つでもある「学校選択」というテーマを通じて，フランスにおける教育不平等の解消に向けた諸政策の結果から教育の公正について考えてみたい。ではなぜ，学校選択に焦点をあてた研究に注目するのか，本書の構成とともに紹介しよう。

　編者は，1980年代からフランスの移民の教育に関心を持って研究を行ってきた。初めは単純に外国人児童はいかにしてフランスの学校に受け入れられ，適応しているのかという疑問から研究を始めた。しかし，フランスの移民の受け入れ，および社会統合は決して他文化に寛容とはいえず，どちらかというとフランス文化への同化主義を基調とするものである。そこには移民の厳しい学業達成という問題を感じつつ，教育制度の構造的な差別に気がつかされた。そこから，フランスにおける「すべての子どもの成功」をスローガンとする教育政策に限界をも感じざるを得なかった。建前では，落ちこぼれを生み出さない，縮小するための様々な政策を打ち出すものの，他方では教育学歴のインフレとともに教育制度内外に脱落していく生徒たちがみられる。こうした教育制度内において排除される生徒たちが，学科，コース，言語選択，学校選択によって徐々にメインストリームである普通バカロレアから周辺の職業高校，中学校付設適応普通教育・職業教育科（SEGPA），地域圏立適応学校（EREA）等に追いやられていくシステムが実態として浮上してくる。

　こうした再生産論の問題がブルデューの研究実績以来，再度フランス社会に登場した発端には，2005年秋の郊外における若者の異議申し立て事件がある。問題は貧困生活の連鎖に集約される。記憶にも新しい2011年夏にイギリス・ロンドン市内で起きた暴動同様に，フランスでも若者の失業問題に対するいら立ちが，路上駐車している車に放火する形で連日連夜フランス全国の主要都市の郊外で事件となった。この問題は，移民が多く集住する郊外都市に共通した住

i

宅，就職差別に対する異議申し立てである。こうした郊外における低家賃集合住宅団地に住む多くは移民の2世以降の若者であり，学業を一定程度修めたにもかかわらず，「生粋の」フランス人と同等の資格をもってしても，それ以下の不安定な職業や，劣悪な低家賃住宅から抜け出せない生活環境および悪化した治安や教育環境のスパイラルに追いやられている。こうしたなかで，2007年5月の大統領選を前に左右両党の政権公約として教育不平等の解消を目的とする学区制の緩和・廃止政策が浮上する。学区制にとらわれることなく，自由に学校を選ばせることで学校間格差（地域間格差に強く影響を受けている）を縮小しようという試みである。はたして実態はいかなるものであっただろうか？

　本書の目的は，第1に2007年以降のサルコジ政権における学区制の廃止に向けた政策の問題点を明らかにすることである。政権5年目の最終年度である2011年時点，様々な問題が明らかとなり，すでに完全実施は難しいとされている。特にフランスでは，階層における不平等，地域（居住）間格差が激しいため，多くの社会学者より学区制の廃止は公正でないと言われてきた。第2に日本の学校選択研究に欠けている，階層の視点，経年比較をもとにした社会学的統計分析，都市社会学あるいは地理学の視点も入れた研究を本書で取り上げることでフランス社会学の複眼的な視点を紹介したいと考える。

　本論の構成としては，まず第1章では教育の不平等について，「教育の民主化」と「隔離」および「排除」をキーワードにフランスの教育の実態を整理することで教育課題を明らかにしたい。なぜなら，1963年から実施されている学区制だが，2007年の学校選択を導入した背景にはこうした教育の不平等があるからで，またその格差を解消することが目的とされているからである。

　このようなフランス教育制度の実態に加えて，それまで一部の例外措置として行われていた学校選択が，広く国民に知らされる形で公平な申請手続きの下，2007年度から実施されるようになる。第2章から第8章では，学区制の緩和によってかえって学校回避が進行し，地域間，階層間の棲み分け，およびそれによる各学校の学業格差が拡大している現状について分析を行っている。

　第2章では，学校選択がどのような社会階層に，どのような影響を与えているのか詳細に分析する。特に，そのことがもたらす教育の社会的不平等の解消にどの程度貢献しているのか，言及している。

第3章は，学校選択の一つである私立学校の選択についてまとめたものである。私学選択の理由というのは，政教分離のフランスの場合は，本来は宗教的な理由となるのだが，今日の学歴志向の浸透により，学業成功の手段として選択されていること，また同時に特定の社会階層に偏った選択となり，ここでも教育の社会的不平等の拡大となりかねない学校選択の課題が浮かび上がってくる。

　第4章では，具体的な親の学校決定のプロセスについて，パリ市における事例分析をしている。3章まではどちらかというと計量分析を重んじているが，4章では個人としての親の行為や動機に着眼点をおいている。インタビュー形式で親の考えが具体的に述べられて興味深い分析がされている。

　第5章は，フランスの教育社会学者ヴァンザンタンによる，（他者との関係性からの）選択行為の分析の翻訳論文である。著者は，フランスにおいて学校の地域文化，領土性（テリトリザーション）にいち早く関心を持って研究し，近年の都市郊外における文化に注目しながら学区制の政策分析を行っているひとりである。ここでは，学校選択にもっとも敏感な中間層内部の実践のちがいに注目している。

　第6章は，同じく空間に着目しているが，地理学者（フランソワ）と社会学者（プポー）との分析が融合された興味深い論文の翻訳である。学区制（カルト・スコレール）によって割り当てられる学校を避ける実践に注目し，パリ市の公立中学校を回避するメカニズムについて計量分析を行うことで社会的カテゴリー間にある不平等の社会空間的決定因の特徴を明らかにしている。

　第7章は，社会学者オベルティによる，従来の生徒の出身階層と学業達成との相関が強いこと（再生産論）に加えて，地域的な分布にも出身階層の影響が強い点について，パリの西に位置する郊外都市を事例に分析したものである。これまであまりフランスの社会学では分析されてこなかった，地域的要素，郊外都市の地理的な格差と社会経済的な格差がもたらす学校の不平等の再生産問題を明らかにした論文の翻訳である。こうした地理的な隔離（セグレゲーション）が，教育における不平等分析に取り入れられることは今後のわが国においても重要な視点と考える。

　以上の仏人の論文は，いずれもフランスにおける学校選択の研究の第一人者

とされ、今日欠かせない先行研究である。

　第8章では本書のまとめとして、フランス人専門家ウヴラールが、現在政府レベルでまとめられている学校選択の論争点について整理したものである。本章は2010年10月に日本で執筆者らを中心に行った研究会の議論を中心にまとめたものである。そこでは、生徒の出身階層、学力論、都市空間、私学との関係における学校選択の影響について考察している。また、こうした学校選択の政策結果についても、明らかにしている。

　最後に終章として、2010年10月にウヴラール氏来日の際に行った対談、日本の学校選択研究との比較を掲載した。日仏比較について興味深い議論がなされたため、読者にとっても参考になると考え、インタビューそのままを掲載している。特にフランスの教育問題について初めて読まれる方には、むしろこちらの対談から読み進められると本論が読みやすくなるかもしれない。いずれにしても、学校選択の研究を通して、フランスの社会学の奥深さが広く知られること、特にわが国においてもより精緻な教育統計の収集と公表が政府レベルで実施されることを切に願う次第である。

　なお、本書の議論はパリおよびその近郊を主眼としているが、これは一つに学校選択の問題が主に都市部に限定された問題であるという理由と同時に、フランスにおいても他の都市を事例とした研究が非常に少ないためである。（パリ市およびその近郊都市について巻末に資料として地図を付しておいた。必要に応じて参照いただきたい。）また、フランスで学校選択といったときは中学校の選択を指す。それは、高校からの進路選択に向けた一つの重要な時期とされているからである。高校は普通、技術、職業高校と3つに分岐するが、なかでも大学への道が最も開かれているとされている普通高校への進学に向けた（高校進学者の約半数）準備として、高校入試がないフランスでは中学校の成績が最も重要な材料となるからである。そのため、本論でもたびたび紹介されるように、中学校の選択が、将来の高校の進路の決定因となる。そしてこうした学区外の学校を選択するには、居住地区の指定校にはない外国語の選択あるいは、特殊な専門課程（音楽、美術、スポーツ）を専攻するといった教育戦略が意味をもつことになる。とはいえ、こうした例外措置の申請をするには、周到な準備を必要とし、社会関係資本が左右するだけに、出身社会階層や住宅地域の選択

（つまり学校の選択）といったことが決め手となっている。なお，フランスの学校選択は，あくまでも教員数（学級数）を増やすことなく例外措置を認める制度である。ゆえに，限られた社会階層や居住地に限定された市場となっている。こうしたフランス事情を踏まえて読み進めていただきたい。

 2012年2月

執筆者を代表して 園山 大祐

学校選択のパラドックス
フランス学区制と教育の公正

目　次

はじめに

第1章　戦後教育の「民主化」と「隔離化」……………………………… 1
園山　大祐

　　はじめに　1
　　1．教育の大衆化と社会階層間格差の維持　　3
　　2．教育の隔離とは　　6
　　3．家庭の教育戦略にみる進路指導への影響と学業達成の拡大　　14
　　4．進路指導と学校の教育効果　　16
　　おわりに　20

第2章　フランスにおける学校選択行動の社会階層的類型 …………… 27
　　　　　――学区制廃止は教育の社会的不平等の解消に貢献するか？――
荒井　文雄

　　はじめに　27
　　1．上流階層の多面的教育投資戦略　　28
　　2．妥協としての学校選択　　36
　　3．学区制度と庶民階層　　44

第3章　私学の役割機能変遷にみる世俗化現象 ……………………………… 51
　　　　　――私学選択にみる学歴志向の浸透を視点として――
園山　大祐

　　はじめに　51
　　1．私立学校と公立学校に違いはあるのか　　52
　　2．パネル調査にみるザッピング状況の意味するところ　　57
　　3．おわりに　　60

第4章　「選択」の形成——ケースからの思考—— ……………………… 65

小林　純子

はじめに　65
1．一般的傾向　69
2．納得型の選択——自明の選択／ブラン氏のケース　70
3．経験型の選択——「道徳的考慮」を求めて／ボネ婦人　73
4．躊躇型の選択——「卓越性」を求めて／パスカル婦人のケース　76
5．欠如型の選択　79
おわりに　84

第5章　他者を選ぶ——判断，戦略と学校のセグレガシオン—— ……… 91

アニエス・ヴァンザンタン

小林　純子訳

はじめに　91
1．選択の基準と足かせとしての「自分たちとは違う」他者
　　という認識　93
2．選択の形成と，判断の手段，行動に資するものとしての
　　「自分たちのような」他者の重要性　100

第6章　就学実践の社会空間的決定因 ……………………………………… 117

——パリの中学校に適用される統計的モデル化の試み——

ジャン=クリストフ・フランソワ／フランク・プポー

京免　徹雄・小林　純子訳

はじめに　117
1．理論的仮説と調査対象地域の選定　119
2．就学実践の社会空間的モデル化　121
3．方法論的手段とデータの構築　124
4．学校の近隣状況の競合空間　130
5．生徒の移動と就学実践の社会空間的差異に関連する結果の総括　139
6．社会的変数と空間的変数　142

ix

第7章　居住地域の社会的・教育的差異化 ……………………………… 155
　　　　　　──不平等と地域状況の研究──

　　　　　　　　　　　　　　　　　　　　　　　　マルコ・オベルティ
　　　　　　　　　　　　　　　　　　　　　　　　荒井　文雄訳

　　はじめに　155
　　1．方法の選択と研究対象フィールド　160
　　2．教育供給と自治体の社会階層的特徴　163
　　3．自治体の教育的・社会階層的特徴と学校移動　166
　　4．ナンテール市とリュエイユ・マルメゾン市──教育行動の原動力が
　　　自治体の階層的特徴と教育供給に密接に結びついていること　173
　　5．社会的・教育的混成に向けていったい何が可能か？　179

第8章　学区制に関する研究と論争 ……………………………………… 191

　　　　　　　　　　　　　　　　　　　　　　　　フランソワーズ・ウヴラール
　　　　　　　　　　　　　　　　　　　　　　　　園山　大祐訳

　　はじめに　191
　　1．生徒の学力による中学校の序列化の強調　191
　　2．学力成績優秀者と低学力層の格差は拡大している　193
　　3．最後の文脈：都市問題における隔離の悪化状況　194
　　4．暫定的な結論は？　196

終　章　対談：日仏の学区制度と学校選択 ……………………………… 203

　　　　　　　　　　　　　　　　嶺井　正也×フランソワーズ・ウヴラール
　　　　　　　　　　　　　　　　聞き手／園山　大祐　　翻訳／小林　純子

おわりに　225
巻末資料（フランス学校系統図，パリ市周辺地図）　230
人名索引　233
事項索引　235
略語表記　238

第1章

戦後教育の「民主化」と「隔離化」

園山　大祐

　はじめに

　フランスにおける「排除」(exclusion) という言葉が市民権を得たのは，ルノワールによる『排除された人々』(*Les exclus*) (1974) にまで遡ることができる。ただし，当初主な対象としたのは，障がい者，高齢者，外国人（移民）などであった。今日的な学校における社会的排除の論争は，ブルデューによる一連の研究に始まる。日本では，『ディスタンクシオン』(1979=1990) の翻訳を待たなければならないが，1978年に雑誌『社会科学研究誌』に掲載された"Classement, déclassement, reclassement"（「格付け，格下げ，再格付け」）において，教育爆発による弊害を指摘している。ここで言う「排除された人々」は，教育の大衆化によって教育の不平等，隔離的な民主化（démocratisation ségrégative）が進むとする80年代の教育社会学研究に通じている。

　つまり，ブルデューは，学校（中等教育）の開放は社会階層の上昇移動に必ずしも，すべての出身階層に均等には開かれないことを前述の論文で明らかにしている。また，資格のインフレ現象による 'dévalorisation'「価値の低下」が生じ，非富裕層にとってはますます厳しい選抜機能がより低階層に強く働くとした。こうした点は，改めて社会格差の拡大と相まって，今日，教育政策（同一年齢層50％の高等教育学歴取得に向けた）の争点となっている。その中心的な論者が，日本でも馴染みのある M. デュリュ＝ベラである。彼女の『フランスの学歴インフレと格差社会』(2006=2009) は，2000年代に記した一連の著作

をまとめたものである。ここでも，déclassement（「社会的格下げ」，林昌宏訳）がキー・コンセプトの一つとなっている。彼女によれば5人に1人が新規採用時において格下げされている。ただし，ブルデューらの研究と異なるのは，デュリュ＝ベラの関心は，「進路指導」（orientation）にあり，これこそがフランスの教育制度の欠陥としている点にある（後述）。

　とはいえ，70年代における社会学研究の功績は，今日まで引き継がれていることは紛れもない事実である。たとえば，90年代初期にブルデューが中心となって行った『世界の悲惨』（*La misère du monde,* 1993）におけるインタビュー調査を通じた分析では，すでに「内部から排除された人々」（Les exclus de l'intérieur）が描かれ（Bourdieu & Champagne, Broccolichi & Œuvrard），86年，90年秋に起きた高校生たちによるデモ行進を通じてかれらの悲痛な思いを綴っている（Broccolichi, Accardo）。同時に，本来受け入れるべきではなかったとする教員たちの低学力層の高校生への戸惑いが記されている。あるいは，後のボー（Beaud）の研究にもあるような，学生文化を知らない家庭出身の「学生第一世代」の問題が述べられている（Balazs, Caille, Lemaire）。こうした従来のエリート型の中等教育は，16歳まで義務教育を延長（1959年），技術バカロレアの創設（1968年），4年制統一コレージュ改革（1975年）および職業バカロレアの設置（1985年）による中等教育の大衆化路線によって，明らかに国民の教育水準を上げた（Afsa, Baudelot 1971, 1989, 2006, HCEEE, Maurin 2004, 2007, Merle, Prost）。この間，落第率の減少に向けた政策や，学科，コース，選択教科の拡大による高校までの就学率上昇は達成されるものの，教育制度「内部における排除」は一段と厳しくなっているとされている（Berthelot, Duru-Bellat, Duru-Bellat & Van Zanten, Convert, Dubet, Garcia & Poupeau, Education et formations, Laforgue, Laurens, Lautrey, Terrail, Thélot）。さらにはエリート型の学校文化は変容しなかったため，学力が十分でない生徒への配慮に欠けたことによる学業失敗者や不本意進学者の増大となる。これに加えて，90年代以降の景気低迷による就職率の低下が，学歴インフレによって資格偏重主義へと追い打ちを掛けつつも，就職難となる。それゆえ，先述した社会的格下げが生じた。

　したがって，今日では教育経済学や教育社会学研究より，80年代以前との比

較においてより厳しい就職率と社会移動の厳しさが指摘されている（Boudon 2001, Chauvel 2006, CAS, Gurgand & Maurin, Maurin, E, Goux, Maurin 2009, Thélot & Vallet, Vallet）。

あるいは，教育の大衆化ゆえに競争が中間層を主に一部激化しているため，消費者としての学校選択（Ballion, Hirschhorn）や，市場としての学校に関する研究も始められ，最近では学校選択研究が盛んに行われ始めている（Barthon & Oberti, Ben Ayed, Gilotte & Girard, Meuret, Duru-Bellat, Broccolochi, Oberti, Poupeau & François, Trancart, Van Zanten 2009, Van Zanten & Obin 2008, Visier & Zoïa）。フランスの学校選択研究では，特に地域間の格差に注目した研究が多い。つまり，最大の問題は郊外の移民街の学校から旧市街にある伝統校あるいは私立校への生徒の流出に関する学校回避（évitement）にあり，住宅地域間格差が問題となってくる。

以上にみてきた出身階層と教育結果の関係から生じる結果の不平等について，社会正義（justice sociale）あるいは公正（équité）という観点から，学校の「効力」（effet）に関する研究もされている（Demeuse, Derouet, J-L & Derouet-Besson, M-C., Van Zanten 1996）。特に，フランスでは優先教育地区における学校の教育実践に注目したエスノグラフィー研究は多数ある（Armand & Gille, Dutercq & Derouet, Moisan & Simon, Payet, Van Zanten 1997, 2001）。

ここでは上記の先行研究から，まず60年代以降の教育の大衆化について整理し，つぎに教育の民主化が謳われた80年代以降の隔離について分析する。そして「内部から排除された人々」について親の教育戦略（parentalité）による学校選択（回避）と進路指導の弊害について考察する。

1．教育の大衆化と社会階層間格差の維持

フランスにおける教育課題は，60年代に始まった「教育爆発」「教育の大衆化」以後，階層間における教育の結果の不平等を，どのように克服できるかという「教育の民主化」（社会格差の是正）を課題としている。たとえば，同一年齢層におけるバカロレア（大学入学資格試験）合格者は，1945年の3％から，1975年25％，1990年44％，2008年の64％までに上昇している（表1-1，図1-

表1-1 バカロレア取得率

	1970	1980	1990	2000	2008
普通BAC	16.7	18.6	27.9	32.9	34.6
技術BAC	3.4	7.3	12.8	18.5	16.6
職業BAC	n.d.	n.d.	2.8	11.4	12.6
計	20.1	25.9	43.5	62.8	63.8

出典：RERS (2009) p. 235

図1-1 同一年齢層に占めるバカロレア取得率の推移 (1851-2008)

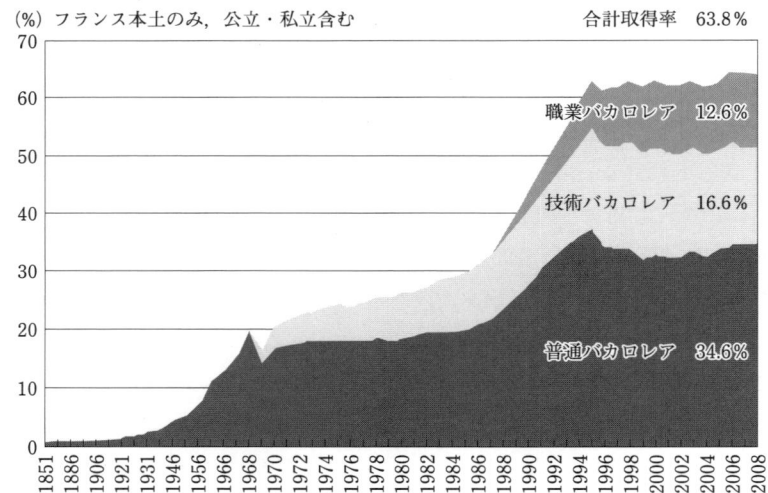

注) 2008年度は，普通バカロレア34.6%，技術バカロレア16.6%，職業バカロレア12.6%を併せた合計取得率は，63.8%である。フランス本土のみ，公立・私立含む。
出典：DEPP (2009)

1参照)。また，最近では2015年までに高等教育レベルの資格取得者を同一世代の50%にすることが打ち出されている (HCEEE)。

すでに，2005年にフランスのフィヨン教育大臣は，国の教育目標を次のように設定した。

「生徒全員が学校教育終了時に何らかの公認資格を獲得できるようにするようにし，同一世代の80%がバカロレア水準に到達できるようにすることを，

表 1-2 2008年度各バカロレア取得者の社会階層

	普通	技術	職業
農民	54.8	25.1	20.1
職人・商人・工場長	50.4	25.4	24.2
管理職・自由業	**75.7**	16.3	8.1
うち中等以上の教員	**83.2**	13.1	3.7
中間職	58.3	27.4	14.3
うち初等教員	**76.7**	15.4	7.8
従業員	48.4	31.3	20.3
労働者	**34.0**	31.4	34.6
退職者	39.0	26.8	34.2
計	53.9	26.2	19.9

出典：MEN（2009）pp. 32-33

教育制度の目標として定める。さらに，同一世代の50％を高等教育修了に至らせることを，目標として定める。」（「学校基本計画法」の付属報告書）

また，すべての生徒が，同一の教育水準に到達するために，学習指導要領を精選した「共通基礎」（Socle Commun）を策定し，すべての生徒が義務教育終了時に前期中等教育修了国家免状（DNB）の取得を目指している。

他方，社会階層間の格差は歴然としている。1995年の第6級（中学1年）入学者のうち，バカロレア取得者は，労働者層で34％に対し，管理職・自由業及び教員層では倍以上となっている（表1-2参照）。

すべての生徒をより高い教育段階に導くために行った80年代の政策を社会階層と学業達成の結果からより詳しく検証してみよう。

60年代以降，教育の機会の拡大，教育の大衆化を施し，1975年のアビ改革の下，統一コレージュ（中学）が実現されたことで，すべての生徒に同一の教育機会が保障されたとされてきた。つまり進路指導は，高校からと考えられてきた。しかし，中学校における学校選択（中等全体で約2割は私学を選択し，1割は校区外の公立を選択する）は深刻化していて，明らかに特定の階層に有利に働いている。また高校選択についても同様の階層間格差がみられる。これらは，皮肉なことに，一見公には同一の統一コレージュとしながらも，実は中学校間

格差は，一部の教員を中心に学校選択の基準が形成されてきた。それは，伝統的な寄宿制高校（普通バカロレアの合格率の高い高校）に近い中学校であり，アグレジェ（高等教育教授資格）教員の存在，あるいは古典語（ギリシャ語，ラテン語）の選択，希少言語（ドイツ語）などの選択科目の開講の有無によって，公立中学・高校を選択してきた一部の階層（教員・知識層）を有利とする「抜け道」が存在し（Barrault），その結果，学業達成の格差が維持され，あるいはより固定化されたと考えられる。こうして取り残った生徒を，ブルデューらは「内部から排除された人々」と呼ぶ。これに加えて，80年代以降，フランスは深刻な景気の後退を通じた経済格差も生じ，低階層を中心に社会移動の可能性を閉ざした社会へと転じている。このことを端的に表した出来事として，2005年の秋に都市部の郊外で起きた定住移民を中心とした若者の暴動がある。こうした郊外（banlieue）問題は，以前から問題とされてきたが，大統領選を控えていたため，フランス国民，および政治家に危機感を与えたことは大きな転機となった。

2．教育の隔離とは

　以上みてきた60年代の先進国に共通した教育爆発と呼ばれた教育の大衆化は，フランスも例外ではない。現在フランスの就学率は，16歳で96.6％，17歳で92.2％である。さらには，ひとり平均約19年（3-22歳）の就学年数となっている。2008年度の統計では，20-24歳の若者層の83.3％は，高等教育進学者，バカロレア取得者，あるいはCAP/BEP取得者である（表1-3，図1-2参照）。これは，明らかに戦後の教育改革および経済成長による効果である。特に，1980年代から90年代半ばをピークに急激に就学率が上がり，高校および大学への進学者数が急増している（図1-1参照）。

　ただし，表1-4のように，教育年数からもみてとれるように，短い人と長い人とには8年近い開きがある。さらに，1988年と1998年の比較からは，教育年数の長かったものが更に延ばしていることが読み取れる。

　ここで若干教育の内容面でみると，小学校最終学年の5年生における学力テストの結果では，上位10％の成績は，下位10％の成績の倍の点数を獲得してい

表1-3 20〜24歳における学歴状況の推移（1991〜2008年）

	1991	1996	2001	2006	2008
Bac＋	39	55	62	66	65.7
BEP	10	—	—	10	10.1
CAP	20	—	—	8	7.5
BEP/CAP	—	22	19	—	—
小計	69.4	77.0	81.8	83.2	83.3
Brevet・無資格者	30.6	23.0	18.2	16.8	16.6
合計	100	100	100	100	100

注）Bac＋とは，バカロレア以上の資格を取得した者。
出典：MEN（2009）pp. 28-29

図1-2 フランス本土の最終学歴状況（2006〜2008年）

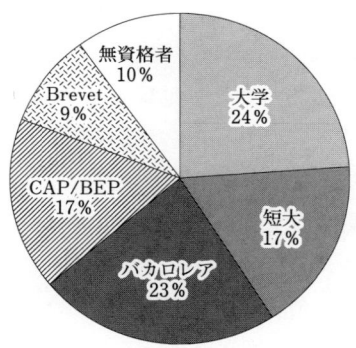

注）大学とは，DEUG，学士，修士，DEA，DESS，博士，グラン・ゼコールの学生を指す。短大とは，BTS，DUT，医療補助・福祉系の学生を指す。
出典：DEPP（2009）

表1-4 教育期間の年数

	1988年度	1998年度	差
最短10％	16	17.2	＋1.2
最長10％	22.9	25.1	＋2.2

出典：Merle（2002），p. 86

2．教育の隔離化とは

る。小学校の入学時から一度も留年をしていない生徒と留年を経験した生徒の開きは，12得点差（百点満点）となっている。そして，管理職および自由業の親を持つ生徒と，労働者層には，仏語で9得点，算数で13得点差がみられる。これは，男女差以上の開きとなる（仏語では女子が4点高く，算数では男子が2点高い）(Duru-Bellat 2009)。

こうした格差は，実は小学校の入学時から始まる (Caille & Rosenwald, Duru-Bellat & Mingat 1997a, 1997b, 1988)。さらには，こうした差は，学校以上に家庭間における差異が影響している。つまり，生活言語，住宅環境など文化資本の違いにある。

2005年の中学入学時の学力テストでは，さらに拡大し，管理職と労働者層では仏語で14点，数学で16点の差がある。小学校同様に，これはジェンダー差以上の開きとなる。また，フランスにおける小学生の学力は，仏語（1997-2007年），算数（1987-1997年）の20年間でみると下がっている。特に，仏語の低下は低階層により深刻で，つまり格差が拡大している。算数については，階層間における開きは弱く，全体的な低下である (Duru-Bellat 2009)。

2008年の17歳以上のフランス人を対象とした読解リテラシーのテスト（JAPD）で約10％が並以下とされ，12％は深刻な問題を抱えているとされている。ここでも，女性より男性により多くの困難がみられる (De La Haye)。

中等教育における階層間格差は，バカロレアのコースごとにみられる階層間格差である。1970年から2000年にかけてバカロレアの取得率は，20％から64％へと拡大した。こうした拡大は，一つには，バカロレアコースの複線化にある。今日では1808年に設置された普通バカロレアに対し，1968年に技術バカロレアそして1985年に職業バカロレアがそれぞれ設置され，バカロレア取得者の約半数を技術および職業バカロレアが占める（図1-1，1-3，表1-1参照）。ちなみにバカロレア取得率のジェンダー差は，2008年度の男子の取得率が58.4％に対し，女子は69.6％である。

表1-5をみると，職業階層間におけるバカロレア取得率の違いがよくわかる。つまり，管理職（教員を含む）の普通バカロレア取得率が約35％なのに対し，労働者では約12％にまで落ち込む（下線部分）。この開きは，難関とされる理数系バカロレアSでは，4倍近い差となる（太字部分）。バカロレア全体

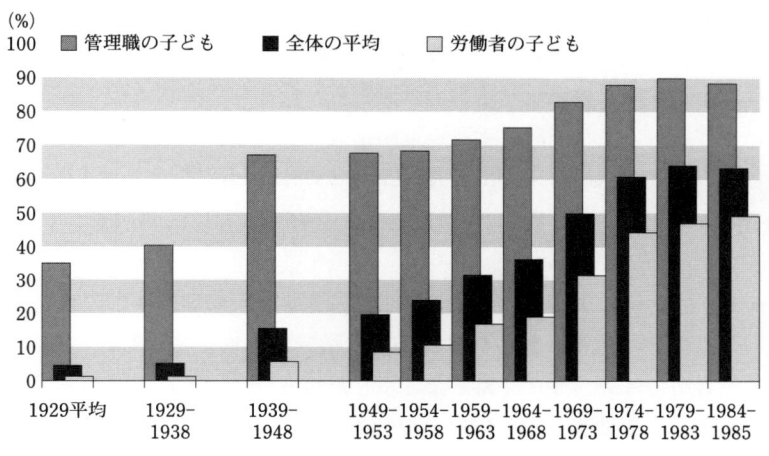

図1-3 バカロレア取得率にみる階層間格差

注)棒グラフは,奥が管理職,真ん中が平均,一番前が労働者層を示す。
　　年号は,生まれた年を指す。
出典:MEN (2009) pp. 32-33

表1-5 バカロレア取得者の職業階層(%)

	6級	Bac 全体	職業 Bac	技術 Bac	普通 Bac	理数系 S
農民	2.3	3.3	5	3.5	2.7	3
職人	7.4	9.1	9.3	9.3	8.9	8.1
管理職*	13.8	*24*	8.2	14.3	<u>34.8</u>	**40.2**
中間職	15.6	17.5	12.4	17.9	19.2	19.2
従業員	16.4	16.3	17.7	19	14.5	11.8
労働者	31	*18.2*	26.2	23.7	<u>12.4</u>	**11.4**
退職者	1.1	2.6	4.2	2.8	1.9	1.7
無職者	10.8	5.3	6.8	6.6	3.8	3
不明	1.7	3.7	10.2	2.9	1.8	1.6

注)管理職*には,教員が含まれている。
出典:MEN (2002), panel 1996

2.教育の隔離化とは

の差が24対18（斜体字部分）と6ポイント差であったことからしても階層間格差は一目瞭然である。こうした点は，中学生から徐々に観られ始め，学年が進行するにしたがって格差が拡大していることがわかる。ゆえに，デュリュ＝ベラらは，小学校からの成績，落第の有無から，いかなる教育支援を施し，学力の低い子どもへのより一層の手厚い進路指導および保護者への説明が必要であるとしている（Bressoux, Caille & Rosenwald, Chausseron, Defresne & Rosenwald, Duru-Bellat 2002, Duru-Bellat & Mingat, Guichard, HCE, Mingat 1984,1991, Pascal）。

　デュリュ＝ベラによると，1995年に中学に入学した管理職層で，普通ないし技術バカロレアを取得した生徒は79.5％，職業バカロレアは0.6％である。他方，労働者層では32.4％と5％となる。したがって，バカロレアの取得者が大衆化したのは事実であるが，同時に階層間格差は縮小されていない（図1-3に同じ）。さらには，教育期間の延長が達成されたもののバカロレアの種類による学歴のヒエラルキーが維持されている。こうしたことから，「隔離的民主化」（démocratisation ségrégative＝「差別型民主化」林昌宏訳 p. 73＝p. 43）と呼ばれ，教育の不平等を指摘する研究がされている（Duru-Bellat, Maurin）。あるいは，学歴インフレや社会的地位のデフレ現象「社会的格下げ」（déclassement）を警告する研究者もいる（CAS, Chauvel, Dubet 2010, Duru-Bellat 2006, Maurin 2009）。

　1999年に全労働者におけるこうした職業階層間にみる最終学歴の取得率を示したのが表1-6である。ここでも，管理職と教員出身の子どもの63％はバカロレア取得後2年以上の学業を修めているものの，労働者では1％となる（下線部分）。そのため，バカロレア取得がより多くの出身階層に開かれたことを歓迎すると同時に，高等教育の大衆化による問題も指摘されている（Beaud）。つまり，高等教育におけるドロップアウトあるいは，不本意入学者への対応，さらには大学教育の在り方などである。

　先述したように，一連の進路指導研究によれば，教育の大衆化によって，従来であれば小学校から落第等によって，篩に掛けられてきた生徒が，中学，さらには高校に進学するようになっている。特に中間層のバカロレア取得率が上昇していると言われている。そのような中でも，統一コレージュ以降も残され

表1-6　表6．最終学歴と職業階層（％）

	無資格	小学	BEPC	CAP, BEP	Bac, Brevet Pr.	Bac＋2未	Bac＋2取
農民	14	20	8	36	15	5	2
職人	11	11	9	40	15	7	8
管理職*	2	2	4	6	11	13	<u>63</u>
中間職	3	3	7	20	22	31	13
従業員	13	11	12	35	18	8	3
労働者	25	12	7	45	8	2	<u>1</u>
全体	12.3	8.5	7.9	30.9	15.2	12.4	12.9

注）管理職*には，教員が含まれている。
出典：Insée, *données : 1999*, recensement. Actifs ayant un emploi

図1-4　普通中学とSEGPAにおける階層格差（％）

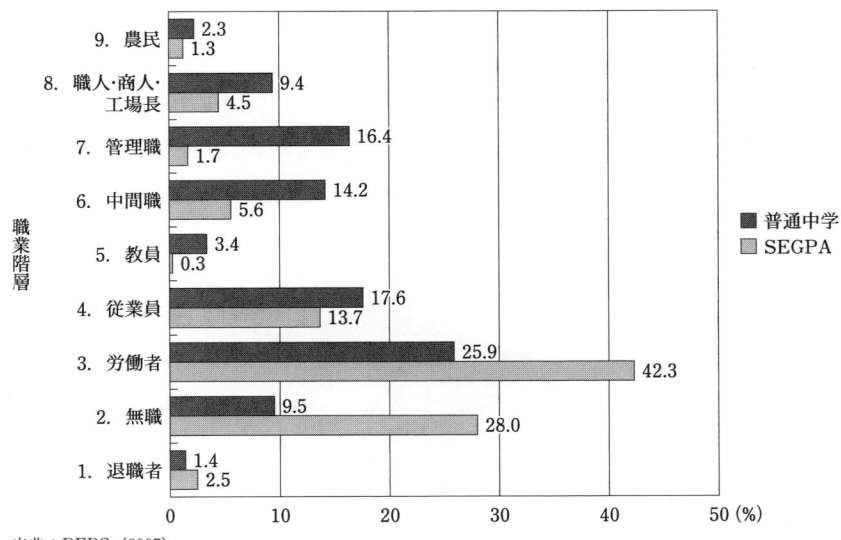

出典：RERS（2007）

2．教育の隔離化とは　　11

表1-7　出身階層と学歴（1998年度）

	下層	うち労働者と失業者	中間層以上	うち管理職
SEGPA	88.0	**68.3**	12.0	1.6
CAP	79.3	57.4	20.7	3.9
BEP	75.6	52.8	24.4	4.7
第2課程	22.5	<u>11.0</u>	77.5	*36.7*
第3課程	15.2	<u>6.1</u>	84.8	*45.2*

注）第2課程（修士課程），第3課程（博士課程）。下層（労働者，従業員，失業者），中間層以上（その他すべて）。
出典：Merle（2002），p. 88

ている低学力者の受け皿となっている進路がある。それは，中学に併設されている学科のSEGPA（付設適応普通教育・職業教育科）である。図1-4にみられるように，職業階層ごとにこれらSEGPAの利用者に格差が生じている。具体的には，SEGPAの利用者は，42.3％の労働者と28％の無職者層である。最も低いのはここでも教員である（0.3％）。

　表1-7では，出身階層と最終学歴の相関を示している。労働者および失業者の68.3％（太字部分）がSEGPAを終了し，高等教育の第2課程（修士）以上はたった17.1％にしか満たない（下線部分）。逆に管理職の子どもでは，第2課程以上は81.9％を占める結果となる（斜体字部分）。

　このような格差が職業階層と一致するのはなぜなのか。フランスの進路指導研究では，進路の決定プロセスにおける保護者の主張が最大限に尊重されるからだとされている。つまり，学校側，生徒，そして保護者との三者面談において保護者の持つ子どもへの教育期待（アスピレーション）が高いほど，大学まで進学できるような学科，コース，教科を選択するということである（Duru-Bellat 2002, Duru-Bellat & Mingat 1988）。

　たとえば表1-8は，そのような落第と父親の学歴との関係を明らかにしたものである。80年代から90年代半ばにかけて，初等および中等においても落第率は半減している。しかし，第3級（中学4年生）入学時点における落第率は，父親が無資格ないし小学校卒レベルの場合，半数以上（54％）となり，他方で，高等教育2年生（Bac+2）以上の学歴を持つ父親の場合は，約14％と低い数値

表 1-8 父親の学歴と落第（第 3 級入学時点）(%)

	落第率	1年遅れ	2年遅れ
無資格・小学校	<u>54.0</u>	43.5	10.5
高校*	36.5	31.0	5.6
バカロレア	22.4	19.3	3.1
バカロレア＋2	<u>14.1</u>	12.1	2.0

注）高校*とは，次の職業資格，CAP, BEP, BEPC 取得者を指す。
出典：Insée, *enquête emploi*, 1998, 2002

表 1-9 第 6 級からグラン・ゼコール準備級への進学率（%）

	6級	Bac全体	普通Bac	Bac＋m	CPGE
労働者＋無職	38	29	19	15	9
従業員	18	16	14	11	7
農民・職人・商人	11	11	10	9	9
中間職	17	21	24	23	20
管理職・自由業	16	23	33	42	<u>55</u>

注）6級（中学1年生），Bac（バカロレア），Bac＋m（バカロレア特記評価有），
　　CPGE（グラン・ゼコール入学試験準備級）を意味する。
出典：MEN, panel 1995

となっている（下線部分）。

　次に，エリート養成の側面からみてみたい（Albouy & Tavan 2007, Albouy & Wanecq 2003）。フランスには，大学とは別にグラン・ゼコールという高等教育機関が存在するが，このグラン・ゼコールに入学するにはバカロレアで優秀な成績を修め，かつグラン・ゼコールの入学試験準備級（CPGE）に入学するのが一般的である。表 1-9 に示されているように，CPGE 学生の半数以上 55%（下線）が管理職・自由業層となっている。CPGE に 2 年間在学し，グラン・ゼコールの入試を受験しなければならず，合格への道は険しいだけに，こうしたエリート校への道を選ぶのは，そもそも親自身もグラン・ゼコール出身者であると言われている。それだけに，純粋な学業成績だけではなく，エリート文化資本を持っているかどうかによる自己選抜（auto-sélection）が働く（後述）。保護者の教育戦略の違いが進路指導に影響を与えることは先述したとおりだが，こうしたエリート養成にも言える。管理職層の子どもで特記評価（mention）

図1-5　6級からCPGEにおける出身階層

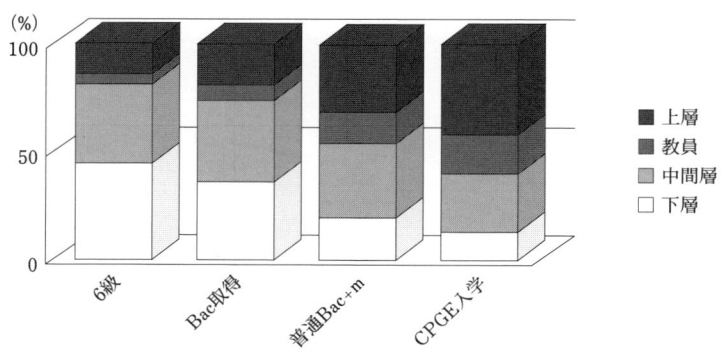

注）普通 Bac+m（＝普通バカロレアに特記評価がある者）
出典：MEN（2003）, *Les Dossiers*, no. 146, p. 35

「良」以上の普通バカロレア取得者の47％はCPGEに進学するが，労働者層では18％にとどまる。中学校1年生の16％を占める管理職と自由業層が，大学進学者の32％を占め，STS（短期大学）では14％に止まり，CPGEの52％を占める。その後，グラン・ゼコールの62％を占め，大学の第3期課程（博士課程）においては，45.7％を占めている（Duru-Bellat 2009）。表1-9にみるように，中学生（6級＝中学1年生）の16％を占めていた管理職と自由業層が，その3倍以上の比率でCPGEに入学できるのは偶然ではないだろう。明らかな進路指導上の誘導（特に保護者）が効力を発揮した結果と言える。ただし，これまではこうした進路決定は，あくまでも三者面談による学業成績を中心とした公正な審査結果とされてきた（図1-5，1-6）。

3．家庭の教育戦略にみる進路指導への影響と学業達成の拡大

フランスの中学は，基本的にエリート教育的文化が現然としてみられる。1975年のアビ改革によってすべての中学が統一され，2005年には「共通基礎」が制定されたが，できる生徒を中心に授業が展開されていく学校文化は色濃く残っている。したがって，中学入学時に優秀な生徒の成績が修了時に最も伸びているといった学力調査の結果からも証明された事実となっている。同時にこ

図1-6 高等教育における出身階層

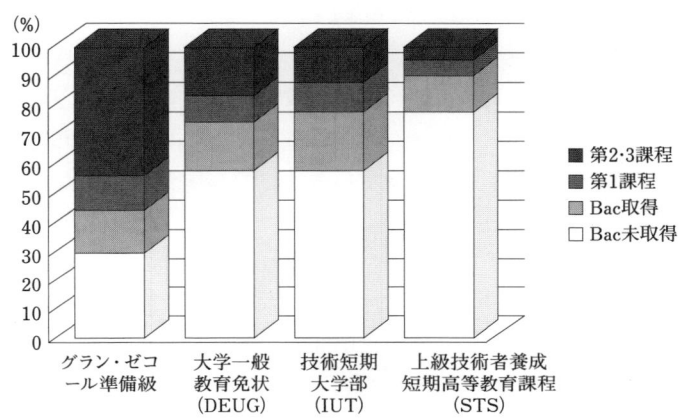

出典：MEN (2003), *Les Dossiers*, no. 146, p. 41

うした学力調査からも，約15％ほどの深刻な学習困難な生徒が問題となっている。こうした学力格差は，縮小されるどころか，むしろ中等教育機関において拡大されているのが現状である。ただし，こうした格差拡大の要因は，学校教育に由来する側面と，教育制度の構造的な側面による。後者は，選択科目，外国語の選択，進路指導によるコース選択，あるいは学校そのものの選択による結果も無視できない。そして，こうした選択による結果への影響がますます大きく，かつての様に高校入学時で選択していたことを，近年では中学の段階から親の判断が重視されつつある。当然ながら，このような親の選択の判断力には，親の職業，学歴等が強く影響し，また親の子どもへの期待，学歴への価値づけも同様である。たとえば，自己評価（選抜）における違いもこうした学歴や職業階層による影響がみられる。中学最終学年において，20分の9という成績の生徒では，管理職の親では66％，労働者の親では18％が普通科コースの高校への進学を希望する。つまり，職業階層が低くなるにつれ子どもの進路に関する自己評価（選抜）が狭まる傾向がある。こうした階層間にみられる進路選択の差異を学校の進路判定会議においても暗黙の共通認識とされている（Duru-Bellat 2009）。この問題は，最近の学校選択研究においても指摘されている（Van Zantenほか）。

3．家庭の教育戦略にみる進路指導への影響と学業達成の拡大

4．進路指導と学校の教育効果

　2007年以降，学区制の完全廃止に向けた政策を行っている。とはいえ，2010年度から完全廃止を選挙公約にしたサルコジ大統領も，近年の研究結果にみられる学校間格差拡大に戸惑いを感じていることであろう。それは，中間層の予想以上の学校選択にある。これまでも，2割程度の私立学校選択と，1割程度の公立間の選択を数え，実際には富裕層における学校選択は浸透していた。これは同時に，住宅事情に見られる階層間の棲み分けや，移民層の集住による特定学区への低階層，移民層の集中が，中間層以上の出身層の通学区域の回避を後押ししてきた。あるいは，教育困難校の象徴であるZEP（優先教育地区）の学校を避けようとする保護者の心理的な問題が加速させている。こうしたことが，隔離された地域を生み出してきたとされている（Ben Ayed, Felouzis, Van Zanten 2001）。一般的に教員と管理職は，学区内外の公立学校を選択し，民間企業管理職と自由業は，私立学校を選択するとされている。さらにこうした教育戦略は，中間層にまで拡大し，学校選択が盛んになってきている。

　また，こうした学校選択の背景には，バカロレアの合格率の高低，あるいは個別指導など学習環境の質に関係している。学歴重視の傾向が80年代以降に強められ，広く中間層にまで拡大している傾向がうかがえる。当初は，主に私学選択に限られていたが，近年は公立間，および高校から中学校へと選択幅の広がりと併せて低年齢化がみられる。

　フランスにおいても，学校間格差について徐々に研究成果が報告されていて，「学校効果」についての分析が見受けられる。その一つに，デュリュ＝ベラらの研究がある。かれらの研究を始め学校効果研究の成果とは，中間層の生徒は，より庶民的な学校に通学させるより，富裕層の学校に通学する方が高いアスピレーションを発達させることができるとしている。富裕層の生徒においては，中間層の生徒ほど影響がないとされている。したがって，進路指導における学校選択は，その後の成績により中間層以下に大きな影響を与える。フランスのように，進路選択を学校側と保護者と生徒の三者協議で判断をし，最終的に親の主張が尊重される制度である場合，保護者の教育戦略が重要となる。進学先

の中学や高校の情報および，各言語選択の環境についてどれくらい熟知しているかがその後の子どもの将来の大きな決め手となる。デュリュ＝ベラが述べているように，家庭環境による文化資本は，こうした学校の教育環境と同じかそれ以上に生徒の習熟度に影響を与えている。特に低学力者や，非富裕層により強く影響することが指摘されている（Duru-Bellat 2002）。

　学級編成においても同様に生徒の成績に影響を与えていることが指摘されている。フランスにおいては，習熟度別学級は認められていない。しかしながら，選択言語別に学級を編成したり，選択教科別に編成されることから，言語別や教科別にみられる能力の違いが，クラス編成にも影響を与え，一般的に古典語の選択クラスに成績上位が多くなり，ラテン語系の言語（スペイン語）選択をした学級には成績下位の生徒が増える現象が起きる。当然のことながら，先の学校間格差同様に，学級間の雰囲気が中間成績層に与える影響は大きく，こうしたことから成績による習熟度別を避けるよう言われている。デュリュ＝ベラらの研究では，低学力層の生徒は学級編成が多様な場合には，成績上位者だけで編成された学級成績との間で2倍の進歩がみられたとしている（Duru-Bellat & Mingat 1997a, 1997b）。

　さらにフランスにおける教員の配置には，定期異動がないため伝統的な成績上位の学校にはベテラン教員が多く，教育困難校に新規採用教員が多い。つまり，先述したZEP校などには，新任教員が十分な訓練を受けずに荒れた学校や，学級崩壊が起きやすい学校に着任することになる。そうした学校では教員の定着率が低いことも周知のことである。少しでも教育に関心があり，学校の情報を入手できた保護者であれば，こうした学校（学級）を回避するのは自然なことであろう。

　また，学校の教員が生徒の能力に合わせることも周知のことである。そのため学力の高い生徒が集まった学校（学級）と低い学校（学級）とでは，教員の授業内容に差異がみられる。先述した中間成績（中間層）の生徒が学級の環境に左右されやすいのもこうした点からで，もっとも主流を成すこうした中間層・庶民層をどのように成績上位の方へ押し上げるかが課題となる。教員の生徒への期待，働きかけが一年間を通じて持続されるには，学校と学級に将来展望がなくてはならず，低階層，低学力層が隔離されたような学校となってはな

らない。近年「優先教育地区」が「成功願望網（RAR）」と名称を変更したり，こうした地域を「希望の郊外（Espoir Banlieues）」として積極的な政策を打ち出したのもこうしたこれまでのスティグマを取り除くためである。

とはいえ，フランスが建前の平等を保持するために個人ではなく，こうした地区（zone）に対する積極的差別是正政策を施してきた経緯は，残念ながらそこに明らかな偏見や差別を生みだし，深めてはいるものの，社会混成を促すことには失敗している。こうした住宅事情の悪化（貧困層の集住）を強くうけながら学区間の格差が拡大するなか，抜け道を通じた学校回避（選択）が徐々に強められ，明らかな隔離が学校（学級）という場に進められてきたことが，教育結果にも影響を与え，社会階層間格差同様の教育格差を生み出してきたことが指摘されている。このことを，先述した「隔離的民主化」と呼んでいる。

1980年代からのZEPの取り組みに対する効果は，残念ながら限定的とされている。少なくとも学業達成という視点からは，ほとんど無いに等しい（Bénabou et al., Maurin 2002, 2004）。唯一の成果は，文化活動等による学校秩序の回復や，社会化といった側面にある。モランの分析にもあるが，こうした教育困難地域の学校には，抜本的な改革が必要で，さらなる少数精鋭の試みが必要と言われている。モアザンとシモンの両視学官は，1997年に一学級の生徒数を15人以下にする必要があると全国規模の調査報告書で提案している（Moisan & Simon）。現状では，非ZEP校の学級規模より2名少ない22人程度である。さらには，こうしたZEP指定校については，特別に教員一人あたり年間1000ユーロあまりの手当がついているが，実際には先述したように定着率は低いため，教育実践における伝達が十分に行われていない。ZEP校の教員の45%が35歳以下であり，全国の3分の1を遥かに上回る若年傾向にある。ここでも教育効果という意味において，一般的には教員の質は年齢とともに高まるだけに，学習困難な生徒が多いとされる学校に採用間もない若手教員が多く集められているという非効率さと不公正さが問題となる。2006年より，先述したRARと指定された254校の中学校を中心にその成果が待たれている。これらの学校には，平均一学級当たり4名少ない規模を認め，年間23%増の授業時間が割り当てられている。これらRAR校の卒業生の44%が職業高校に進学し，非ZEP校の24%を大きく上回る結果となっている（Stéfanou）。こうしたZEP

およびRARの政策評価については，2010年5月に全国大会を催し，2011年度からの政策検討に生かすとされている。

報告書では，2006年からの4年間の実績評価を行った結果，次のような特徴が明らかになった。一つには非富裕層の比率が高く（3分の2に該当する），この4年間に変動がみられないこと。こうした政策は，予算がかさむこと。一般中学の学級規模が24名であるのに対し，RAR校は20名に抑えられていることが最大の支出要因となっている。学業面では，落第については中学入学時の34％（2006年）から27％へ減少している（優先教育外では13％）。学力調査においては，RAR校と優先教育校外との学力差は，小学校では縮小しているものの，中学では逆に拡大している。また進路においては，職業高校への進学率は，優先教育校外と縮まりつつあるが，普通・技術高校に関しては依然として格差が存続している（RAR校が44％なのに対し，優先教育校外では63％）。

2010年度より，一部のRAR校においてより革新的な教授法および学校の秩序に力を入れた教育計画を推進する目的で，「中学・高校のための願望，革新，成功」（CLAIR：77の中学校，17の職業高校と11の高校，2011年度より小学校も加わりÉCLAIRと名称を変更し，すべてのRARに適応予定）政策が始められた。主要な目的としては，小中の連携，レファレン教員の配置，教員の定着率を高める，補助教員の加配，教育指導班による教授法の革新，共通基礎の周知に向けた学校計画作り，学校の秩序づくりなどである。

とはいえ，こうした貧困層および移民層が多く集住した学区の学校における積極的差別是正政策については悲観的な意見が多い。生徒の社会混成を高めるようなバス通学といった抜本的な策が必要であり，同様に教員のキャリアの混成性（mixité）を高めるような人事異動も求められている。

現在実施されている「希望の郊外」にみられる政策もこうした社会混成を見据えた策の一つである。たとえば，学習支援の導入，バス通学，寄宿制の設置拡大，困難地域の高校から成績優秀者5％のCPGEへの進学推薦枠などがある。ただし，この政策には批判もあり，成績優秀者が少なくなることでさらに格差が拡大すると言われている。

おわりに

　以上みてきたように，フランスの学校の民主化とは教育結果における不平等との闘いである。それは教育社会学研究によって明らかにされてきた社会階層間における結果の不平等への対策である。60年代来，ブルデューとパスロンが『遺産相続者たち』や『ディスタンクシオン』において主張してきた富裕層の社会的地位の再生産に学校教育が荷担しているという問題である。このような再生産は，70年代以降の様々な教育の民主化に向けた改革にもかかわらず，意図していた非富裕層への門戸開放は実は教育制度の内部における差別を逆に助長してしまった。つまり，学校間，学級間，コース間，選択教科間における選抜を強めてきたため，保護者は子どもの成功を願って巧みに情報を仕入れ，自らの体験を生かす形で自己選抜というふるいから落ちないように戦略を立てるようになっていく。教育の民主化という名の下に，社会階層に応じたバカロレアの種別や学校種別の格付け（classement）が激しくなっている。当然のことながら，こうした格差は保護者の戦略において，十分な情報を持てる層と持てない層を生み出すことになり，その結果教員層が最も有利な結果を獲得している。また，このことは80年代以降の不景気，失業率の上昇と，郊外都市への労働者層の住宅の集中と治安の悪化が重なり，さらにより多くの生徒が高校進学，およびバカロレアを取得するようになることで学歴のインフレが起き，取得した資格によってその社会的価値が低下していくというジレンマに陥っている。無論，こうした経済情勢に長けているのも教員層や管理職層である。

　特に21世紀に入ってからは，郊外問題と絡めて，住宅地域の選択ができない層における隔離された生活環境を受け止める形で，教育学研究においてもテリトリーとしての領土（地域）問題，そしてそれが一部の階層および外国人（移民）に集中し隔離されているがゆえに，「ゲットー／アパルトヘイト」化問題 (Maurin 2004, Felouzis, Liot & Perroton 2005, Payet 1997, Poupeau & François 2008, Dubet 2010, Van Zanten 2001) として取り上げられることが多い。子どもを取り巻く環境が連鎖的に悪化している。これは貧困の連鎖という問題に通じる。排除ないし隔離されてきた人々の包摂，社会混成，社会的結束をいかにし

て作るか，学校，住宅，職場，市政全体で工夫する必要がある。

　これまで十分とされていた学歴が，社会移動の機能を果たさず，就職をも保障しなくなっている。このような同一学歴における世代間にみる社会的格下げ（déclassement＝「階級脱落」石井洋二郎訳）は，教育資格神話の崩壊と同時に，若者の将来への希望をも失わせている。

　こうした現象は，フランス社会並びに先進国に共通した新しい排除問題と言える。本章の最初に述べたようにルノワールが当時分析の対象とした人々（障がい者，高齢者，移民）の問題は依然として深刻な問題であるが，同時に今日起きている新たに排除される人々（非富裕層）もまた深刻である。就職につけないにもかかわらず高校まで通学する意味はどこにあるのか。こうした教育制度に誰が信頼を寄せるだろうか。一日も早い社会構造全体の再構造化，公正な学校の人材配分機能の再考，学歴の信用を取り戻す必要がある。こうした課題への方策の一つに，学校選択の自由化も含まれている。2007年度から実施されている学区制の緩和政策によって教育不平等が解消に向かっているかどうかに関しては，以下の章で検証されたい。

参考文献・資料

Accardo (1993=1998), "Le destin scolaire", in *La misère du monde,* Seuil, pp. 1105-1131.

Afsa (2009), "La moitié d'une génération accède à l'enseignement supérieur", in *France, portrait social 2009,* INSEE, pp. 29-39.

Albouy, Tavan (2007), "Accès à l'enseignement supérieur en France", in *Economie et statistique,* no. 410, pp. 3-22.

Albouy, Wanecq (2003), "Les inégalités sociales d'accès aux grandes écoles", in *Economie et statistique,* no. 361, pp. 27-52.

Armand, Gille (2006), *La contribution de l'éducation prioritaire à l'égalité des chances des élèves,* Rapport Igen&Igaenr no. 2006-076, MEN.

Balazs (1993=1998), "Première génération", in *La misère du monde,* Seuil, pp. 1073-1091.

Ballion (1982), *Les consommateurs d'école,* Stock/Pernoud.

Barrault (2009), "Ecrire pour contourner", in *Actes de la recherche en sciences sociales,* no. 180, pp. 36-43.

Barthon, Oberti (2000), "Ségrégation spaciale, évitement et choix des établissements", in Van Zanten (ed) *L'école: l'état des savoirs,* La découverte, pp. 302-310.

Baudelot, Establet (1971), *L'école capitaliste en France,* François Maspero.

Baudelot, Establet (1989), *Le niveau monte,* Points actuels Seuil.

Baudelot, Establet (2006), *Allez les filles,* Points Seuil.

Beaud (2002), *80% au bac... et après?,* La découverte.

Bénabou, Kramarz, Prost (2004), "Zones d'éducation prioritaire", in *Economie et statistique,* no. 380, pp. 3-34.

Ben Ayed (2009), *Carte scolaire et marché scolaire,* Institut de recherches de la FSU/ éd. du temps.

Berthelot (1983), *Le piège scolaire,* Puf.

Berthelot (1993), *Ecole, orientation, société,* Puf.

Boudon (2001), "Les causes de l'inégalité des chances scolaires", in Boudon, Bulle, Cherkaoui (s. dir) (2001), *Ecole et société Les paradoxes de la démocratie,* Puf, pp. 151-170.

Bourdieu (1978), "Classement, déclassement, reclassement", in *Actes de la recherche en sciences sociales,* vol. 24, pp. 2-22.

Bourdieu (1979), *La distinction,* éd. minuit.

Bourdieu, Champagne (1993=1998), "Les exclus de l'intérieur", in *La misère du monde,* Seuil, pp. 913-922.

Bressoux (2009), "Des contextes scolaires inégaux", in Duru-Bellat, Van Zanten (s. dir) (2009), pp. 131-148.

Broccolichi (1993=1998), "Un paradis perdu", in *La misère du monde,* Seuil, pp. 951-975.

Broccolichi, Œuvrard (1993=1998), "L'engrenage", in *La misère du monde,* Seuil, pp. 976-990.

Caille, Lemaire (2009), "Les bacheliers «de première génération»", in *France, portrait social 2009,* INSEE, pp. 171-193.

Caille, Lemaire, Vrolant (2002), "Filles et garçons face à l'orientation", *Note d'information,* 02-12, MEN-DPD.

Caille, Rosenwald (2006), "Les inégalités de réussite à l'école élémentaire", in *France Portrait social 2006,* INSEE, pp. 115-137.

CAS (Centre d'analyse stratégique) (2009), *La mesure du déclassement,* La documentation française.

Chausseron (2001), "Le choix d'établissement au début des études secondaires", *Note d'information,* 01-42, MEN-DPD.

Chauvel (2006), *Les classes moyennes à la dérive,* Seuil.

Convert (2003), "Des hiérarchies maintenues", in *Actes de la recherche en sciences sociales* (2003), Les contradictions de la «démocratisation» scolaire, no. 149, Seuil, pp. 61-73.
Defresne, Rosenwald (2004), "Le choix des options en seconde générale et technologique", in *Education et formations,* no. 70, pp. 7-39.
De La Haye et al. (2009), "Les évaluations en lecture dans le cadre de la journée d'appel de préparation à la défense Année 2008", *Note d'information,* 09-19, MEN-DEPP.
Demeuse et al. (2005), *Vers une école juste et efficace,* De Boeck.
DEPP (2009) *L'éducation nationale en chiffres,* Edition 2009.
Derouet, J-L., Derouet-Besson, M-C. (2009), *Repenser la justice dans le domaine de l'éducation et de la formation,* Peter Lang/INRP.
Dubet (1996), L'exclusion scolaire, in Paugam (s. dir) (1996), *L'exclusion: l'état des savoirs,* La découverte, pp. 497-506.
Dubet (2000), *Les inégalités mutipliées,* L'aube.
Dubet (2010), *Les places et les chances,* Seuil.
Duru-Bellat (2002), *Les inégalités sociales à l'école,* Puf.
Duru-Bellat (2006), *L'inflation scolaire,* Seuil.
Duru-Bellat (2009), "Inégalités sociales à l'école", in Toulemonde, *Le système éducatif en France,* La documentation française, pp. 269-279.
Duru-Bellat, Mingat (1988), "Le déroulement de la scolarité au collège", in *Revue française de sociologie,* vol. 29, no. 4, pp. 649-666.
Duru-Bellat, Mingat (1997a), "La constitution de classes de niveau par les collèges et ses incidences sur les progressions et les carrières des élèves", in *Les Cahiers de l'IREDU,* no. 59.
Duru-Bellat, Mingat (1997b), "La constitution de classes de niveau dans les collèges", *Revue française de sociologie,* vol. 38, no. 4, pp. 759-790.
Duru-Bellat, Van Zanten (s. dir) (2009), *Sociologie du système éducatif,* Puf.
Dutercq, Derouet (s. dir) (2004), *Le collège en chantier,* INRP.
Education et formations (2007), "Mesurer les inégalités sociales de scolarisation", no. 74, MEN.
Education et formations (2008), "L'orientation", no. 77, MEN.
Felouzis (2003), "La ségrégation ethnique au collège et ses conséquences", in *Revue française de sociologie,* vol. 44, no. 3, pp. 413-448.
Felouzis, Liot, Perroton (2005), *L'apartheid scolaire,* Seuil.
Garcia, Poupeau (2003), "La mesure de la «démocratisation» scolaire", in *Actes de la recherche en sciences sociales* (2003) Les contradictions de la «démocratisation» scolaire, no. 149, Seuil, pp. 74-87.

Gilotte, Girard (2005), "La sectorisation, l'affectation et l'évitement scolaire dans les classes de 6e à Paris en 2003", in *Education et formations,* no. 71, pp. 137-149.

Guichard (2006), *Pour une approche copernicienne de l'orientation à l'école,* Rapport au Haut Conseil de l'Education.

Gurgand, Maurin. E (2006), "Démocratisation de l'enseignement secondaire et inégalités salariales en France", in *Annales. Histoire, Sciences Sociales,* 61e année, pp. 845-859, Ed. de EHESS.

HCE (Haut Conseil de l'Education) (2008), *L'orientation scolaire.*

HCEEE (2006), *Objectif 50% d'une génération diplômes de l'enseignement supérieur,* La documentation française.

Hirschhorn (2001), "Consumérisme scolaire et démocratie", in Boudon, Bulle, Cherkaoui (2001), *op. cit.,* pp. 81-98.

Insée (2009), données: 1999, recencement. *Actifs ayant un emploi*.

Insée (1998, 2002), *enquête emploi.*

Laforgue (2005), *La ségrégation scolaire,* L'harmattan.

Laurens (1992), *1 sur 500 la réussite scolaire en milieu populaire,* P. U.Mirail.

Lautrey (1980), *Classe sociale milieu familial intelligence,* Puf.

Lenoir (1974=1976), *Les exclus,* Points Actuels Seuil (3e. edition).

Maurin, E. (2002), *L'égalité des possibles,* Seuil.

Maurin, E. (2004), *Le ghetto français,* Seuil.

Maurin, E. (2007), *La nouvelle question scolaire,* Seuil.

Maurin, E. (2009), *La peur du déclassement,* Seuil.

Maurin, E., Goux (1995), "Origine sociale et destinée scolaire", in *Revue française de sociologie,* vol. 36, no. 1, pp. 81-121.

MEN (2003), "Les CPGE Evolutions sur 25 ans", in *Les dossiers,* no. 146.

MEN (2009), *L'état de l'école,* no. 19.

Merle (2002), *La démocratisation de l'enseignement,* La découverte.

Meuret, Duru-Bellat, Broccholichi (2001) "Autonomoie et choix d'établissements scolaires", in *Cahiers de l'IREDU,* no. 62.

Mingat (1984), "Les acquisitions scolaires de l'élève au CP", in *Revue française de pédagogie, no.* 69, pp. 49-63.

Mingat (1991), "Expliquer la variété des acquisitions au cours préparatoire", in *Revue française de pédagogie,* no. 95, pp. 47-53.

Moisan, Simon (1997), *Les déterminants de la réussite scolaire en Zone d'éducation prioritaire,* INRP.

Oberti, M. (2007), *L'école dans la ville,* Presses Sciences PO.

Pascal (2005), "Une approche de la sélectivité et de l'attractivité des lycées généraux et technologiques à l'entrée en seconde", *Note d'information*, 05-36, MEN-DEP.

Payet (1997), *Collèges de banlieue*, Armand Colin.

Poupeau, François (2008), *Le sens du placement*, Raisons d'agir.

Prost, A. (1986), *L'enseignement s'est-il démocratisé ?*, Puf.

RERS (2007), *Repères et références statistiques sur les enseignements, la formation et la recherche*, MEN.

RERS (2009), *Repères et références statistiques sur les enseignements, la formation et la recherche*, MEN.

Stéfanou (2009), "Les réseaux d'«ambition réussite»", *Note d'information*, 09-09, MEN-DEPP.

Terrail (2002), *De l'inégalité scolaire*, La découverte.

Terrail (2004), *Ecole l'enjeu démocratique*, La découverte.

Terrail (2005), *L'école en France*, La découverte.

Thélot (2004), *Tel père, tel fils ?*, Pluriel Hachette, réédition.

Thélot & Vallet (2000), "La réduction des inégalités sociales devant l'école depuis le début du siècle", in *Economie et statistique*, no. 334, pp. 3-32.

Trancart, D. (1998), "L'évolution des disparités entre collèges", in *Revue française de pédagogie*, no. 124, pp. 43-53.

Vallet (1999), "Quarante années de mobilité sociale en France", in *Revue française de sociologie*, vol. 40 (1), pp. 5-64.

Vallet (2001), "La mesure des évolutions des inégalités sociales et scolaires en longue période", in Boudon, Bulle, Cherkaoui (2001), pp. 187-206.

Van Zanten, A. (1996), "Fabrication et effets de la ségrégation scolaire", in Paugam (s. dir) (1996), *op. cit.*, pp. 281-291.

Van Zanten, A. (1997), *La scolarisation dans le milieux «difficiles»*, INRP.

Van Zanten, A. (2001), *L'école de la périphérie*, Puf.

Van Zanten, Obin (2008), *La carte scolaire*, Puf.

Van Zanten, A. (2009), *Choisir son école*, Puf.

Visier, Zoïa (2008), *La carte scolaire et le territoire urbain*, Puf.

第2章

フランスにおける学校選択行動の社会階層的類型
──学区制廃止は教育の社会的不平等の解消に貢献するか？──

荒井　文雄

はじめに

　フランスの中学校（在学期間11-15才の4年間）にはたいへん大きな学校間格差が存在する。すなわち，一部の学校に教育的，社会・経済的ハンディを負った生徒が集中し，さらにそうした生徒は，しばしば移民家庭出身者であることから，学校間格差は特定の学校に特定人種の生徒が集中する，という「人種隔離」の様相を呈することにもなる。

　学校間格差は，教育の平等と機会均等の原則に反し，また，教育現場における人種・社会階層の共存という「共和国の理想」にも反する。すなわち，特定社会階層・人種の隔離状況を作り出し，それがフランス社会全体の結束性を脅かしている。

　特定カテゴリーの生徒の集中という学校の「ゲットー化」は，大都市圏における居住地の階層的（人種的）分割という社会状況の反映であるが，そればかりでなく，学区ごとに指定された公立中学校を回避して，他の学区の公立校，または学区の制約を受けない私立校に子どもを通わせる学校選択行動が，学校間格差をより大きく広げた原因として指摘されている。階層・人種が共存する学校では，教育効果が低いとみなされ，またそうした学校における「規律」の問題も，学校回避・学校選択を動機づける要因となる。

　学校選択は，大局的にみれば階層的な現象である。すなわち，社会階層が上昇するにしたがって，より多くの家庭が私立を含めた学校選択をする（荒井

2008, 2009a)。しかし学校選択行動は，中間階層からさらに庶民階層まで一定の広がりをみせている。そこには，「エリート的学歴追求」という戦略から，子どもの「安全のためのやむを得ない選択」という消極的な学校回避までさまざまな性格のものが共存している。また，学校選択には，学区とその周辺における教育供給状況が大きく影響する。各家庭は自分に許された可能性の範囲で学校選択を考えるから，周辺状況が選択傾向を活性化したり鎮静化したりする。家庭の「動機」と周辺状況とのかかわりを分析することは，学校選択に対する新たな視点を提供する。

　以下，第1節では，私企業上級管理職等に代表される上流階層の多面的教育投資行動の中に学校選択を位置づける。ついで，第2節では，公共部門の上流・中間階層等の諸階層にみられる学校選択をめぐる葛藤を探求する。すなわち，これらの階層では，学校選択を含む学歴追求と，市民的モラルおよび子どもの生活の充実という価値観がしばしば衝突し，各家庭にむずかしい選択を強いる。第3節では，庶民階層と学校との関係を，荒井（2010）に基づいて略述し，学区制度廃止（緩和）政策が，学校における社会混成と教育の不平等解消に貢献するかどうか考察する。

1．上流階層の多面的教育投資戦略

　上流階層，とくに私企業上級管理職を中心とする「専門職上流階層」は，労働市場で最も評価の高い学歴を子どもたちにつけさせるべく，豊かな経済・文化資本を動員してきわめて多面的な戦略を展開する。彼らの「教育投資」は，むろん上流階層内での差異化の追求という目的を持つが，そればかりでなく，「教育の民主化」を通して新たに労働市場に参入してくる中間階層以下の「侵入」に対する防衛として，いっそう先鋭化しつつある（Gombert et van Zanten 2004: 13, van Zanten 2009: 18）。

1.1. 居住地選択と教育供給および情報ネットワーク

　上流階層の教育投資はしばしば居住地の選択と結びついている。居住地の選択は，子どもの教育という観点からは，その居住地周辺に自分たちにとって望

ましい豊富な教育供給があること，そしてその居住地において自分たちと類似した住民による「仲間うち（entre-soi）」社会が実現していることが重要である。この２つの側面は，密接に関連している。上流階層が居住する地区では，高い住宅価格を通して住民は社会的に選抜されており，それが地区の学校における生徒の選抜として機能するし，また，まさに上流階層が集中して居住するという理由で，彼らを顧客とする私立校が近隣に多く立地し，それだけ学校の選択肢を増やしているからだ。結果として彼らは，良好な教育環境を持つレベルの高い公立校ばかりでなく，将来の学歴追及により有利となる私立校をも選択肢としてもつことになる。

　私立の選択は，いくつかの点で上流階層の教育投資の目的に適合する。まず，私立校は，公式に生徒の選抜を実施して，学力ばかりでなく上流階層が望む行動規範を身につけた生徒だけを集めることができる。これは，子どもの学力向上と行動・交友管理とを同時に求める上流階層の親にとって，きわめて好都合な環境を提供する（van Zanten 2009：132）。実際，こうした親たちは，子どもを望ましくない学校環境から「守る」という姿勢をはっきりと示す。自分の子どもが，文化的背景や教育（学歴）目標が異なる生徒と共存することはマイナスであり，同じような子どもが集まる等質な環境で「良い友だち」と行き来し，お互いに競争しあうことで学習効果も上がる，と彼らは考え，子どもを社会的・教育的に「選ばれた」環境に置くことが最優先される。学校の選択は，居住地の選択と結びつきながら，社会的な振り分けのための手段となっているのである。

　上流階層が保有する文化資本には，学校制度・教育供給に関する差異化された情報にアクセスして最良の選択肢をみつけだす情報力も含まれる。こうした情報力は，親の学歴や，同僚・親族・友人等の人脈を通した情報ネットワークに依存するが，とくにこれらの家庭の母親に関して注目すべき点がある。

　まず，これらの母親が，父親と同様に一般に高学歴である点を確認しておこう。ヴァンザンタン（van Zanten 2009：265）は，同書の調査対象となった母親の学歴を示しているが，そこにおいて，バカロレア後３年以上の学歴を持つ母親は，上流階層では74.2％に上り，中間階層の母親の38.4％のほぼ２倍の数値を示している。また，ヴァンザンタン（van Zanten 2009：266）によれば，同書

の調査対象となった上流階層家庭のうち，とくに先鋭的な教育投資行動を示す「専門職上流階層」の家庭では，40％の母親が専業主婦である（中間階層では12％）。専門職上流階層における専業主婦母親のこの比率は，結婚後も出産後も80％を越える女性が仕事を続けるフランス社会ではきわめて異例である。

　高学歴専業主婦がとりわけ教育投資行動に専心する実態をよく示す統計的事実がある。グイヨン（Gouyon 2004）によれば，母親による学習補助の時間は，一般に母親の学歴が高いときに，若干減少する。これは母親の教育レベルが学習補助の効率に反映していると考えられるが，バカロレアを所持していない母親が，月平均16.6時間子どもたちの勉強をみるのに対して，バカロレア以上の学歴を持つ母親の場合は，月平均15.1時間にとどまる。ところが，母親が無職の場合，この関係は逆転する。前者の18.3時間に対して，後者は19.0時間子どもたちの勉強を補助する。高学歴専業主婦の母親が子どもにより多くを求める傾向が，この事実からもみてとれる。

　また，カクオーとウヴラール（Cacouault et Œuvrard 2003：94）によれば，中等教育の有資格者女性教員の結婚相手は，1990年のデータでは58.8％までが上流階層の男性である。この事実は，上流階層の家庭が，他の階層に比べて，ずっとたやすく学校や教育制度に関する専門知識・情報にアクセスできることを示唆している。

　以上に引用したデータは，それぞれ部分的なものに過ぎないが，戦略的に子どもの学歴を追及する母親の典型像を与えてくれる。すなわち，高学歴の専業主婦で，教育に関する専門知識を自分自身で持っているか，周囲から得ることができる人々である。上流階層が集中して居住する高級住宅地では，こうした母親たちの情報ネットワークが形成される。彼女らは，働かないゆえに自由になる時間を利用して，学校行事にも積極的に参加し，教員とのコンタクトにも専心して，自分の子どもや教育施設についてさらにきめ細かい情報を得ることができる。彼女らにとっては，このような母親間および母親＝教師間で流通する情報がきわめて重要な意味を持つ。そのようなルートで手に入る情報こそが，学校側やマスコミが与える公式情報などと違って，まず信頼に値するからである。彼女たちにとって，しばしば，地域・学校関係の付き合い＝情報収集が，他人との社会的交流のすべてとなる。そこでは，お互いの行動を観察・比較し

あい，子どもの学歴にとって最良と思われる戦略を，他人に遅れをとることなく採用するという強い同調圧力が作用する（Gombert et van Zanten 2004：16）。こうした住居・社会環境で，他人と同様にふるまうには，他人と同様の経済・文化資本とともに，上流階層的なハビトゥスが必要となる。子どもの教育をめぐる社交・情報収集ネットワークは，したがって，他の階層のものにとっては排除的に働くものとなる（Oberti 2007：248）。

　こうした母親を持つ家庭にとっては，私立校の選択とともに，「例外措置」を利用して学区外の公立校に子どもを入れるという選択肢も有利なものとなる。情報ネットワークのおかげで，自分の子どもにとって有利な学校をみつけ，そこに入学する例外措置を得るための手段等を調査することができ，また，社会的地位の高さや豊富な文化資本のおかげで，例外措置を得る可能性は他の階層よりも高いものとなる。

　フランスの大都市圏において，経済・社会的（かつ人種的）に排除された層が特定の居住・教育空間に集中してそうした空間の「ゲットー化」を引き起こすという現象がしばしばセンセーショナルに取り上げられるが，プレトゥセイユ（Préteceille 2006：79），オベルティ（Oberti 2007：108）およびフランソワとプポー（François et Poupeau 2008：103）が指摘するように，パリ及びパリ近郊の居住・教育空間において，特定社会階層（人種）の集中を実現し，等質的な「仲間うち」状態を最も高い度合いで保持しているのは，実は上流階層なのである。学校選択により直接のつながりがある「学区」レベルでみても，学区および周辺状況が「きわめて良い」地区とそれ以外の地区との間でとりわけ差異が広がっているのが現状であり，しばしば直感的に言われるように「良い」と「悪い」という単純な二極間格差が拡大しているのではない（François et Poupeau 2008：108）。また，プレトゥセイユ（Préteceille 2006：75）によれば，上流階層による居住地の閉鎖性・同質性の追求は，高級住宅地の地価の大幅な高騰をまねくばかりでなく，地価高騰の下方への段階的波及をも発生させる。結果として，都市の居住空間は住宅価格の段階に応じて社会的に差異化され，その上方ほどより閉鎖的なものとなる。同じことが，上流階層による教育資源の独占的保有についても言える。上流階層の「エリート教育志向」が教育投資熱を段階的に下方に広げる。すでに占有されている「一番いいところに」アク

セスできない人々は,「次にいいところ」の獲得に走り,競争を発生させて「価格」＝象徴的価値を高騰させる。こうした現象が,下方に向かって循環的に繰り返されるのである。

1.2. 教育投資行動と職業経験

前節では,上流階層の教育投資行動を,居住地の選択と,居住地および学校空間における等質性の追求という側面からみてきたが,本節では,親の教育投資行動と彼ら自身の仕事現場における経験との関係を検討し,新自由主義的経営原理によって管理された企業社会における職業経験が,親の教育観および教育投資行動にどのような影響を与えているか,あきらかにする。

上流階層のうちでも,最も先鋭的に教育投資行動に向かうのは私企業上級管理職などの専門職上流階層の家庭である（Oberti 2007, Gombert et van Zanten 2004, van Zanten 2009）。この階層の特徴は,彼らが教育課程と職業世界とを功利主義的に直結させている点にある。教育課程は,職業世界に埋め込まれてそれに従属し,職業世界と相同的な原理に基づいて機能する,と彼らは考える。したがって彼らは,職業＝企業世界で有効とされる原理,すなわち合理性の追及,競争・選抜,評価・管理といった原理にもとづいて教育課程や自分たちの教育投資の戦略を考える。彼らはまた,自分たちの教育投資のために,自分にも子どもにも負担をいとわない積極的な行動を課す。目的に専心して限界まで努力することも,現代の企業世界のモラルであるからだ。

専門職上流階層の親たちは,自分の職業経験を子どもの教育の世界に投影する。彼らは教育に,一般知識の伝授ではなく,外国語や最先端の情報技術の習得を求め,学校に圧力をかけることも辞さない。彼らは,生徒の「選抜」と成績別「区分」を強化することを求め,また,成果主義の原理に従って,成績（成果）でトップを走る者たちが多くの利益（報酬）を与えられることを当然と考える。彼らはまた,学習の時間的効率の向上とテストによる頻繁な成果チェックを要求する。学校外での教育投資も過熱している。常に他人よりも「先にゆく」ことを目指す――小学校段階から自分の子どもの「飛び級」を求めたりもする――彼らは,家庭教師・塾などによる補助教育にも熱心で,外国語習得のために子どもを現地の語学研修に送ることもある。パソコン,インターネッ

トなどのハイテク装置を家に備える一方で，子どもの日常の活動を，最大の教育的成果が得られるように合理的に管理する。様々な活動を慎重に選択・組織しながら，学校外の時間をくまなく埋め，将来の学業・職業に役立つ成果を求めて，子どもの活動を常に監視する。

　こうした管理主義的「効率追求」の態度は，この階層の親たちが，テクノロジー革新と生産性が支配する企業世界の競争原理を，そのまま家庭と学校に持ち込むことから由来する。過剰な教育投資が各家庭の日常として定着している日本と違って，これはフランスでは近年の現象である。すなわち，グローバリゼーションを背景にした新自由主義的経営体制のもと，フランスの職場は仕事の量・強度・管理の面で，以前よりもずっときびしい現実にさらされ，かつIT化の進展によって仕事と仕事外の区別が曖昧化した。人々は常により高い成果を求められ，終わりのない「効率」向上に向かって，「自分自身を超える」ことが求められるようになった。

　このようなフランスの職場の現状を集約的に表現している問題に，「仕事自殺」がある。2006-2007年にかけてルノー社において連続的に発生した3件の職場自殺から注目を集めるようになったこの問題は，とりわけ2009年10月末までの19ヶ月に25人の自殺者を出したフランステレコム社の事例で広く人々に知られることになった（ルノー社でも仕事自殺は2008年と2009年に一件ずつ増加している）。

　フランス人の仕事の世界の激動と変容を物語るこうした事件の背後には，新自由主義的経営原理から派生したきびしい労務管理の現実がある（Viallet 2009, Linhart 2009）。これには相互に関連するいくつかの側面があるが，まず第一は，徹底した生産性（効率）追求＝合理化指向である。高率の配当と高い株価を株主・投資家に確保する必要がある経営陣は，現場の生産性追求・合理化を限界まで押し進める。ここでモデルとなる合理化の方法は，《kaizen》＝「改善」，《toyotisation》＝「トヨタ化」などと呼ばれる日本由来のもので，よく知られているように，たとえば，歩数等の現場における労働者の動作を，いちいち徹底的に管理する方法である。このモデルのもう一つの特徴は，現場の労働者をそうした合理化プロセスに積極的に参加させるという点である。ここに，フランスの労働現場の変容を特徴づける第二の点がある。リナール（Linhart 2009) が言うように，被雇用者は，経営者の目的に「自己同一化」することを求められる。労働者の「創造性」は，自分の仕事を自分で強化することに存する。「仕事において自分を超える」という以下のようなスローガンが職業世界で常識化しているという。

Être bon ne suffit pas. Il faut dépasser soi-même.
（優秀なだけではいけない。自分の限界を超えなければならない。）

このような状況下では，ルノー社のケースなどでよく指摘された「心理化」というプロセスが発生する。すなわち，被雇用者は，過剰なタスクを会社の期待通りにこなせないとき，「自分たちを責めてしまう」のである。言いかえれば，仕事上の行き詰まりを，会社の組織・計画・機構上の問題あるいは社会・経済的問題ととらえることができず，「自己責任」で心理的に引き受け，自分が悪いという「罪悪感」を持つことになってしまうのである。

仕事現場の変容を物語る第三の点は，フランステレコム社のリストラ状況などで典型的だが，職場における被雇用者の扱いを「合理化」することである。すなわち，「人間的な感情」にわずらわされることなく，非情な態度を貫けることが管理職の大事な要件になり，従業員に対して「戦略的ハラスメント」をあえてしてまで利潤効率の追求を推し進める経営，すなわち「軽蔑（他人を尊重しないこと）を用いた経営」とか，「（従業員に）ストレスをかけて行なう経営」などと呼ばれる経営手法が編み出され，評価される状況が出現したのである。

このような職場にいる親たちが，過剰な教育投資を通して自分の子どもに求めているのは，職場で自分に向けられた要求と完全に並行的である。すなわち，他人の「先を行く」独占的な位置・利益のために，現在の時間や資源を最大限に活用して，最も目的に適合した方法で，いま以上にエネルギーを傾けて努力することである。

前節でみたように，私立校は，居住地における等質性を教育空間に延長するものとして，上流階層によって好んで利用されているが，私立校の利点はそればかりではない。すなわち，教育課程における功利主義的「効率追求」という

観点からも，私立校は公立校よりも勝っていると判断される。私立校では，早い学年から後年の選抜に耐えられる学力が養成され，選抜試験などを視野に入れた受験指導も行われる。また，私立校では，個々の生徒の状況に注意が向けられ，それぞれのケースに適応した個別指導が行われる点でも，公立校よりも優れている，と多くの親たちが指摘する。さらに，専門職上流階層の親たちが特に評価する点は，私立校が公立校よりもより「消費者」の意向・要求に敏感に反応する点である。実際，この階層の親たちは，教育を功利主義的・個人主義的にとらえるため，教師や他の学校関係者に多くの要求を突きつけ，それが聞き入れられることを当然だと考えている。公立校では，学校関係者が国民教育省や大学区の官僚制に守られて，親の要求に耳を貸さず，旧態依然の非効率的な教育が能力に欠ける教員によって続けられている，と彼らは批判するのだが，ここにも強圧的な市場原理に席巻され，専制的な「消費者の動向」に選択の余地なく従わざるを得ない企業の論理が，「守られた」公共部門への反感という形をとって露出している側面がある。

　専門職上流階層の親たちの過剰な教育投資を特徴づけるもう一つの点は，彼ら自身が職業人として要請される徳性や生活上の価値判断を，子どもにも当然のこととして受け入れさせることである。その一つに，自分の「感情」と「仕事」とを分離する，という倫理的姿勢がある。仕事が要請することを，感情的抵抗をのり越えて実行することが，企業世界では「柔軟性・適応能力」として評価される。この論理は，たとえば，学区外の学校に行くことによって，地域の友人関係から孤立することを恐れる子どもに対して発動される。学校と友情とは「別々のこと」で両者を混同してはいけない，と子どもは諭される (Gombert et van Zanten 2004：20)。また，自分の意思でなく異なった環境に置かれる状況を平然と受け入れるということや，遠くの学校への通学をあえて苦にしないということも，転勤や遠距離通勤などアナロジーを通して，当然受け入れなければならない生活の現実の一部として把握される。可動性は，現代の職業生活において高く評価される特性であることは言うまでもない (van Zanten 2009：41-42)。

　この階層の親たちの教育観は，彼らの人生観・社会観とも，当然，結びついている。彼らは，彼ら自身の人生の諸局面――職業，家庭，子育て，余暇――

を，企業を経営するように，最大効率化を求めて構想・計画する。子どもの教育も，「生産」と「販売」のプロセスが最大限に効率的であるように設計される。しかし，こうした個人主義的功利主義が，彼らにとっては社会道徳として存在している点にも注意する必要がある（Gombert et van Zanten 2004：17,20）。オベルティ（Oberti 2007：233-4）が指摘するように，確かに彼らは，教育に関して自分の子ども一人を中心に考え，社会制度としての教育には配慮しないが，それは，自己責任と自助努力を前提に，各人が自分のために合理的・効率的に行動することが，社会全体をうまく機能させるとする新自由主義的な社会哲学を，彼らが採用しているからだ。したがって，彼らは福祉国家的な公的扶助を嫌い，それが社会や教育制度の荒廃につながると考えるし，反対に，教育に対する家庭の「責任」を強調しつつ，彼らの過剰な教育投資を，子どもに対する「義務」として自己正当化することができる。職業生活における経験から出発した親たちの新自由主義的教育観は，こうして「功利的利己主義」という非難をかわして心理的負荷をはずされ，子どもに対しても，社会に対しても倫理的に「正しい」ものとして措定される。

2．妥協としての学校選択

ここまで，上流階層，特に専門職上流階層の家庭における先鋭化した教育投資の実相と，それを裏うちする新自由主義的教育観・社会観の様相をみてきたが，すべての親たちが，彼らのように異質な他者を排除しつつ功利主義原則に従って学校選択をするわけではない。おもに中間階層に属する多くの親たちは，子どもを競争的教育環境に追い込むことを否定的にとらえ，また，社会・教育空間から他者を排除して，自分たちだけの「仲間うち」空間を実現しようとする姿勢を，市民的モラルに反するものと考えている。しかし，このことは，こうした人々が「学校選択」に無関心で，つねに子どもを学区の学校に入れる，ということを意味しない。彼らもまた，子どもに有利な職業ポストを保証する学歴を探し求めることに変わりはないからだ。専門職上流階層にくらべて，経済的・文化的資源が少ないゆえに実践的な選択肢がせばめられている一方で，自分の選択行動を自己規制する教育観・社会観の持ち主である彼らは，学校選

択にあたってしばしば迷いと不安を経験し，結果として，学校選択が「妥協の産物」となることも観察される。

以下の2.1.-2.2.項では，中間階層を中心としたこうした人々の学校選択行動を研究する。2.1.項では，子どもの生活および教育・社会に関する彼らの基本的な考え方を探るとともに，それが，堅実な学歴を求める彼らの希求とどのように作用しあうか検討する。続いて2.2.項では，学校間格差を背景にした「競争圏」の中に置かれた親たちの学校選択をめぐる具体的実践の諸相をみる。

2.1.「充実した生活」・「市民的共存」と学歴追及との葛藤

上流階層の一部（知識職上流階層・公共部門上流階層・一部の自由業）および公共部門を中心とする中間階層の親たちの多くは，早い時期から子どもを競争的環境に置くことに反対する。それが，ストレス等の身体的・心理的負荷を発生させ，子どもの「充実した健全な生活」を脅かすと考えるからだ。専門職上流階層の親たちが，子どもの時間を，教育的最大効果を求めて管理したのとは対照的に，彼らは子どもの意思を尊重し，自主的で活動的な生活態度を大切にする。

彼らはまた，教育課程を将来の有利な職業ポストに直結してとらえる功利主義に対して，しばしばより伝統的な教養主義・啓蒙主義的教育観を持っている。教育は子どもたちに，人生の諸局面で有用な一般知識を与え，かつ自由な批判精神をつちかうべきであると彼らは考える。教育の成果を，競争的な序列で上位を占め，「よい学校・よい仕事」という「報酬」を得ることに求める功利主義的な教育観と，はっきりと対照をなす考え方である。

しかし，おもに中間階層の親に多くみられる子どもの「生活重視」の姿勢には，別の側面もある。学校選択やそれにつながる教育投資は，当事者たちにとってたいへんな負担となる。情報収集や手続きのための労力，私立選択時の経済的負担，遠距離通学の場合の交通費や安全の問題，さらに学校選択の要望が拒否されたり選抜にもれたりする可能性——子どもの成績が選抜にたえない可能性——が与えるストレスなどがある。これらに加えて，後述するように，当事者の価値観・モラルに由来する心理的負荷が生じることもある。こうした負担は，経済・文化資本が専門職上流階層ほど豊かではないこの階層の親たちに

とって，より重いものとなる。教育競争よりも子どもの「生活重視」という姿勢は，こうした状況において，あえて無理をしないことによって親子の負担を軽減する意味もある。すなわち，上流階層と同じことができないという事実を，子どもの「生活重視」や「意思の尊重」という姿勢に転換するのである。それは，実際には選択の余地のないものをあえて選択するという「必然－自発転換 (nécessité vertu)」(Bourdieu 1980) の一つの発現である。

　同じ機制が，学校選択をめぐる親子関係にも観察される。1.2.項でみたように，専門職上流階層の親たちは，自分たちの職業経験から得た行動原則を子どもたちにも課すことをためらわない。これに対して，中間階層ではしばしば子どもの意思が尊重され，学校選択に関して，学歴上昇を望む親の意向に反しても，子どもに最終的な決定権が委ねられることがある (van Zanten 2009：148-9)。これはおそらく，学歴上昇志向が導く学校において，学業負担あるいは階層差が生み出すその他の負担を子どもが拒否し，親はそれを，理解できるゆえに認めざるを得ないという事情が，「子どもの意思の尊重」という倫理的姿勢に転換されたものだろう。

　功利主義的な教育投資・学校選択に対して批判的な親たちのもう一つのよりどころは，公共的価値の擁護・公共制度への信頼と加担という「原則」である。すなわち，フランス社会では公共部門中間階層を中心にして，知識職上流階層や公共部門上流階層に至るまで，教育における社会的平等と，教育を通した階層上昇への信頼がいぜんとして強く存続しており，また，社会・居住空間における社会混成を支持し，専門職上流階層に特徴的だった「自己隔離」の論理と実践にたいしてとりわけ批判的な人々も数多く存在している。彼らにとって，学校選択は「原則」の問題となる。すなわち，公共的価値の視点から教育における公共制度を支持する彼らにとって，学区の学校の回避や私立校選択は自らの「原則」に反した行動になるのである。

　しかしながら，こうした公共的価値を擁護する市民たちにとっても，学校選択はまったく無縁な世界ではない。労働市場における学歴の価値が揺るがしがたいものになり，かつ，それが否定的に，すなわち「学歴のないものが排除される」という方向で作用する現実を受けて，この階層の親たちも，子どもに安定した職業ポストを保証する学歴を求める。とりわけ，彼らの社会・職業的地

位がしばしば彼ら自身の学歴に依存し，また，子どもに引き継ぐべき資本が他の領域には存在せず，学歴という「文化資本」こそが，彼らが子どもに残せる唯一有意義な資産であるだけに，この階層の親たちは，たとえそれが彼ら自身の社会観や市民モラルと葛藤を引き起こすことになっても，教育成果を求める選択行動に向かう。学歴は，彼らにとって格下げに対する自己防衛として機能する。学校を通して子どもに「文化資本」を引き継ぐことが，自分たちの社会的地位を維持するためにどうしても必要なのである。

　学校選択に関する葛藤と自己矛盾をさらに大きくする要因として，この階層の家庭の居住地の状況と，そこに立地する学校の状況の問題がある。彼らの多くは，「原則の問題」として居住地や学校における社会混成を積極的に支持するだけでなく，実際の住居の選択に関しても，再開発で「富裕化」したかつての庶民階層地区などの社会混成地区に住むことが多い。これはむろん，経済的な要因の比重が大きいが，彼らの一部には庶民階層出身者が含まれる点からしても，とりわけ障害のない選択となる。しかし，そうした地区に居住することによって，彼らは，中学校における学校間格差のきびしい現実にさらされることになる（荒井 2008, 2009a）。とりわけ各中学校が，生徒の特徴に合わせて，エリート的受験教育から学習遅滞生徒の補助に至るまで，それぞれの「得意分野」に専門化する傾向（Thomas 2005：108-112, Oberti 2007：194）を受けて，彼らは子どもの学校選択に関して，居住地の選択に関してよりも，より厳しく狭い基準を適用して選別的な態度をとる。学校は彼らにとって，居住地とは異なる特別な場所なのである。居住地選択と学校選択の間のこうした一貫性の欠如は，しばしば，「偽善的態度」ないし「二枚舌的言説」ととられかねないが，ここには，どうしても子どもに学歴成果を確保したいという希求と「原則」との葛藤が集約的に表現されている。「子どもを原則の犠牲にできない」と考える彼らにとって，最終的な妥協線は，「とりあえず様子をみるために」子どもを学区の学校に入れ，問題が起こったときには，他の公立校あるいは私立校への転校を考えるというものである。こうした態度は，彼らが公教育における社会混成という「原則」を守りたいと望んではいるが，それが「一定の限度まで」であることをよく示している（Oberti 2007：217）。

　次節では，こうした学校間格差と競争的な教育供給の状況下での彼らの学校

選択行動を，学校評価・学校選択の基準をめぐる言説を手がかりにより細かく分析する。

2.2. 客観的選択可能性と学校選択の現実

前節では，公共部門中間階層をはじめとして，知識職上流階層や公共部門上流階層にもみられる学校選択に関する動揺と「苦悩」を，子どもの「生活重視」および「公共的価値の尊重」と学歴追求との葛藤という視点でとらえたが，本節では，彼らの具体的実践の様相をより詳しく検討する。

前節でみたように，この階層の親たちは，子どもの生活の充実という点からも，公共性という原則からも，学区の公立校に子どもを入れるのが「あたりまえ」であると考えている。しかし，彼らの公教育への信頼は無条件のものではない。彼らもまた，学区の学校を評価し，場合によっては，多くの負担を強いられても他の学校を選択する行動をとる。すなわち，後述するように，学校間格差がきわめて大きくなった現実を背景にして，「用心深く行動すること」が必要だと感じられているのである。

パリ郊外における学校選択行動を調査したブロコリッシとヴァンザンタン (Broccolichi et van Zanten 1997：14-15) によれば，学校に対して評価的な判断をするとき，彼らはしばしば以下のことばに要約される側面に注目する。これらの用語は，学校選択に関する親たちの言説内で頻繁に使われるが，教育現場の実情を「政治的に正しい」表現で，婉曲に表現しようという意図があることはいうまでもない。

① 教育の「レベル (niveau)」または「質 (qualité)」
  これは，教えられる知識の程度や習得効率に関係し，しばしば「よい生徒」の存在が「よい学習条件」と結びつけられる。
② 生徒に対する「個人的指導 (suivi)」
  生徒一人ひとりに対する適切な指導・ケアが行き届いているか，また，生徒の管理・監視・保護に関して親が安心できる体制があるか，という観点からの評価で，十分な情報提供が保障されるということも含まれる。公立校に対する私立校の利点とされる。

③ 「環境（environnement）」

　その学校にどういうタイプの生徒が通っているか，具体的には，外国人（特にアラブ系）生徒の比率，不良・非行生徒の存在，生徒の「安全」を脅かす行為（暴力・たかり・ドラッグ）の存在などに注意が向けられる。学校側の「規律」維持に対する努力の欠如，すなわち「放任体制」への批判ともつながる。

　親たちの学校評価をめぐる言説からまず浮かび上がってくるのは，彼らが，学校間格差を背景にした競争環境の中で，確実な教育成果を求めて学校選択行動に出る様子である。このことの背景には，まず，教育内容・教育方法に関する小学校と中学校の間の断絶がある。多くの親たちが強調するように，小学校から中学校にあがると，教育の主眼が社会性の育成から「学力」の養成へと変化し，子どもは数値的な評価に基づいた競争的・選抜的環境に置かれる。中学校の最終段階では高校にむけた進路指導もあり，実質的に成績しだいで，高等教育につながる「普通教育課程」と就職・職業資格取得をめざす「技術教育課程」・「職業教育課程」に分岐することになる。また，落第等を通して教育課程からの脱落という事態もまれではない。この時期の教育成果は，子どもの将来を決定しかねない重要性を持つだけに，個々の学校の教育レベルの差を問題にしたい気持ちが親たちに生じるのも当然である。こうした親の不安をいっそうかきたてる要因として，中学校の学校間格差の現実と，多くの中学校が展開する生徒獲得のための競争がある。

　前節でみたように，ここで検討の対象としている家庭は，「原則」からも，現実的な要因からも多く社会混成地区に居住する。そうした街区では，中間層と上流層の新住民が増加しつつある反面，庶民階層の住民も残存し，地区の学校には学習達成度が劣りがちな庶民階層の子どもが多く通う。学校はそうした生徒たちへのケアに力を入れ，他の教育供給の点では多様性を欠くことがある。各学校のこうした「専門化」を受けて，新住民の親たちは学校の教育レベルをそこに通う生徒たちの特徴から判断するようになる。すなわち，生産労働者や移民の子どもたちが通う学校はレベルが低いとか，「問題校」であると判断されるようになるのである。

その一方，こうした家庭の親たちは，いまや公然化された学校間競争にさらされる。1980年代の地方分権化の影響で，「学校教育計画」を媒介にした学校間の差異化が奨励され，その結果，学校間競争が常態化し，それが学校回避を刺激して学校間の格差を広げた（Laval 2003, Felouzis et al. 2005, Oberti 2007）。すなわち，私立校ばかりでなく公立校も，付加価値の高い科目やコースの選択可能性を強調しつつ，「よい生徒」を求めてなりふり構わぬ競争を展開するようになった。競争環境では，わずかな差異も選択を促す過大な意味を持つことになる。すなわち，学校間の競争によって差異化された教育供給が選択行動を刺激するのである。こうした状況下では，学区の学校に通うことを当然とみなしていた親たちも学校の社会的性格や教育レベルを気にかけるようになる。

　親たちの学校評価のもう一つのポイントは「安全」である。多くの親たちが「暴力」や「ドラッグ」の存在を，学校評価の最優先項目の一つとする。こうした親たちにとって，暴力事件やその噂が，学校回避に踏み切るのに決定的な役割を果たす（Felouzis et al. 2005: 121-122, Oberti 2007：237, van Zanten 2009：95）。また，安全の問題は，しばしば，通学距離の問題とも結びつく。学校選択にあたって，「家の近くに学校がある」ということを重視するケースは非常に多いが，これは，子どもの「生活の充実」――子どもが地元の友だちと交流を続け，放課後活動の時間も確保でき，親の送迎負担もない――のためばかりでなく，通学中のリスクを減らす効果もある。

　暴力やドラッグが，子どもの「充実した健全な生活」を脅かすものとして，鋭い注意の対象となり，用心深く避けられるということは，十分に理解される。多様性のある居住空間を求めて社会混成地区に住んで，階層が共存する学校に行き，居住地の社会環境にうまく適応することは，子どもにとっても有益であると評価する親も，この点に関しては，きわめて非妥協的かつ選択的になる。

　教育レベルに関してと同様，「安全」に関しても，この階層の親たちは矛盾した「選択」にさらされる。「教育レベル」と「安全」が確保されるなら，近くの公立学校を選ぶことが基本，と考える親たちが，社会階層間の格差とそれが生み出す社会・教育的諸問題の渦中に投げ込まれ，「普通の状態」をもとめて逆説的な選択に苦悩する様子がみえてくる。

　ここまでみてきたように，学校評価の際の注目点に関しては上でみたような

一般化が可能だが，それは必ずしもすべての家庭が同じような評価・判断に到達することを意味するわけではない。それどころか，個々の家庭の評価・判断は，それぞれの置かれた状況や価値観——それぞれの社会観・市民モラルとともに，個人的な事情や親の教育経験・職業経験——を反映して，極めて多様である。そうした多様性をよく示す事実として，同じ学校に対する評価が，その学校を回避した親たちとその学校にとどまった親たちで大きく異なるという事実がある。さらに，同じ学校に通っていても，子どもが，成績別編成のどのクラスに入っているかによって，親の意見が異なることさえある。

親たちの間にみられるこうした評価の揺れは，どのように説明されるだろうか。むろん，まず，情報源の違いや，評価対象となる学校に関する個人的な経験の差が評価に反映すると考えられる。クラスによって生徒の経験が大きく異なるということも十分考えられる。ついで，学校選択を許す客観的な状況との関係がある。選択を狭めるような状況，すなわち，私立に通うための経済的余裕がない，学区の学校以外の学校への通学が地理的・経済的に不可能，学校選択のための有効な情報がない，そして子どもの成績や素行が選抜にたえるレベルではない，等の事情で選択の可能性が低いときには，学区の学校にたいしてきびしい評価をする意味がない。そういう人々は，たとえ「悪い評判」を聞いても，それが自分の子どもに直接関与する事態でない限り，その学校を回避する動機づけとはならない。反対に，経済的な余裕や子どもの成績などから，学校選択の可能性を多く持っている親たちは，学区の学校の否定的な情報に敏感になる。この場合，実際に学校で何が起こっているか特に具体的な情報を持っていないことも多い。こうして学区の学校に対して否定的な判断を下すことが，具体的な選択行動の最初の一歩となるのである。

学校選択の客観的な可能性や，近隣学校間の格差・差異が作り出す競争圏の具体的状況が親たちの判断を制約し，学区の学校の「評価」自体に強く影響するという事実は，あらためて，一方では，格差と競争が親たちの学校選択を触発し，また，一方では，学校選択が経済・文化資本等の資源に依存するという選択行動の生成構造を明らかにしている。

3．学区制度と庶民階層

上の各節では，学校選択に対する上流層・中間階層の姿勢と「戦略」を分析してきたが，以下の節では，これまで「選ばない階層」とみなされてきた庶民階層と学校選択との関係を概略的に記述する（詳細は荒井（2010）を参照）。

3.1．庶民階層と学校教育

庶民階層が子どもの教育に無関心だという通念は誤った偏見にすぎない。また，90年代を通して，この階層の家庭がしだいに子どもたちに高学歴を求めるようになってきていることも明らかにされている。学校選択に関しても，学区の学校を回避する傾向が，上流層・中間階層からしだいに庶民階層に広がりつつあることが観察され，それには私立校への移動も含まれる（荒井 2009b）。

子どもの将来を左右する学校教育への配慮や希望など，すべての階層の親に共通することでも，その現れ方は，社会階層ごとに異なる。学校選択などの教育投資行動に関しても，庶民階層は教育（制度）に関する知識・ノウハウなどの情報や，自分たちの教育戦略を実行に移すための現実的手段に欠けることが多い。しかしそのことは，彼らが子どもの教育に対して，希望や願望を持っていないことを意味しない。庶民階層を「選ばない階層」とみなす一般的傾向は，彼らを他の階層とはことなった特異な階層として措定することで，その「特殊性」を自然化し，結果として，彼らの社会的排除を側面から固定化する契機を生み出す（われわれが1・2節で参照した研究者たちもこうした潜在的傾向をまぬかれていない）。庶民階層もまた，競争的な教育環境に置かれ，学校選択をはじめとする教育投資行動と無縁ではいられない。しかし，庶民階層と学校教育との関係は，中間・上流層の場合と異なり，しばしばねじれたものになる。

学校教育は，家庭の役割をたいへん重視するようになってきている。家庭における学習補助が自明化され，家庭は学校と「共同して生徒を育てる」ことを要請される。しかし，庶民階層の親たちは，しばしば小学校レベルでさえ，子どもの勉強をみるための知識が自分に欠けていると感じている。学歴が低く，文化資本に欠ける親たちにとって，学校が当然のこととして要求する学習補助

はまったく容易なことではないのである。このことは，学校的な行動規範・学習体制の習得にも反映する。たとえば，子どもの話し方を学校教育で用いられる明示的な「ことば使い」に改めさせたり，日常の様々な場面を「学習」の機会として利用したり，禁止や罰ではなくことばによる権威を通して子どもに自己規制を身につけさせるという態度・行動規範の習得を学校は重視する。しかし，こうした中・上流階層にとっては当然のことも，「学校的論理」に疎遠な庶民階層にとっては，自明のことではないのである。というのも，庶民階層の親たちは学校的な文化資本を保持しておらず，それを子どもに「遺産相続」させることができないからだ。そしてきわめて重要なことは，庶民階層の生活慣習と学校的要請とのこうしたギャップを，学校側が積極的に埋めようとはしない，という事実だ。学校教育は，庶民階層に対して選抜的に機能する。学校という「サービス」にアクセスするには，家庭での準備というハードルが課され，それを通して選抜が行われているのである。

　では，なぜ学校は庶民階層の家庭に対して，学校的な認知・言語・行動習慣への適応を準備してやれないのだろうか。第一の理由は，学校教育が一般的な競争状況に置かれていることだ。競争的な差異化の論理は，生徒・家庭の「自助努力」を前提にし，目標についていけない「落ちこぼれ」が生じることを承認あるいは助長する。したがって，学校は目標と課題を与えてそれを達成した者を認証すればよい。家庭への過度の「役割」と「責任」の付与がこうして正当化されることになる。第二の理由は，教員の変化にある。かつて教員には多くの庶民階層出身者がいた。教員養成課程は高校卒業後3年であった。ところが90年代の改革で，教員は高校卒業後5年を要する教員養成大学院の出身者となり，大きく中間階層化した。かつての教員が庶民階層の生徒を学校的な慣習・秩序・学習に適応させようとするアンガジュマンをもっていたのとは対照的に，新しい世代の教員は庶民階層のために特別な努力を払うという動機に欠けるのである。

　庶民階層家庭が，「家庭の教育機能の欠如」ゆえにあらかじめ学校教育から選別されるという事実は，この階層の学校選択行動にはっきりと反映している。上述したように，この階層の家庭では，子どもを学校が望むように準備してやることができない。したがって，もしある学校の教育レベルが高く，それに適

応するために家庭の負担も当然ながら大きくなると，庶民階層の家庭はそれに耐えることができない。このような家庭負担の「せり上げ」状況があるとき，彼らはしばしば「下方移動」の学校選択をする。

　学校選択が論じられるとき，学区の学校よりも「よりよい」学区外の公立・私立学校に子どもを通わせる「上方移動」が暗黙のうちに前提とされてきた。これは，研究者自身の文化的背景を無批判に研究対象にもあてはまる前提としてしまう「自民族中心主義的誤謬」に属するものだが，荒井（2010）で示したように，実際には，庶民階層そして中間階層の一部に，通学可能な「よい学校」をかえって避け，学力養成の観点からは社会的評価がより低い学校の方に「下方移動」する傾向も存在することが明らかになっている。これは，多くの家庭負担を前提とするよい学校に入って落第などのリスクを負うより，得られるものを着実に手に入れるという庶民階層の現実主義――それ自体「必然－自発転換」機制の一つの現われ――に基づくものだが，1.1.項でみた上流階層の先鋭的な上方移動と庶民階層の下方移動が併存することで，社会的な分離と学校間格差がいっそう強化されることになる。

3.2. 学校選択と学区制度

　周知のように，フランスの学区制度は現在見直しの時期を迎えている。これは，学区制廃止を選挙公約としたサルコジ大統領の政策だが，それをうけた当面の緩和措置の結果，学区外学校への入学を求める「例外措置願」の申請・承認の件数が増加する一方，学校間における二極化した社会的隔離状況も深刻化した（荒井 2009b, 2010）。本節では，上の各節で検討した各社会階層の学校選択や教育投資の特徴をふまえて，学区制の廃止（緩和）政策と，学校における社会混成および教育の社会的格差解消との関係を批判的に検討する。

　中学校の学区制は，頻繁な学校回避によって今回の緩和措置の施行以前からすでに空洞化していた。ここまでみてきたように，学校回避はすぐれて階層的な現象である。すなわち，社会階層が上昇するほど学校回避の頻度が上るのである（荒井 2009b）。この現実を受けて，一部の論者は学区制が社会的に恵まれない者を条件の悪い学校に閉じ込めることになると主張し，学区制の廃止が，恵まれない地区に住む庶民階層の生徒たちに，居住地の外にある「よい学校」

に通って，社会的上昇を手に入れる機会を与えると論ずるが，こうした主張にはたして現実的な根拠があるだろうか。

　学校選択は社会階層ごとに異なった現れ方をする。とくに，3.1.項でみたように，庶民階層の場合，学校選択は，その可能性があるときでも，必ずしも「上方移動」とはならず，場合によっては，よりよい学校をかえって避ける「下方移動」さえ観察される。この点を考慮すると，学区制廃止によって，恵まれない地区の庶民階層の生徒が，上流階層地区のよりよい学校に移動するという一般的傾向が生ずるとは想定できない。そうした想定は，学校選択の現実に対する社会学的考察を欠いた空論だと言わねばならない。庶民階層が「学区の学校に閉じ込められている」のは，学区制の拘束だけが原因だろうか。むしろ，経済・文化資本の欠如や，それに由来する必然－自発転換の機制が，強引な上昇志向を阻むからではないか。庶民階層を地元の恵まれない学校に「閉じ込めている」のは，学区制ではなく，むしろ彼らの生活条件そのものと考えるべきであろう。

　学区制の廃止は，庶民階層に関して予想される事態とは逆に，中間・上流層の学校選択行動を活性化すると考えられる。2.1.項でみたように，公共部門を中心とする中間階層や上流階層の一部には，学区制を含む公教育への信頼が存続し，それが学校選択に対する倫理的制約を課していた。学区制の廃止は，こうした倫理的枠組みをはずし，彼らをより「自由」に学校選択行動に向かわせる。教育における競争意識が強化され，「消費者」の選択志向の高まりが学校間の差異化を促し，学校間格差を広げる。2.2.項で見たように，こうした階層の親たちの場合，学校間の格差と競争的な差異化こそが，学校選択を誘発し，動機づける。競争と差異化が彼らに「自由選択」を強いるのである。さらに，学区制という歯止めを失って強化された競争環境では，有利な条件の学校に多くの要求が集中するから，「選択」は「選抜」を伴うことになる。親たちの「自由」には実質がない。競争が選択を生み出す状況で，彼らは学校選択行動に向かわざるをえず，しかも自分から「選ぶ」よりもむしろ「選ばれる」ことになるからだ。学区制の廃止による競争環境の激化は，「選ばないという選択」も取りえた人々をも選ぶことに駆り立て，しかも実際は，選ぶのではなくむしろ選ばれる，という現実に直面させるのである。

学校選択の「自由化」は，結局はこうした中間階層を中心とする家庭に対して，親の不安が増大するほどには，学校の上方移動の可能性を広げてくれるわけではない。学区制廃止が誘発する彼らの選択行動は，自分たちに利益をもたらすというよりは，むしろ上流階層の功利主義的教育投資行動を社会的に正当化する，という効果を生む。
　ここまでの議論をふまえて，現政権の方針である学区制の廃止が，学校における社会混成・教育の社会的格差の解消に貢献するか，考えてみよう。
　結論として，この問いには否定的に答えざるをえない。学区制の廃止は，格差解消に貢献するどころか，かえって格差を助長する方向に作用する。その核心的な理由は，学区制廃止が社会的・教育的に最も恵まれない生徒たちの学校移動を上方にむけて引き起こすわけではないからである。第1節でみたように，専門職上流階層の功利主義的学校選択は，庶民階層には手のとどかない経済力と情報力を必要とする。さらに，この階層の積極的教育投資行動は，教育を社会・経済的成功の手段とみなす新自由主義的教育・社会哲学によって支えられているが，こうした思想もすべての階層が共有するわけではなく，第2節を通して明らかにしたように，公共制度や各階層の市民の共存をより重視する人々も，多数，存在している。自由化が社会正義をもたらす，とする考えは，すべての人が同じ行動の要件を備え，かつ同じ情報にアクセスできることを前提にするが，学校教育に関してはこの前提は当てはまらない。すべての階層の家庭が，教育市場の中で自由な「消費者」として行動する経済的・社会的・文化的条件を均等に備えているわけではないからである。
　さらに，学区制や学校選択の研究・議論においてしばしば見過ごされている重要な論点がある。3.1.項でみたように，学校教育における家庭の役割が大きくなる中で，教育の社会的不平等は「家庭の教育力」とはっきりと相関するようになった。この教育力，すなわち子どもを学校教育にむけて準備する能力は，各家庭が所持する経済・文化資本に決定的に依存し，社会階層的な格差がはっきりと現れる。こうした点を考慮すると，学校における社会階層の共存が教育の社会的不平等の解消に直結するわけではない，ということに疑問の余地はない。しかしながら，現状では，教育格差の問題はしばしば学校における社会的隔離状況の問題に帰され，社会混成が実現すれば，あたかも教育格差が解消す

るかのような短絡的議論が多くみられる。学区制や学校選択の問題は，こうしてより本質的な問題から目をそらせる効果さえある。3.1.項で見たように，経済・文化資本の少ない庶民階層の家庭では，学校の教育的要求に十分こたえられないことがままある。したがって，この階層の子どもたちに対する学校の教育実践のあり方を変えることが，学校における社会混成とは独立して，教育格差を埋めるためには不可欠である。

参考文献

荒井文雄（2008），「フランス中等教育における学校間格差の一側面──コレージュの『人種化』をめぐって」，『日仏教育学会年報』第14号，pp. 33-43。

荒井文雄（2009a），「フランス中等教育における学校間格差の歴史と現状」，『京都産業大学論集社会科学系列』第26号，pp. 207-236。

荒井文雄（2009b），「フランスにおける学区制度と学校回避──大都市圏における学校回避の現状」，『フランス教育学会紀要』第21号，pp. 51-64。

荒井文雄（2010），「フランスにおける学校選択と学区制度──学区制廃止は教育の社会的不平等の解消に貢献するか？」，『日仏教育学会年報』第16号，pp. 89-99。

Bourdieu, P. (1980), *Le sens pratique*, Les éditions de Minuit.（今村他訳『実践感覚』，みすず書房，1988年）

Broccolichi, S. et A. van Zanten (1997), "Espaces de concurrence et circuits de scolarisation. L'évitement des collèges publics d'un district de la banlieue parisienne", *Les annales de la recherche urbaine,* 75, p. 5-17.

Cacouault, M. et Œuvrard, F. (2003), *Sociologie de l'éducation,* La Découverte.

Felouzis, G., F. Liot et J. Perroton (2005), *L'Appartheid scolaire,* Seuil.

François, J.-Ch. et F. Poupeau (2008), "Les déterminants socio-spatiaux du placement scolaire", *Revue française de sociologie,* 49, pp. 93-126.（本書第6章参照のこと）

Gombert, P. et van Zanten, A. (2004), "Le modèle éducatif du pôle "privé" des classes moyennes : ancrages et traductions dans la banlieue parisienne", *Education et sociétés* N° 14, pp. 67-83.

Gouyon, M. (2004), "L'aide aux devoirs apportée par les parents", *Insée Première,* 996.

Laval, Ch. (2003), *L'école n'est pas une entreprise, Le néo-libéralisme à l'assaut de l'enseignement public,* La découverte.

Linhart, D. (2009) "Comment l'entreprise usurpe les valeurs du service public", *Le monde diplomatique*, Septembre 2009.

Oberti, M. (2007), *L'école dans la ville: ségrégation-mixité-carte scolaire*, Presses de Sciences Po.

Préteceille, E. (2006), "La ségrégation sociale a-t-elle augmenté ?", *Sociétés contemporaines*, no. 62, pp. 60-93.

Thomas, F. (2005), "Des collèges publics divers. Disparités entre collèges publics en 2003-2004", *Education et formations*, No. 71, pp. 105-115.

Viallet, J.-R. (2009), *La mise à mort du travail*, (DVD), Gie Sphe-Tf1.

van Zanten, A. (2009), *Choisir son école*, PUF.

第3章

私学の役割機能変遷にみる世俗化現象
――私学選択にみる学歴志向の浸透を視点として――

園山　大祐

はじめに

　ここでは，学校選択のなかでも約2割を占める私立学校を選択するものについて論じる。歴史的には，私立学校は宗教的な自由を与えられた唯一の学校機関として，特にブルターニュ地方やアルザス地方を中心に普及・維持されてきた経緯がある。しかし，近年は学歴志向の浸透を背景にパリを中心に上流層から中間層を主流に選択肢のひとつとされている。特に我が国とは異なり，授業料が決して高くない私立も少なくないため，子どもの学業上の選択として有効な手段のひとつと考えられている。

　同一年齢層のバカロレア取得率を80％にまで引き上げるという目標を30％台の1985年にシュベーヌマン教育大臣が掲げて以来，フランスの教育における競争原理はおびただしいまでに機能し始めている。このバカロレア（学歴志向）[1]に対する関心度の高さは，毎年6月頃の新聞記事にみられる「生徒の受験ストレス」や，「翌年に向けた親の学校選択」などの問題に見いだすことができる。また，フランス世論調査機関SOFRESのアンケート調査（1997年）によれば，「学校の役割として」第1に生徒があげているのは「就職に役立つ」という点で，3番目には「資格」の授与としている[2]。フランス語圏では，あまり馴染むことのなかった「効率性」という概念もフランス教育界で徐々にではあるが意識され始めている。そのことは，フランスの私学問題とも関わる。なぜなら，今日私学を選択する理由に宗教的な選択とするものは少数で，多くが子どもの

学業の成功をより確実なものとする手段として選択することが一般となりつつあるからである。私学には，事実はともかく親の目には先に言う「効率性」が働いているように思える。なぜなら，本質的に今日の多くの私学とは契約私立学校（後述）であるため教育内容において公立の学校と何ら変わらないということにある。したがって，その子どもの教育により効率のよい学校選択（バカロレア取得への道のりにより近い学校）を状況に応じて親は迫られているといえる。ここに，フランスにおける学歴志向の浸透をうかがうことができる。

　本章では，戦後のフランスにおける私学の役割機能の変遷について，私学の世俗化に焦点を当てながらその実態に迫る。その際，世俗化との関わりで重要と思われる今日のフランス社会における学歴志向の浸透についてもみていく。後半では，70年代と80年代のパネル（追跡）調査を基に，公立と私立との両システム間をどの程度の生徒が行き来（zapping）し，そこにはどのような学校選択のパターンがあるのか，考えていくこととする。

1．私立学校と公立学校に違いはあるのか

1.1．戦後における私学の役割

　フランスにおける私学の生徒の比率は，初等で13.4％，中等では21.3％となっている（2010年度）。学校数にみる私学の占める割合は，小学校9.9％（約90万人），中等31.4％（約114万人）となっている。ドゥブレ法以来（1959年12月31日），私学の95％がカソリック系で，98％が契約学校という。この契約学校には，協同契約学校（établissement privée sous contrat d'association）と単純契約学校（établissement privée sous contrat simple）がある。協同契約私立学校では，公立と同様の指導要領の使用を義務とし，政府より設備，教師の給料の支給，退職金などの面で財政援助を受けることを認めている。それとは別に契約学校全体の20％を占める単純契約私立学校というより緩い契約条件に基づいた私学がある。1985年の通達には，校長と教師の資格免状，契約以前に5年以上の開校歴，その地域に占める通学生徒の比率，施設の衛生基準，資産状況などの資格審査項目をあげている[3]。

　しかし，現在のフランス社会では公立と私立間における親の学校選択の判断

基準としては，いくつかの研究より「公立学校同様の有用性として私学サービスの提供」を受けられるものとしていることがわかる。また，歴史的な分析では，私学の有用性が宗教教育にあったとすれば，今ではむしろ学業不振な生徒における留年を避けるための第二の機会を提供する場として考えられるとする報告も80年代に出てきている。このことから両者の関係は，競争関係というより，相補関係となってきたことがわかる。サヴァリ教育大臣時代に行われた調査によると，「万が一自分の子どもが学業不振に陥ったときには，私立学校に転校させる意志のある」人が58％いた。学歴獲得に至る救済の場として私学は，その存在を有用視されるようになったのである。

　クティによると，この私学の公立学校同様の有用性という考えは，1959年以降の社会的背景を知る必要がある。まずドゥブレ法によって契約学校が設立するに至ること。そのことは教員の養成や教育内容に国家が関与することを意味する。したがって，フランス教育界における私学対公立という相容れない別の教育制度の統合が徐々に図られていくことになる。同時にこの59年には，義務教育年齢の引き上げが行われ16歳までとなる。このことは，「教育爆発」を導く。クティによれば，公立学校にあぶれた生徒の受け入れ場所として政府による私学への援助があったという。教育の普及を経済的コストのかからない方法に求めたひとつの結果として，私立学校の設立を容認するに至ったという。

　第2に，この60年代は1968年5月に起きた大学紛争に至るまで基本的にはフランス教育の大衆化ないしは民主化（等しく教育機会の拡大が行われ，形式的な機会の平等が目指される）と言われる時代である。別の見方をすると，それはフランス社会の学歴社会化を引き起こしたことになる。したがってこのころフランスは学歴インフレを経験する。本来このことは誰もがより高い教育を受けることができる構造的な不平等を是正した社会を願ってのことである。ところが，実際には失業問題や石油ショックによる経済の低迷など政策と実態に開きがあり，そのことはブルデューとパスロンの研究によってより鮮明に教育関係者にも衝撃を与えると同時に，学校への不信感を募らせることになる。つまり，上述の社会学者たちの分析は，生徒の文化資本を変数にした出身文化は，学校文化の用意した教育課程およびそのシステム構造（形式的な平等）を経ても，その内容的，構造的な不平等が維持されている限り，最終的な学業達成度にみ

られる格差が十分に埋め尽くされていない現状を浮き彫りにした。ゆえに，学区制の緩和に伴い学校選択という関心事を生み出すことにもなる。つまり，このような背景によりバリオンのいう商品価値としての学校という考えが広まることになる。私学もまた，より高い商品価値としての機能を生み出すことになる。そして，そのことが先に見たSOFRES等の世論調査に現れている。

第3に，1975年のアビ改革による統一コレージュ政策について言及する必要がある。教育爆発，学歴インフレに応える形で，教育機会の平等化のために前期中等教育の単線化がアビ教育大臣の指導の下に行われた。しかし，当時，特に上流階層に属する人々は公立学校における学力の低下，教育の質の保障を不安に思い，私学へと流れたという。

第4に，1977年にドゥブレ法の改正としてゲルムール法が制定され，私学への財政援助が強化されている。

以上のことから，フランスの教育政策は戦後，国民の支持を得ながら教育の機会の平等を目標に制度改革が行われていくように言われているが，その一方では，前期中等教育制度の単線化による学業不振問題，教育の民主化と学歴インフレによる学校選択の争奪問題が生じている。そこで，私学教育の存在価値が高められた理由として4つほど考えられる。

まず，平均以下の公立学校からの逃げ場（後述する代用型）としての私学選択があげられる。特に教育爆発や統一コレージュによって，従来，通学生徒の棲み分けが出身社会階層や親の学歴と一致していたものからより混合した状態が起こるために，他の通学区域の学校へ移る（学校回避）ケースが出てくる。また，進路指導や学校関係者の不満を理由に別の学校へと移る場合にも当てはまる。

第2に，学業不振への対処として私学を選択する場合である。

第3に，学歴志向の浸透の現れからくる商品価値の高い私学の場合である。つまり，バカロレア取得へもっとも確率の高い最有力な学校を選択するケースである。今日の私学選択の理由として1番目同様に有力な存在意義とされている。

第4に，私学教育の内容による選択である。特に宗教観や道徳観による子どもの教育に相応しい学校として私学を選ぶケースである。これは全体のおよそ

1割程度と言われている。

以上のうち，最初の3つは公立学校の機能低下による私学選択として説明される。[11]

このような現象より，私学は以前までの公立学校との対極としての学校像を奪われることになる。つまり，ドゥブレ法以降[12]，教育爆発からの避難所となり，フランス教育の形式的な教育機会の拡大に貢献することになる。しかし，そのことは私学の本来持っていた固有な教育方針を弱めることになる。たとえば，地域に根ざした教育（教会を中心とする共同体を基盤としたもの），宗教（宗派）に基づいた教育観，あるいは特殊な教授法，教育実践などが徐々に薄れ，私学教育の統一化，ひいては公立化，世俗化が進められたといえる。

1.2. 統計上みられる私学の背景

それぞれの形態の学校に通う生徒を出身階層別に分けると，73年度と80年度の第6級入学者を比較すれば，確かに上流階層出身者の方が各種の学校を有効に使い分けている。また，上流階層出身者は，学校選択に必要な情報，ネットワーク網などを有利に活用しているため，公立学校に戻る傾向すら浮上してきている。それでも，階層間における使用度の開きは縮まりつつある。その意味では，私学による教育機会の拡大は進められたといえる。[13]

一般的に，私学生の階層は，農業，自営業，管理職，工業・商業の経営者層といわれている。[14]ただし，この場合，都市と農村（地方）ではだいぶ開きがある。当然，都市では上流階層の占める割合が高くなる。パリでは私学が全学校教育機関のうち255校（25％，76年）を占めるに至っている。しかし，その内の4割は世俗学校という。[15]特に教育段階が上がるにつれてその世俗学校数は増える。バリオンはパリの宗派に属する私学を，以下5つの類型に分けている。1つは，最も多い41％を占める代用型というもので公立より学業達成度は落ちるタイプの学校である。宗教的な私立学校における通学生徒数全体の比率でいうと35％となる。このタイプの学校は中間層の親に支持基盤を置いている。ただし，この代用型には大きく2つに細分化できる。一方は，後述するエリート型の私学に近いもので，規律を求めると同時に高い学業達成を目指すものである。他方は4つ目の避難所型に近く学業不振児に対応した教育環境を設置した学校

である。また，この代用型の学校では，たとえば片親しか持たない生徒の比率も多いなど，この学校の第一目的は公立にない個別の生徒や親の要求に応える教育を提供することとしている。

　2つ目は，エリート型と呼ばれ，バカロレア合格率が80％以上の学校で全体の13％を占め，これは通学生徒比率の24％に当たる。就学前教育から高校まで用意され，7割近くの生徒が同じ学校で一貫した教育を受けている。その多くは，パリの高級住宅街に位置する6区にあり，二百年近い伝統を誇る名門校である。また，それらの学校の特徴としては，寄宿制度やグラン・ゼコールへの入学準備学級が用意されている。

　3つ目は，上流階層型の19％（通学生徒比率23％）を占める私学である。この場合は多くが女子の私立学校で，初等教育段階に多い。

　4つ目は避難所型と呼ばれるもので22％（通学生徒比率15％）を占め，学業不振児の受け入れを主とした学校である。その多くは短期の職業教育課程が設けられていて，パリの庶民的な地区（quartiers populaires）や，移民街に位置する学校である。

　5つ目は，革新型というもので革新的な教授法に取り組む学校である（5％）。そのほとんど（83％）が初等教育を対象とする。

　次に，学級規模についてみてみると，公立一学級24.2人，私立一学級25.3人（2010年度）であるが，学校の総生徒数は公立の中学校では300人以下の学校が17％なのに対して，私立では45.9％にもなる[16]。公立に対する生徒数の伸び率では，58年から77年では高校を除くと公立の方が若干伸びている。77年以降統一コレージュの実施などによって中学では私学は4.1％増加し，公立では1.3％減となっている。高校では7.3％（公立では9.7％）の増加がみられる[17]。この頃から，第6級と第2級（進路指導上重要な時期）の公立から私立への転校が多くみられる。先述した，「効率」を考慮した学校選択の始まりが，この70年代後半からと考えられる。

　私学教員の宗教的な立場は，校長のレベルでは初等で34％，中等で42％が神父またはカソリック教徒となっているが，教員そのものでみるとそれぞれ9.5％と7％となる。とはいえ，教員の離婚，再婚など私生活に及ぶ評価は厳しく，実際に離婚して再婚したことを理由に退職を命ぜられたケースもある[18]。教員の

採用は1977年のゲルムール法以来，経営者（校長）に委ねられている。この実態に対する反応は，パリのような大都市とブルターニュのような私立学校が半数を占める地域（フランス全体の私学生の5分の1）では異なる。とはいえ極端な場合私学でも，宗教教育を学校外施設に委託しているケースもある。また，教員の資格についていえば，正規教員と補助教員がそれぞれ半々となっている（88年度[20]）。一般的には，私学の方が正規教員の割合は低い。そのため，今日のようにほとんどの私学が契約学校のため，教師の給料が政府によって支払われる以上，生徒1人当たりに対する支出は少ないため，政府にとっての教育の効率は私学が勝る計算となる。ヴァンデルメルクによると，私学の世俗教員は「より質の高い生活と職場の環境を求め，特に人間関係に重点をおいた選択」から，私学に勤めるという[21]。

2．パネル調査にみるザッピング状況の意味するところ

ここでは，ラングゥエとレジェによる生徒のパネル調査をもとに，私学を実際に利用する理由について考察を深める。なお，私学と公立を行き来する行為をザッピング（zapping）と呼ぶ。

2.1．ザッピングとその理由

表3-1に示されるように，農業従事者の家庭における私学経験者は最も高く，最も低い労働者とは30％近くの開きがある。この表で重要なことは，私学経験者の比率が単年度登録されている生徒の場合20％未満なのに対し，小学校から高校までの教育経験を通した場合35.3％の生徒が私学を経験していることにある。このことは80年のパネルでも，推定37％が私学を利用するようになり，増加傾向にある[22]。また，就学前段階やバカロレアの準備のための予備校や職業教育関連の私学をも含めると更に高い数値となることは明白である。さらに，私学経験者の子どもを1人以上待つ家庭を基本単位にすると数値は膨れ上がる。つまり，私学選択に宗教的な意味以外の理由付けが考えられる[23]。

ここに，学校選択に関する興味深い調査がある。調査では，私学を選択する人が約17％，公立の学校を例外措置によって選んだ人が同じく17％，残りの3

表 3-1　親の社会職業類別，小学校から高卒までの生徒の学校選択

	1	2	3	4	2＋4	2＋3＋4
農業者	45.2	11.7	19.1	23.9	35.6	54.8
管理職	53.9	13.7	12.5	19.8	33.6	46.1
労働者	73.1	7.8	4.2	15.0	22.7	26.9
平　均	64.7	10.0	7.5	17.8	27.8	35.3

注）1．高卒までをすべて公立で過ごした人，2．私学に転校した人
　　3．高卒までをすべて私学で過ごした人，4．公立に転校した人，
　　2＋4．転校経験者，2＋3＋4．私学経験者。
　　平均値は企業経営者，中間業者，事務職員，その他類別できなかった者，
　　37,375人の全社会職業類別を対象に行った平均。
　　1972,3,4年度に第6級に入学した37,375人を対象に追跡調査したもの。
出典：Langouët et Léger（1994），p. 58 より作成。

分の2は指定された学区の学校に通学するという[24]。その17％の私学を選んだ人は，第1が自宅から近いことを理由とする（40％）[25]。宗教的な理由としている人は約20％に留まる。別の理由としては学業不振児の克服に利用することや，第6級での私学への転校が多いことから，学歴獲得（バカロレア）への戦略として取られていることなどがあげられる。少なくとも，このザッピングの理由には学業との深い関係がある。そのことは，たとえば留年経験者に私学経験者が多いということからも実証されている。91.4％の留年経験を有する生徒は，最初の留年以前にザッピングを経験していない。逆に85.7％のザッピング経験者は，最初に転校する前には留年したことがないことがわかっている。つまり，一般的には留年した同年に転校をすることになる[26]。ただし，ラングゥエらの指摘にもあるように私学選択の理由に宗教理由をあげる人が極わずかだというような結論を導くことは短絡的すぎるという批判もある[27]。

2.2. 私学教育は教育の民主化に貢献できているか

もう一方で確認すべきことは，果たして，私学は各階層に平等に開かれているかということにある。私学の常連は依然として，農業者，経営者，上級管理職である（いずれも40％以上）。このことは，学校選択ということゆえに，学校に関する情報資源の収集手段の違い，また財政的な違い（私学の場合，授業料の他に通学に必要となる費用，より豊富な教育活動に必要となる費用，政府の財政

補助が減ることなど)が最大の壁となる。その他に,地理的に私学の存在がほとんどみられない地域もある。たとえば,72,3,4年のパネルで留年せずに第2級に進級した生徒の場合,公立から私立への転校率が,上級管理職の方が労働者よりも,ブルターニュを除いたどの地域においても上回っている。ブルターニュは先に言う私立学校数が公立と同等以上のため,管理職にとってはよりよい希少な学校として公立を選択する傾向がある。したがって,依然特定の上層階層に有利となり,十分な民主化(実質的な機会の平等)を遂げてはいない。他方では,出身階層間の教育結果にみる不平等への克服を私立学校の方がより早く実現している。つまり,学業達成の機会を私学の方がより多く与えている。一般的に,私学は農業者や労働者層の子どもに成功が認められる。中間層者にはほとんど影響がない(表3-2)。

　ここで72,3,4年と80年のパネルを比較すると,ザッピング経験を持つ生徒数が27.8%から30.3%に増えている[28]。つまり,間違いなく各出身階層に開かれる。さらに,最も格差のあった上級管理職と労働者間の学業達成の確率をも私学は縮めている。このことは,私学経験者にとって教育機会の拡大にとどまらない民主化といえる。たとえば,表3-2では「①-②」の項目(上級管理職と労働者の格差を数値化したもの)に注目してもらいたい。上級管理職と労働者間における留年経験をしないで最終級に到達できる確率の差を73年と80年で比較した場合,公立学校のみに通った者では31.6対30.3と1.3ポイントしか縮まっていない。それに対して,私学のみの者は25.8対18.8と7ポイントも格差が抑えられている。また,いずれの出身階層においても,公立学校のみを経験している者では留年しない確率を下げている。これは私学への転校を増やすなど先のザッピング現象を裏付けるデータではあるが,同時に最初から最後まで私立学校に通う人は減っている。

　私立の場合入学者の選抜があるため一概に結果だけをみて判断することはできないが,特に表3-2からは年度比較において労働者(+2)と農業者(+4.3)に私学の有用性がもっとも高いことがみられる。このことから,私学による教育機会の拡大と並行して,親の学校評価の判断材料として学業達成度が高い比重をおく危険性をはらんでくることが予想できる。ひいては学校間の序列化が生じ得ることを示唆している。つまり,学校選択に私学が加わることで

表3-2　第6級から留年せずに最終学年に到達した生徒の割合

	①管理職		②労働者		①-②		経営者		農業者		中間業		事務職	
1973	42.8	35.3	11.2	9.5	31.6	25.8	20.6	19.7	18.4	13.9	26.8	20.0	18.2	19.6
1980	40.2	30.3	9.9	11.5	30.3	18.8	17.7	17.3	16.9	18.2	24.2	20.3	15.6	11.3
年度格差	-2.6	-5.0	-1.3	+2.0	+1.3	+7.0	-2.9	-2.4	-1.5	+4.3	-2.6	+0.3	-2.6	-8.3

注）この表にザッピングの要素は含まれない。点線の左の数値が公立学校のみ経験した者。右の数値は私立学校のみ経験した者。
出典：Langouët et Léger (1994), p. 132 より作成。

教育機会の民主化をもたらすと同時に，学歴志向の強化にも加担することになる。これらは，より詳細な調査を要するといえるが，はじめにも述べたようにフランスにおける学歴獲得（バカロレアの取得）と私学選択には強い関係があることは否めない事実である。そのことが，すべての階層に平等な民主化をもたらすのか，一部の労働者や，農業従事者に有用性があったとしても，全体からみるとより不公正な結果をもたらしているのかは，明らかであろう。

3．おわりに

以上みてきたように現在の私立学校の役割機能には，フランスの過半数の市民にとって，学歴獲得や学業不振児の避難所という実質的な有用性が見出され，公共機関の一部として利用価値（商品価値）の高いものという判断が働いている。公立，私立同士における転校，あるいは私立から公立学校への転校もあり，より良い学校へのザッピングは，一層激しくなりつつある。ここで学校選択の指標として，公立か私立かということ以外に，合格率のより高いところを目指した学歴獲得に向けた「効率主義」（教育の市場化）の進行が見受けられる。したがって私立学校の開放（ドゥブレ法以降）はフランスにおける実質的な学校選択の厳しさをもたらした。逆にこのことから，「効率性」の追求がどの程度私立学校で実現されているのか，つまるところラングゥエらによる出身階層間にみる教育の不平等の克服を，私学の有用性としての学力達成にどのくらい機能しているかを究明する必要がある。

そのことによって，フランス教育の難題とされてきた学力の底上げの可能性がみえてくるであろう。特に「経済的な困難層」，あるいは「文化資本の低い」とされる層における教育機会の拡大から教育内容に至るまでの抜本的な見直し，いわゆる上記の子どもに開かれた学力の多様さに目を向けることが必要となる。

　今後の私学研究における課題としては，先述したバリオンの類型でいうところの代用型の私立学校を選択した親や生徒が求めている教育の神髄は何か，その詳細について検討する必要があろう。そこでは，私学教育が国民に受け入れられた現在，今後の（私学）教育の公共性がうかがえるのではないだろうか。このことは，フランスの特色として，私立学校と公立学校間を行き来する生徒に与えられた共存体制へのプロセスとして今後も見据えていく必要がある。

付記1
●国立統計経済研究所による15才以上の社会職業類別（CSP）分類とその割合（Insée, *Enquêtes Emploi,* 2008）
1．農業者（0.9%）
2．職人，商人，企業経営者（3.3%）
3．上級管理職，上級知的職業従事者（8.7%）
4．中間業者（13.0%）
5．事務職員（16.5%）
6．労働者（13.1%）
7．退職者（30.7%）
8．その他無職（13.8%，うち学生9.3%）

注
1) たとえば，96年度の同一年齢層に占めるバカロレア取得率は，61.3%と倍増したことになる。しかし，同時にこのことは，競争原理の機能不全という別の角度からの批判もみられる。これは，教育の大衆化がこの四半世紀で実現したためアビ改革による統一学校の制度的限界に注目するというものである。すでに，当時教育担当大臣のS.ロワイヤル女史もある雑誌に明記している（*L'Express,* 13/5/1999, pp. 18-9）。つまり，政策者の危倶するところとは，アビ改革当初の目標「教育の民主化」を遂げ，今では逆に学校機能が爆発し，むしろバーン・アウトする生徒と優秀な生徒の野放し状

態によって，極一部の生徒にしか適さない教育となっている実態にある。ゆえに，統一コレージュの反省から分岐型教育制度の検討も始められようとしているのである。これは，より確実に各生徒の需要に応えられる柔軟な学校（コース）を用意するということになる。フランス教育社会学の伝統的なテーマに，「教育の民主化と教育の構造的不平等」というものがある。ここで関係するものを1つ限定してあげると，Goux, D. & Maurin. E. (1997) "Démocratisation de l'Ecole et persistence des inégalités", in *Economie et statistique* No. 306, pp. 27-31 を参照されたい。

2) Sofres, *L'état de l'opinion,* 1998, Seuil, p. 136.
3) Monchambert, S. (1993) *L'enseignement privé en France,* Puf, Que sais -je ?, pp. 57-76.
   Cadiou, M. et Dussau, J. (1996) *Education, les textes officiels de A à Z,* Armand Colin (2e ed.), pp. 791-821.
4) Tanguy, L. (1972) "L'état de l'école: l'école privée en France", in *Revue Française de Sociologie,* XIII, pp. 325-375.
5) Prost, A. (1982) *Histoire générale de l'enseignement et de l'éducation en France,* Tome IV. Labat, pp. 413-447.
6) Coutty, M. (1982), ""Ils" ont choisi le privé", in *autrement*, 42, pp. 12-23.
7) 藤井佐知子（1999）『教育学年報』第7号，世織書房，Plenel, E. (1997) *La République inachevée,* Stock.
8) Ballion, R. (1982) *Les consommateurs d'école,* Stock.
9) Coutty, M. (1982) *op. cit.,* p. 15.
10) 夏目（小林順子編（1997）『21世紀を展望するフランス教育改革』東信堂，pp. 167-86）によると，統一コレージュの実施は，学業不振に陥る生徒を増加させる結果となった。したがって，アビ改革の中等教育機会の平等は形式的なもので，実質的な機会の平等はその後の改革で，学校現場の混乱を修復させる政策実施によって進められたとする。
11) Rapport Schwartz, L. (1977) L'enseignement et le développement scientifique, cité par M. Coutty (1982) *op. cit.,* p. 15.
12) Vandermeersch, E. (1982) "L'enseignement catholique: une énorme machine", in *autrement*, 42, pp. 94-104.
13) Langouët, G. et Léger, A. (1997) *Le choix des familles,* Fabert.
14) Plenel, E. (1997) *op. cit.,* p. 525.
15) Ballion, R. (1982) *op. cit.,* pp. 272-285. ちなみに本書144頁注4によれば，中学校に限定すると106校の公立校に対し，63の私立中学がある。
16) ちなみに，中学の平均が，424人対175人。高校で950人対404人である。DEPP: 2010.
17) Plenel, E. (1997) *op. cit.,* pp. 526-8.

18) *Ibid.,* p. 516.
19) Bellengier, F. (1999) *Le chef d'établissement privé et l'Etat,* Berger-Levrault に詳しい。
20) *Le monde de l'éducation,* octobre 1991, p. 38.
21) Plenel, E. (1997) *op. cit.,* p. 532.
22) 推定とは，80年のパネルでは，第6級以前の私学経験に関するデータがないことと，80年代から7年間のデータのため留年した生徒は高校を修了していないことになり，これから私学を経験する可能性を持つため。Langouët, G. et Léger, A. (1994) *Ecole publique ou école privée?*, Fabert, pp. 58-60.
23) 私立学校を選択するのは，学業との関係（61.8%）が最大の要因となり，次に教師や教育の質の問題があり，宗教（5%）というのは最後にあげられる選択の理由となる。Langouët, G. et Léger, A. (1997) *op. cit.,* p. 105.
24) Enquête Education, Insée/Ined, 1992.
25) フランス人の学校選択として優先される条件に通学時間の短いことがあげられている。このことは，私学選択者にも当てはまる可能性が強く，その意味では私学と公立学校間の二者択一に対する意識の違いがなくなりつつある。Baccaini, B. (1996) "Du domicile à l'établissement scolaire", in *Economie et statistique,* No. 293, pp. 55-75.
26) Léger, A. (1990) Enseignement public et privé: idées fausses et réalités, *Société française,* No. 36, p. 56.
27) Héran, F. (1996) "Ecole public, école privée: qui peut choisir", in *Economie et statistique,* No. 293, pp. 17-39.
28) Langouët, G. et Léger, A. (1997) *op. cit.,* p. 102.

第4章

「選択」の形成
――ケースからの思考――

小林　純子

はじめに

　近年の教育政策において「親の学校選択」という用語が積極的に使用されるようになったのはフランスに限ったことではない。それはむしろ英国や北米などの教育制度において，1980年代から90年代に広がりをみせた。「親の学校選択」の研究が英語圏で豊富で，フランスの研究者が頻繁にそれらを参照し，引用するのはこのためである。しかし「学校選択」と一口でいっても，実際にはさまざまな制度として具現化されていること，純粋な市場とは異なり，多くの場合規制を伴った「疑似市場」(Whitty, 2002: 46-47) でしかないこと，特にフランスでは「選べる」ことを強調する政策スローガンとは裏腹に，現在でも公立中学校への就学は通学区域（学区）に基づいた指定校を基本とし，各学校の空席の範囲内でのみそれ以外の公立中学校への就学を認めるきわめて限定的な制度にとどまっていることは，ここで指摘しておくべきだろう。

　こうした制度が，政策理念としての「教育における機会均等」や「学校における社会的多様性」の促進とは逆に，現実的にはむしろそれらを後退させる結果を導いていることは，これまでの調査や学術研究が明らかにしてきたことであって本章で繰り返すまでもない。中でも「選択」と親の社会階層の関係は，調査や研究がもっとも多く行われているテーマのひとつといってよい。

　しかしこれらの調査や研究が，個人としての親の行為に着眼点をおいていることは稀である。むしろ親を一定の社会的カテゴリーに分類したとき，そのカ

テゴリーに応じた選択はどのようなものか，居住地に応じた親の選択パターンにはどのような特徴があるか，どのような家庭の子どもの就学している学校が選ばれているか，あるいは選ばれていないのか等，これらを追求することを目的としている。だが，たとえば「上流層」というカテゴリーで括られる家庭はすべて同じような選択をする傾向にあるだろうか。また，「庶民層」に特有の選択行動パターンがあるかどうかは定かではない。にもかかわらず，量的調査は，こうした親の社会階層と選択する学校の種類やその動機の関係を明らかにすることが多い。別言すれば，個別の親による学校の「選択」がいかに形成されるのか，そのプロセスを追った研究は，依然として少数派である。その意味で，親へのインタビューを通じ，彼らの文化的資源，経済的資源や社会関係資本，居住地，学校の特徴のみならず，親の戦略や教育に関する価値観，他の親と維持している関係など，選択を構成する多様なコンテクストを分析の対象としているヴァンザンタン（Van Zanten, A. 2009；2007；2003；2002；2001）やボール（Ball, S. 1993：Ball, Bowe, Gewirtz 1996；1995；Reay, Ball 1997）の一連の研究は貴重である。

　ブルデュー（Bourdieu, P.）は，「統一的な生活スタイル，すなわち人，財，実践の選択の集合からなる，ある地位の本質的で関係を示すような特徴を再解釈するのは，生成するもの，統一するものとしてのハビトゥスという原理である」（Bourdieu 1994：23）と述べている。ハビトゥスは言わずと知れたブルデューの社会理論における主要概念のひとつで，「特定の階級に結びついた条件付け」（Bourdieu 1980：88）によって構築される，持続可能で移行可能な，獲得された「性向 disposition」のシステムとして定義される。彼はこの概念によって，「科学的根拠のない」対立関係，たとえば「個人の意識や意志から独立した客観的関係を把握しようとする構造主義的アプローチ」と，「行為者が現実になす相互行為や社会的接触の経験と，社会的実在の心的，実践的構築に行為者がどのように貢献するかを把握しようとする現象学的，相互行為論的，あるいはエスノメトドロジー的アプローチ」（Bourdieu 1987：47）の対立を乗り越えようとしたのであった。ハビトゥスの概念は，「行為とは，熟慮の末に設定された目的に対する意識的な参照によって規定されたものと定義」する「目的論」と，「行為は無差別な諸原因に対する純粋な反応に還元される」とする

「機械論」の「二者択一から逃れさせてくれる」ものである（Bourdieu 2000, 山田・渡辺訳 2006：292-295）。

社会学者ライール（Lahire, B.）は，社会学が「社会化された個人」に関心をよせるなか，ほかのどの業績にもまして「過去の経験の生産物を各個人の身体に留める『マトリックス』」を理論化したのは，ブルデューの研究であると述べている（Lahire 2001：123-124）。しかしライールは，ブルデューがその著作 *La Distinction*（Bourdieu 1979, 石井訳 1990）において，こうした「性向」がいかに形成されるのかを経験的に示すことはしておらず，このタームによって理解されるものがどのように再構築されるのか，経験的に追求されてこなかったと考えている（Lahire 2001：126-130）。もし，「行為は単なる規則の施行や規則への従属でない」（Bourdieu 1987：19）とすれば，そして「行為者は自由な投企の中で自分の実践を選ぶのでも，無意識の制約によって実践にかり立てられるのでもなく，かれらに固有の実践に及ぶ」（Bourdieu 1987：127）のだとすれば，こうした実践や行為をどのように明らかにし，またどのように記述することができるだろうか。

再びライールによれば，「ある集団やカテゴリーに，統計的にもっとも良く結びついた特性の総体を要約したり併合したりする（あまりにも）「完璧」な事例は，統計データに基づいた分析を例証する際におそらく必要不可欠のもの」であるが，「描写（制度，時代，集団を表現する）ではなく，現実の個別のケースとして，つまりさまざまな社会化の経験の複雑で単一の産物として取り上げるとなると，あてにならない戯画的なものとなってしまう」（Lahire 2001：146）。たとえば，「エリート養成機関として選抜を課している高等教育機関，グラン・ゼコールへの進学者は，親の職業が管理職や高度知的職業従事者であることがもっとも多く，逆に労働者であることはもっとも少ない」というデータは，文化的資源や経済的資源の所有の程度と学業成功の関係を説明するかも知れないが，管理職はすべて子どもの教育について同じ実践を行っていることを示しているわけでも，労働者は子どもの教育に不熱心だということを示しているわけでもない。同じことが，親による学校の「選択」についてもいえる。経済的資源や文化的資源の多い上流層が私立中学を選択する傾向にあるということや，それらを比較的もたない庶民層に指定校公立学校に残る向きがあると

いうことは，親個人の中学校の「選択」が同じプロセスを経ているということを意味しない。個人がどのような文化を背景に，どこでいかに生活を営んでいるか，すなわち社会的に「埋め込まれている」(Bowe Ball, Gewirtz 1994：50) 状況は多様であるはずであり，一定の社会的条件に制約を受けながらも，こうした客観的な状況を主観的に解釈する個人が，その動機，学校に対する表象，学校への期待などと照らし合わせて「選択」を形成するはずだからである。

こうして，「選択」の個別のケースへの注目が重要性を帯びてくる。親による学校の「選択」は，親の性別や社会的属性，文化などに応じて分類される個人ではなく，「ハビトゥスを付与されているかぎり集団的な個人 individuel collectif」または「客観的構造を身体化しているという事実によって個人化された集団 collectif individué」(Bourdieu 2000, 山田・渡辺訳 2006：292)，あるいは「さまざまな社会化のプロセスの複雑な産物としての個人」(Lahire, 2001：138) のそれとして把握されるべきではないか。ライールは，社会的現実は「個別の各個人において具現化される」のであり，「単一のもの（du singulier）を把握するということは，必然的に一般的なもの（du général）の理解を通過するということである」(Lahire 2001：144) と述べている。「単独であること（singularité）は反復不可能なもの（non répétable）あるいは唯一のもの（unique）を意味しない」(Lahire 2001：144) のである。

> 「社会的なものは，集合的なものや一般的なものに還元されるのではなく，各個人のもっとも個別の内奥に潜んでいる。」(Lahire, 2001：148)

パスロン（Passeron, J. C.）とルヴェル（Revel, J.）によれば，「ケースは物語の産物」である。この物語は偶然に描かれるものではなく，「ケースを特徴づける『状況』を整理する過程を記したもの」である。それは「現実を再生産する」のではなく，「生産する」行為なのだという (Passeron, Revel 2005：24-25)。

本章は，親はどのような情報に頼り，教育についていかなる価値や期待をもち，どのような動機をもって子どもの学校を決めようとするのか，そのことは，親の経歴や経験，生き方や生活のあり方，居住地や他の親との関係の築き方に

どのように規定されるのかという観点から，個別の「選択」の形成プロセスを分析し，いくつかのケースを描くことを試みるものである。[3]

1. 一般的傾向

「ケース」が，単なる例外や，事例の羅列でないとすれば，まずは分類によって親の選択パターンの傾向を示すことから始めなければならない。そこで中学校の「選択」への道のりを形成する過程を分析することを通じて，選択の4つのタイプを特定した。

第1は，「納得型の選択」である。親は選択に疑問を持たないか，選択を合理化するような立論を構築するかのどちらかであるが，最終的には決定を受け入れる。社会的カテゴリーにかかわらず，すべての選択の中でもっとも多くの親が実践している選択だが，公立中学選択者にもっとも多い。第2は，「経験型の選択」である。選択は主に子どもの以前の就学経験に導かれる。保育学校，初等学校，中学校での経験や，兄弟姉妹の就学体験が重要な意味をもっている。[4] 私立学校選択者および指定校外公立学校選択者に多く，親の社会的カテゴリーと明確な関係がみられない。第3は，「躊躇型の選択」である。親は選択を一時的に受け入れているが，その後それが本当に良い選択だったのか自問し続ける。選択した中学校に満足していないため，親によっては別の中学校への転校を考えている。このタイプの選択を実践している親は少なく，社会的カテゴリーが上流層もしくは中間層で，私立中学校選択者にしかみられない。第4の「欠如型の選択」は制約によって定義されるような選択である。選択の実践が希望と一致しないタイプで，親は選択に不満を抱いている。このタイプの選択を実践している親は稀である。社会的カテゴリーは庶民層で，指定校公立学校の選択者である。

以下，それぞれの「選択」の典型的なケースを取りあげ，親は*いかに*選択を形成するのかをみていくことにしよう。

2．納得型の選択——自明の選択／ブラン氏[5]のケース

　ブランさんは，22年来の料理人である。「トゥール市から40km」のとある田舎で生まれ，中学校3年目で学業をやめて[6]，外食産業分野での職業訓練に就いた。いつも公立学校に就学してきた。ブランさんの妻は，パートタイムで都市計画関連企業の秘書をしている。一家はパリ20区の低家賃集合住宅団地に住んでいる。彼らには2人の子どもがいるが，娘のほうはその障がいのため「特殊学校」に通っており，息子は中学校の第1学年に就学している（2006-2007年，第6級）。
　ブランさんの仕事はきつい。「35時間」体制の下でも「週48時間労働」[7]をこなす彼によれば「残業分は通常支払われなければならないはず」が，外食産業という職業柄，それは不可能だという。この仕事との関係が，彼のニコラ・サルコジとそのスローガン「もっと働き，もっと稼ぐ（Travailler plus, gagner plus）」へのシンパシーの所以である。彼の望むところは，毎時間の労働にきちんと支払いがなされること，そしてより多く稼ぐことだ。

　　「（サルコジの）話し方が好きだね。少なくとも言ってることが分かるってことさ。大統領ってもんが言ってることを理解できたのはこのかた初めてだよ。」

　ブラッスリーでの日常業務のリズムには休む暇もない。それはまるで「工場のようだ」と表現する彼は言う。
　　「今は何でも速くないといけない，ひとはみんな時間がないのさ。」
　長期休暇も年に一度家族とトゥールのブランさんの母親に会いに行く程度だ。ブランさんの母親は，障がい者施設の元従業員だった。彼の父親は，牛乳配達をしていた。
　ブランさんは，美食に魅せられている。筆者が彼の家を訪れたとき，彼はジャージのスウェットを着て料理の本をめくっていた。

「ちょっと眺めてたんだが，あんまり俺のもんじゃないね，あの異国風ってのは。例えばあんたは日本人だろ，俺には日本料理はできない。習えばできるが訓練が要る。俺はやりたくてもボスがうんといわない。訓練の費用を払ってくれればいいが，払ってもらえないとなると……。料理ってのは本当にいろいろあるからね。全部習おうもんなら一生かかっても無理さ。」

　ブランさんは特定の宗教をもっていない。彼は洗礼を受け，教理問答をやってきた「基本的にはカトリック」であっても，「宗教については語るべきでない」と考えている。

　「そうすりゃ皆上手く行くんだよ。［……］［自分の］子どもは洗礼を受けてないが，［洗礼を受けたか受けないかによって］別に人生それほど変わらないさ。」

　実はインタビューは本来ブラン婦人と行われるはずであった。しかし当日，彼女は約束の時間に帰宅できなくなってしまった。かわりにブランさんが対応してくれることになった。子どもの学校関係については自分ではなく夫人の知っていることだということを何度も繰り返しながら語り始めたその口調に，パリの庶民的界隈に典型的な「グワイユ (gouaille)」と呼ばれる話しぶりがみられたのが印象的であった。
　ブランさんにとって，学区の中学校を選択することは「当たり前のこと」だ。だから，筆者の「なぜあなたは学区の中学校を選んだのですか？」という最初の質問は彼にとって不条理でさえある。

　「え！　だって地元の中学だから，普通行く中学，仲間がみんな行く基本の中学だよ。」

　子どもを公立の小学校に就学させ，「その［公立学校での］続きの中で子どもに問題がなく，子どもにとって居心地が良い」限り私立中学校の選択はない。
　このように，ブランさんの選択の自明性は，「規則である」ゆえに「皆」が

尊守すべき「通学区域の論理」の内面化と同時に,「地元の」公立中学校を快適に思う感覚に由来する。この論理と感覚に自らの就学体験が加わる。自分も妻も公立学校に就学してきたため,同じような学校に子どもを就学させることは,彼らにとって論理的で自然なのであった。

ブランさんにはポール・デシャネル中学校から他の中学校に出る,または他の学区から中学校に入ってくるための「例外措置」[8]の知識がなかった。しかしブランさんは,「口コミ」[9]情報と無縁ではない。学校の評判によって影響を受けないとしながらも,親同士の間で流通している否定的な言説には耳を傾け,『ル・パリジャン Le Parisien』[10]のような日刊紙に書かれている情報を得ている。地元の中学校の選択は彼にとって自然な選択で,後悔もないことが,こうした口コミによる中学校の悪い評判の信用を失わせている。

「[噂は]息子が保育学校の時にあったよ,小学校はあんまり良くないと聞いていたがね,入ってみるとこれが良かった。確かにデシャネルの評判は悪かったけれども[実際は]それほどでもなかったと思うね。まだ3カ月しか経ってないが,まあ噂なんてものはあんまり信用しちゃだめだ。」

ブランさんは息子が語る「逸話」にも気持ちが揺れるようなことはない。

ブランさんの息子「去年半寄宿生がロッカーでモノを盗まれたらしいよ。」

ブランさん「いや,噂はあったけれども,一度息子が小学校のとき,デシャネル中学の記事を見たよ。でももう校長も変わったし,管理職が変われば同じように学校が運営されるもんじゃないから……本当は大したことじゃないようなものが多いんだよ。」

ここでは,「噂」のある学区の公立中学校の選択は,管理職の人事異動によって合理化されている。言い換えれば,中学校同士の差は無効にされている。他の多くの庶民層の親と同様,ブランさんの関心と学校への期待は「規律」である。

「子どもなんてのは思い通りにさせることはないし，先生もあんまりつけ込んじゃだめだ。中学校は難しい年頃だから乱雑になる。けれども悪さをした子どもがいたら手綱を引いて上に立てば上手く行くと思うね。」

中学校の後の子どもの進路については妻と意見が一致しないという。ブランさんは高校に行った経験がなく，後期中等段階での普通教育は必要ないと感じている。

「高校なんて行ったこともないから何て言ってみようもないね，どんなものかも知らないよ。［……］女房に聞いてみたらいい。自分がやったことだから俺は息子が職業訓練をやってすぐに働いて欲しいんだが，そこは意見が全然違う。女房は勉強の方が良いと思ってるが，子ども次第だろう。」

3．経験型の選択──「道徳的考慮」[11]を求めて／ボネ婦人

ボネさんは3人の子どもの母親である。パリ北部の，とある界隈に位置する低家賃集合住宅団地に住んで10年になる。そこはパリ市が郊外と接するほぼ境目で，灰色の大きなスポーツ施設とグラウンド以外には何もない殺風景な場所である。ボネさんはこの界隈で生まれ育ち，そこに暮らす人々のことを良く知っている。

「1972年から住んでいますよ，パリ18区にはもう35年もいます。」

彼女の母親は主婦で，新聞販売のキオスクで働く夫とともに同じ界隈に今も住んでいる。彼女は「若者に困らされたことはない」という。だが，彼女の夫はこの界隈を気に入らない。地方で生まれた彼には，小学校教師の母親と農業関連の季節労働者だった父親がいた。ボネさんは3人の子どもをすべて同じ私立学校の初等部に通わせており，中学校も同じ私立学校で続けると決めている。そこが「良い中学校」だと感じていて，かつ子どもたちには「良い学校に入って欲しい」からだという。彼女のいう良い学校とは，「教員が［親に］聞く耳

をもち，［生徒による］中学校への敬意がある」学校のことだ。ボネさんは私立中学校の選択の動機として，公立学校に対する否定的な評価と私立学校のカトリック的性格を挙げている。彼女の語りでは，「聞く耳を持つ」と「敬意」の二つの言葉が頻繁に繰り返される。ボネさんにとって「聞く耳を持つ」という表現は，親と教員の間のある種のコミュニケーションを指す。いっぽう「敬意」は「規律」に近く，敬意がないことは「下品な言葉遣い」，「ゆすり」，暴力などの無作法な言動と同義である。彼女は，「規律」は「懲罰」を通じて学ぶのが理想だと考えている。

　「［私立は］確かに，規律が多いですね。悪さをしたら罰が与えられる。少なくとも，敬意があって，下品な言葉遣いがない。これは大事なことですよ。公立学校じゃあ子どもはみんな下品な言葉遣いをするから。親に敬意がなければ先生にも敬意は持てないでしょう。」

　特に地元の公立学校は彼女にとって敬意のない場所だ。ボネさんは自分の子どもが犠牲者だっただけに，この点について敏感なのである。

　「子どもたちは，初めはジャン・ピアジェ公立小学校にいました。娘は一度腕を脱臼させられて。階段から投げたらしいんだけど，空いた口が塞がらなかったですよ。病院に連れていったのは私で，タクシー代も払わされたんだから。学校は救急車も呼んでくれなかった。［……］その時，もう限界，もうこの学校は無理だって思いましたよ。信じられない。だから私立にしたんです。［……］母親なら誰でも，子どもがゆすられていい気分でいられるはずないでしょう。マドレーヌ［娘］は公立学校の1年目でクレヨンを盗まれたんだから信じられませんよ。」

　この敵意に満ちた文脈で，私立学校は「敬意」と「聞く耳をもった」拠点として，その質がさらに高く評価される。

　「それに何かあればすぐに電話をくれます。私立学校は，公立学校がマド

レーヌの時にそうだったように何時間も待ったりはしない。[……] 私には分かりますよ，ピアジェ中学校じゃ敬意なんてありませんでした。サン・レジェ中学校では下品な言葉遣いをすると罰せられるんです。下品な言葉遣いもあまりないし，敬意がありますよ。」

このような私立学校と公立学校の比較は，ボネさんの語りの中に頻繁に登場する。たとえば彼女は，「公立学校が私立学校をゆする」という表現を使っている。2つの学校の擬人化からは，彼女が公立学校に対してほとんど恐怖症になっていること，セキュリティーの側面に固執していることが分かる。実際，セキュリティー面に比べると，ボネさんは教育的側面をその語りにおいてほとんど発展させていない。一般的に，「規律」は秩序を確保するのに必要な拘束力を意味するが，ここでは「規律」が自らの子どもを「保護」するものとして捉えられており，そのことでセキュリティーが確保されると考えられている。その結果，彼女は「落ち着いて」仕事に出かけることができるという。

公立学校と私立学校の二分法は，学校に関する情報を交換する他の親との関係にも見られる。ボネさんは，低家賃集合住宅団地に住む近所の人たちよりも，子どもの通う私立学校の親と親しい。

「近所のひとたちは，私立学校の話をするとすぐにゲットーだと考えるからね。分かっていないんですよ，あのひとたちは。どうしてうちは子どもを私立にやったかということを。[……] いつも言い争いになるからもう議論なんかしません。私立なんか良くないって人がたくさんいますよ。」

私立学校に3人の子どもを就学させるのは，介護補助者として働くボネさんとガラス張り職人の夫には金銭的にかなりの負担だ。しかし「落ち着いて」仕事をするためには出費を伴ってでも子どもを私立に就学させるしかないと考えている。

「公立学校がそこら中にあるというのに，出費をしなければいけないというのは困ったことですけどね，まあ子どもがどういうしゃべり方をするのか

を見てごらん。［……］確かに3人もいて毎日大変ですよ。あとは金銭的な選択です，もし子どもにきちんとして欲しければ。」

ボネさんの選択は「道徳的考慮」の追求に導かれている。経験は財政的負担に勝る。彼女にとって私立中学は公立中学での暴力から保護してくれる，いわば非難所として機能している。しかし彼女のもっている私立中学校の情報はそれほど多くはない。このため，数ある私立中学の中でサン・レジェ中学に決めるまでのプロセスは，「口コミ」に強く依存している。

「サン・レジェ中に子どもをやっている友達がいて薦められたから，自分の子どもを登録してみたら採用されて。［……］サン・ヴァロンタン中やサン・モリス中［両方とも私立］も見たけれど，あの一角が気に入らなかったですね。［……］あそこには子どもをやらない方が良いって聞きましたよ。」

4．躊躇型の選択──「卓越性」を求めて／パスカル婦人のケース

パスカルさんは第3級で14歳になる息子と，第6級で11歳の娘の2人の子どもの母親である[12]。金融アナリストとして働いているが，子どもを育てる時間が充分に確保できていないと感じており，あまり満足していない。夫は大手自動車メーカーのエンジニアである。一家はパスカルさんの表現を借りれば「軍関係者」など「きわめてカトリック的」な「伝統的ブルジョワ」の多いパリ15区のある界隈に住んでいる。6年前，子どもの学校のために引っ越して来た。「子どもを就学させる選択肢があったということ，それから親友がこの辺りに住んでいること」がその理由だ。パスカルさんいわく，それまでに住んでいたパリ11区の中学校が，自分の子どもを「就学させることなどできない」優先教育地区（ZEP）[13]で，「あまりシックでない」場所だったことから，居住地に選べるだけの学校があるということは大変な魅力であった。

このように，彼女の引っ越しには，良い中学校のある恵まれた界隈の探索という目的があり，ここに「住居戦略」[14]をみることができる。彼女の関心は，明らかに「教育的考慮」[15]にある。

「私が中学校に求めることは、確かにレベルですね、[……]教育の質にほかなりません。」

しかしもう1つの要素こそが引っ越しの直接的な要因であった。

「15区、7区、6区、16区などの恵まれた地区に住んでいれば、提供されている教育に並外れたものがありますから。ここには近くに早熟の子どものための学校があるので、それでファブリス[息子]のために来たんです。」

実際、彼女の息子は「早熟児」と診断されたため、「準備クラス[初等学校第1学年で通常6歳]を飛び級している」。パスカルさんによれば、自分の息子は、公立学校では「あまり幸せではなかった」。

「あの子はとても頭がいいけれど、自分の肌に合っていないというか。[……]学校カウンセラーや校長先生に呼ばれましたが、私たちのせいというわけでもなかったのです。私たちの息子の問題は昔からあって、小学校の先生がファブリスのためにもう何をしていいか分からないと言うんです。」

こうした事情から、彼女は息子が小学校4年生（CM1）のときに16区にあるカトリック系私立学校に転校させた。早熟児童の受け入れを行っていたことが主な理由だが、「教育的考慮」の関心によってもパスカルさんをひきつけるものがあった。

「私は子どもが私立中学に行って欲しかったんです。私立の方が[公立より]良いから。」

パスカルさんは、公立に比べて私立の良い点は入学時に子どもの応募書類による選抜があることだと考えている。それでも、彼女の息子の学校生活は上手く行かなかった。成績は下がり続け、「やる気」を見せなくなったのである。

「あの子は，学校が合わないと言い始めたんです。それで私は重大な過ちをおかしたことに気がつきました。それからは，あっちに行ったりこっちに来たりするのにもう疲れて，あの子の面倒を見てくれる本当に一般的な学校が必要なんだと思いました。」

こうして，パスカルさんはファブリスが中学校4年生になったとき，彼をサン・バジルという名の私立中学に再度転校させた。だが，彼女は今もこの選択に満足していない。息子はこの中学の学習リズムについていくことができないからである。

「もう1年になるけれど，あまり上手くは行っていないんです，［サン・バジルの教育が］とても堅苦しいから，あの子には合わないんですよ。」

パスカルさんがもっている子どもの成績レベルへの熱意は，おそらく彼女自身の教育キャリアの成功に由来する。事実，この成功のおかげで，彼女は「社会移動」［教育等のおかげで出身階層よりも高い階層に属すること］を成し遂げたと考えている。パスカルさんはアメリカ合衆国に生まれた。離婚を機にフランスに帰国したフランス出身の母親とともに「非常に労働者的な」街，オベルヴィリエに居を構えた[16]。公立学校での真面目な取り組みの甲斐あって，彼女はパリの商科大学校で学を修めた。パスカルさんによれば，リヨンのエンジニア養成校で学んだ彼女の夫の実家は小さな食料品店を経営しており，したがって彼もまた社会移動を成し遂げたひとりである。パスカルさんは，自分の息子の高校には「優秀な」公立高校が良いと思っている。

「［2つ目の私立中学に転校したのは］この問題を解決するため，あの子が勉強する環境におくためだったんです。この学園の高校は悪くはないけれど，体験してみて，他に移りたいと思いました。今のところ，希望したところで他に移れるほど成績簿は良くないけれど。大丈夫よ，平均12ですから[17]，でも他を受験するには不十分よね。」

経済的資源にも文化的資源にも恵まれたパスカルさんの学校探しはこれからも続く。

5．欠如型の選択

5.1.「貧弱な戦略」の典型／ルロワ婦人のケース

ルロワさんはパリ20区の豚肉加工食品店の従業員で，中学校に通う女の子の母親である。同じく豚肉加工食品店の従業員だった娘の父親とは離婚した。彼は今，地方在住だ。ルロワさんは学業をすべて公立学校で行った。彼女自身の父親と同じく14歳で学校を辞めて18歳で職業適格証（CAP）を取得した。

> 「だって田舎には絶対残りたくなかったから。学校は本当に嫌いでうんざりでしたよ。もし人生で何かにありつきたかったら，手に職がないとダメだってことは知っていたんです。」

彼女は20区に住んで18年になる。この年月とともに，近所の住民と日常的に情報交換をする関係を築いてきた。実際，彼女には食品店の顧客や同僚，友人等，たくさんの情報源がある。ルロワさんは低家賃集合住宅団地の借家人だ。彼女はこの界隈を気に入っているが，学区の設定が気に食わない。この学区のあり方では，自分の家の目の前の公立学校に娘を就学させることができないからだ。

> 「私たちは集合住宅団地みたいに思われているんですよ，だからここに住んでいる子どもたちは不良の始まりのように思われているんです。ここの子どもはジョルジュ・ポンピドゥー中学に行きます。向こうのリオン通り，きれいな建物のあるところ，ここよりも優雅で金持ちのいるところ，あそこの子どもはオリオル中学に行くんだから，おかしいでしょう。中学はここのすぐ側にあるのに，まったく馬鹿げていますよ。」

ルロワさんのポンピドゥー中学に対するイメージは，この学校が優先教育地

区にあることからなおさら悪い。

　「どっちにしても，優先教育地区の中学校だからね，残念ながら中学校は大したこともやっていないし。娘の友達の母親なんてひと月で道具入れを2つもこしらえなければいけないんですってよ，中1でもう盗難があるから。」

　こうして，子どもを私立中学に通学させることを決める。ルロワさんの私立中学の選択基準は単純なものだ。「近くの」私立中学であること，そこにあったのはサント・リュシ中学なのであった。この中学探しには18年の居住期間が役に立った。

　「ここに住んで18年だからね，お客や友達を通じて知っていたんですよ，あの私立中学は良いってことを。結局他に探すこともなかったです。スムーズに入学できるように推薦してくれた友人がいて，とても上手く行きましたから。」

　ところが，やがて私立中学にとどまることの問題も知るようになる。ルロワさんには，経済的な事情から私立高校の選択肢がないからである。

　「私立の中学はだいたい月に100ユーロだから大丈夫だけれど，高校では3倍，4倍も高い。うちには私立に続けて行かせる余裕はなかったですね。」

　しかしルロワさんの得た口コミ情報によれば，公立高校に戻りたければ，高校から公立に行くのでは遅すぎる。「2つの良い成績簿をもった生徒では，例えば私立出身のアリックス［娘］が平均16点で，公立出身の子が平均15点の場合，公立高校は公立出身者を採用する」からである。もし私立に残れないとすれば，公立のなかでも優秀な公立高校に入学したほうがよい。これはルロワさんの「リスクを縮小させ」，「環境を統制しようとする」（van Zanten 2001：93），したがって自己を防衛しようとする試みである。経済的手段がないという意味においてのみならず，「制約によって絶えず拘束されるような，そして

短期間でその展開に修正を迫られるような戦略」（Plaisance 1988：346）を作り上げている点で，典型的な「貧弱な戦略（stratégie du pauvre）」である。こうした観点から，ルロワさんは私立中学よりも「レベルがずっと低い」と思えるような指定校公立中学に娘をあえて入れ直すのである。

　それでも，ルロワさんは指定校公立中学校に満足してはいない。私立中学のほうが「子どもは非常に保護されていて囲われていた」と感じており，それは「化粧」や「ひどい髪型や服装」をした「生徒をたるんだままにしておく」ような公立中学とは比べものにならないと考えているためである。公立中学への否定的な表象をもち，私立中学との比較が「ゼロサム型」[18]で，いったんは「離脱の戦略」[19]を行使したルロワさんの行為は，私立中学を選ぶ大多数の親と変わらない。しかし彼女の財政状況は，子どもを公立学校に戻すことを余儀なくさせているのであった。

5.2. 選択の欠如／マルション婦人のケース

　フランスでは，私立学校には学費が伴う。親によって，それを高くないと感じる人もいれば，負担を感じる人もいる。さらに言えば，私立学校の学費を払えない人もいる。マルションさんも学費を捻出できない親のひとりだ。彼女は地元の2つの異なる公立中学にふたりの娘を通わせている。次女の公立中学は最近設立されたばかりである。

　　「だって！ただ単に子どもを私立に行かせる余裕がないからですよ，高すぎて。そうでなければ私がこの辺の公立中学に子どもを入れたはずなんかなかったって断言します。特にゲンズブール中学なんて，いっとき評判も成績も悪かったからね。」

　彼女は私立中学に子どもを通わせる大半の親同様，私立中学のほうが公立中学に勝っていると考えているため，自分の娘たちの私立への就学を望んでいた。たとえば，彼女は指定校公立のゲンズブール中学校には「たくさんの学習困難児や援助されていないような子ども」がいて，彼らのほとんどが「カトリックを宗教としてもっていない，親が教育を怠っているようなアフリカ系の子ども

だ」と考えている。

　「『無能』ですよ，もう99％が外国人。私の娘なんかクラスで1人，いや2人しかいないカトリックでね，私ともうひとりのカトリックの子の親だけが保護者会にいました。他の親はいなかった。［……］アフリカ人，モロッコ人，アルジェリア人，うちの娘のクラスにはアルジェリア人が多いね。」

　ここでは，マルションさんの批判はカトリックの子どもが少数派であることと同時に，彼女が子どもの教育に無関心だと考えるアフリカ系の親にも向けられている。この「カトリック」対「非カトリック」，あるいは「フランス人」対「外国人」のコントラストは，マルションさんが娘の苦い体験を語るとき，より一層明確になる。

　「私の娘は『卑劣カトリック』なんて侮辱されたんですよ！　他の学校じゃそんなことは起こらないでしょう。悲しいですね，こんなことを言うのは。ああ恐ろしい，本当に嫌。私は移民の娘だけれども，自分は外国人というよりフランス人と思っているから，2007年になって，まだそんなことがあるのかと思うと，心が痛いですよ。」

　ポルトガル系移民の彼女の母親は掃除婦，父親は塗装専門の室内装飾職人であった。マルションさんによれば，彼らは「フランス語は話したけれどもめんどうなことはほとんど理解できなかった」という。ヌイイー・シュール・セーヌに生まれた彼女は，フランスで教育を受けた。[20]

　「私たちは［フランス共和国に］出来るだけ馴染むように努力したもんです。」

　にもかかわらず，彼女は進路選択を誤ったと思っている。そしてそのことは，彼女の両親が学校とほとんど関わらなかったせいだと考えている。

「失敗したね，何も出来なくてダメだったから。会計と情報処理に進路を決めたけれども耐えられなかった。［……］両親はどうせ何もわからなかったから，父親は［学校に］来ることさえなかったし，母親は何も理解できなかった。［……］外国人の親には分かりいいフランス語で話さなきゃだめ。文化的なフランス語じゃなくてね。」

この彼女自身の両親の肖像と，子どものクラスの外国人（étrangers）の親の姿が，マルションさんの批判の中で重なる。後者は，彼女にとってもっと異質なもの（étrangers）である[21]。それは彼らがカトリックを信仰しておらず，ヨーロッパ出身でもなく，中にはフランス語を全く話せない親もいるためである。

マルションさんは口コミを通じた「ホットな」情報を数多く利用している。しかし他の公式な情報と組み合わせて利用するために情報を選別したり，分類したり，その意味を理解したり，分析したりすることはできていない。彼女の場合むしろ情報に埋もれて迷っているというのが現実だ。

「口コミですよ。ご近所，店，内輪で話すからね。それに心配ごとができると，そのたびに人に話して，聞いて，探しまわる。出来る限り，情報をがむしゃらに集めるよ。同じ方向に人がたくさんいれば良いってこと。［……］好みと選択は人それぞれだけれども，同じような方向にたくさん人がいたら，これは一番良い方法なんだと思うよ。こういうことに助けてもらわないと，どの中学やらどの高校が良いのかさっぱり分からないね。」

マルションさんは口コミを通じてパリの異なる界隈に応じた学校の違いを知っている。

「さっき言った通りね，親せきや友だちの中に子どもがいるのを見ているとすぐに違いが分かるよ。だから私は子どもが他の子と同じくらいチャンスをもらえただろうと思えるような界隈が良かった。子どもには成功して欲しいからね。だけど私には選べない，ボスがここに配属したのさ［マルションさんは夫とともにマンション管理人の仕事に就いている］。もし他で管理人室が

5．欠如型の選択　83

あれば，すぐにそこに引っ越すって言えるけど，今は［とても無理］……」

マルションさんは地元の学校には常にネガティブなイメージをもっており，パリの他の界隈に比べて外国人が多いと感じている。

「16区，17区で先生の中に外国人なんていないでしょう。先生はブロンドの髪をした小さい子どもたちのことをいつも気にかけていて，中学校も先生もとてもシックだよ。それに比べてゲンズブール中ときたら，スペイン人だとか，アラブ人だとか，何でもいますよ。先生のことだけどね。」

このネガティブなイメージは，7年の歳月にも関わらず，この界隈を好まないマルションさんの居住地との心理的な隔たりによって一層強化されていく。

調査者／「この界隈の魅力は何ですか？」
マルション夫人／（沈黙）
調査者／「この辺りで気に入らないことは何でしょうか？」
マルション夫人／「そりゃ，私だって16区や14区に住みたいに決まっていますよ！　19区に来るなんてことは私の選択じゃないの，仕事だったから。でも……」

夫と共同作業の建物管理人の仕事から得られる収入では，子どもの私立中学の学費捻出も，他の裕福な界隈への引っ越しも不可能だ。マルションさんには，気に入らない学区の公立中学しかなかったのである。彼女の語りが，そのことを証言している。

「もしできることなら，地元の中学とは別のところに娘たちを通学させていたと思うよ。」

おわりに

　筆者が出会ったパリの親たちは，皆それぞれが異なる学校体験をもっており，異なる居住地で生活をし，異なる人間関係を築き，自分がもっている学校情報，学校に期待する価値，子どもの性格に応じて，子どもの中学校を決めていた。そこには，ただひとつ「庶民層の選択」というものがあるというわけではない。ブランさん，マルシォンさん，ルロワさん，ボネさんはすべて庶民層の親である。しかしだからといって彼らの全てが同じ動機をもって同じような学校の決め方をしているわけではない。指定校公立学校に残る親もいれば，公立学校でのネガティブな体験から私立学校に就学を決めた親もいる。

　このように，親にはそれぞれ子どもの学校の「選択」の形成にまつわる「物語」がある。しかし親の生活の場，人々と築いている関係，自らの学校体験，教育に対してもっている価値，学校への期待や表象などの「選択」の形成に作用する「状況」は，ある空間にただ個別に存在しているのではなく，相互に関連し合い，多かれ少なかれ社会的に規定されている。こうした「状況」から独立して，純粋な好みや意思によってのみ学校を決める親はいない。彼らの語る，子どものための学校の「選択」とは，自らの意思や希望が，自分のおかれている「状況」に照合された，すでに「彼らに固有の実践」(Bourdieu 1987：127) なのだ―「個人的なもの，主観的なものは社会的，集団的なのである」(Bourdieu 2000, 山田・渡辺訳，2006：292)。

注
1）ライールは，社会学的分析の単位としてのアクターではなく，社会化の生産物としての個人に注目する。このため，性向の概念を捨てるのではなく，逆に「有用な学術的概念」にするためには，経験的研究によってそれがいかに形成されるかを明らかにする必要があると考えている（Lahire 2001：121-152）。
2）*Repères et références statistiques*-édition 2010, p. 189.
3）分析は，筆者が2007年から2008年にかけてパリで行った41名の親に対する

調査を基にしている。
4）「経験型の選択」では，ポジティブであれネガティブであれ，主に子どもとその兄弟姉妹の学校体験が直接の決定要因となる（親の経験であることは稀）。親の就学経験は，他の動機による学校の決定を合理化する議論として使用されることもあるが，その場合は「納得型の選択」に分類される。
5）親の名前，学校の名前，通りの名前など固有名詞はすべて仮名。
6）フランスの中学校は4年制，小学校は5年制である。
7）フランスの合法的週労働時間数。
8）地方教育行政を担う大学区に一定の理由を申し立てることによって指定校以外の公立学校への就学希望を認める制度。許可件数や基準は地方によってばらつきがある。パリでは許可件数が極めて少ない。地元の「できない中学」よりも「優秀な公立中学」への入学を狙う親の戦略のひとつとなっている。
9）ボールとヴィンセント（Ball, Vincent 1998）によれば，口コミ（grapevine）は，「ある場やそれを成り立たせている特徴を理解しようとする集団的な試み」で，それによって流通する情報は，統計等の冷めた情報（cold knowledge）に対し，逸話や印象，感情に基づいたホットな情報（hot knowledge）である。
10）地方紙としては売り上げ部数約30万部のポピュラーなフランスの日刊紙のひとつ。
11）学校の成績や教育の質などの教育活動以外の，とりわけ日常生活におけるフォローアップへの関心のこと。いじめや暴力，非行などから自分の子どもを守ることが重要視される（小林，2010）。
12）第3級と第6級は，それぞれ中学4年と1年に相当する。
13）失業者，職業階層，落第者，奨学生，外国籍児童などの割合を基準に定められる財政や人材の重点的配分が行われる恵まれない地域のこと。園山（2009）参照。
14）引っ越しや住居の購入によって「良い学校」のある学区に住所をもち，それを指定校にする戦略。
15）「学業を成功に導くような質の高い教育を受けることを可能にする教育環境や条件への関心」（小林 2010）。
16）人口に占める貧困層の割合が比較的高いパリ近郊セーヌ・サン・ドニ県（Seine-Saint-Denis）のコミューンのひとつ。
17）学校の成績は通常20点満点で計算する。
18）私立が常に公立より良く，私立は公立にない質や設備を整えているとみなす比較のしかた（Ball, 1997）。
19）私立学校や指定校外公立学校への就学，居住地変更による学区の変更など，指定校の公立学校を避ける戦略のこと（Van Zanten 2007）。

20) 人口に占める富裕層の割合が比較的高いパリ近郊オ・ド・セーヌ県 (Hauts-de-Seine) のコミューンのひとつ。
21) Etranger というフランス語には「外国人」という意味と,「よそ者」という意味があり, 形容詞には「異質な」ないし「未知の」といった意味もある。

参考文献

Ball, S. J. (1997), "On the cusp : parents choosing between state and private schoools in the UK : action within an economy and symbolic goods', *International Journal of inclusive education,* Vol 1, No. 1, pp. 1-17.

Ball, S. J., Vincent C. (1998), "'I Heard It on the Grapevine' : 'hot' knowledge and school choice", *British Journal of Sociology of Education,* Vol 19, No. 3, pp. 377-400.

Ball, S. J. (1993), "Education Markets, Choice and Social Class : the market as a class strategy in the UK and the USA", *British Journal of Sociology of Education,* Vol 14, No. 1, pp. 3-19.

Ball, S. J., Bowe R., Gewirtz S. (1996), "School choice, social class and distinction : the realization of social advantage in education", *Journal of Education Policy,* Vol 11, No. 1, pp. 89-112.

Ballion, R. (1991), *La bonne école,* Paris, Hatier.

Barthon, C., Monfroy B. (2006), "Une analyse systémique de la ségrégation entre collèges : l'exemple de la ville de Lille", *Revue française de pédagogie,* n°156, pp. 29-38.

Beaud, S., Weber F. [1997] (2003), *Guide de l'enquête de terrain,* Paris, La Découverte.

Bourdieu, P. (2000), *Les structures sociales de l'économie,* Paris, Éditions du Seuil.（山田鋭夫・渡辺純子訳『住宅市場の社会経済学』藤原書店, 2006年）.

Bourdieu, P. (1994), *Raisons pratiques,* Paris, Éditions du Seuil.（加藤晴久・石井洋二郎・三浦信孝・安田尚訳『実践理性』藤原書店, 2007年）.

Bourdieu, P. (1987), *Choses dites,* Paris, Éditions de Minuit.（石崎晴己訳『構造と実践：ブルデュー自身によるブルデュー』新評論, 1988年）.

Bourdieu, P. (1980), *Le sens pratique,* Paris, Éditions de Minuit.（今村仁司・港道隆訳『実践感覚1』みすず書房, 1988年, 今村仁司・福井憲彦・塚原史・港道隆訳『実践感覚2』みすず書房, 1988年）.

Bourdieu, P. (1979), *La distinction. Critique sociale du jugement,* Paris, Éditions de Minuit.（石井洋二郎訳『ディスタンクシオン：社会的判断力批判』I・II新評社, 1989年）.

Bowe, R., Ball, S. J., Gewirtz, S. (1994), " 'Parental Choice', consumption and social theory : The operation of micro-markets in education", *British Journal of Educational Studies,* Vol 42, No. 1, pp. 38-52.

Chausseron, C. (2001), "Le choix de l'établissement au début des études secondaires", *Note d'information* 01-42, ministère de l'Education nationale.

Felouzis, G., Liot, F., Perroton, J. (2005), *L'Apartheid scolaire,* Paris, Éditions du Seuil (collection Points).

François, J.-C., Poupeau, F. (2004), "L'évitement scolaire et les classes moyennes à Paris", *Éducation et Sociétés* N°14, pp. 51-66.

Gilotte, O., Girard, P. (2005), "La sectorisation, l'affectation et l'évitement scolaire dans les classes de sixième à Paris en 2003", *Education & formations* n°71 juin, ministère de l'Education nationale.

Kobayashi, S. (2010), *Etudes sociologiques des pratiques de choix du collège par les parents d'élèves : le cas de Paris,* 364 p. Thèse : Sciences de l'éducation : Université Paris Descartes 2010.

Lahire, B. (dir.) (2001), *Le travail sociologique de Pierre Bourdieu,* Paris, La Découverte.

Langouët, G., Léger, A. (2000), "Public and private schooling in France : an investigation into family choice", *Journal of Education Policy,* Vol 15, No. 1, pp. 41-49.

Langouët, G., Léger, A. (1997), *Le choix des familles : école publique ou école privée ?,* Paris, Fabert.

Langouët, G., Léger, A. (1994), *Ecole publique ou école privée ? Trajectoire et réussites scolaires,* Paris, Fabert.

Oberti, M. (2007), *L'école dans la ville,* Paris, Presses de la fondation nationale des sciences politiques

Passeron, J. C., Revel, J. (2005), *Penser par cas,* Paris, Éditions de l'École des Hautes Études en Sciences Sociales.

Plaisance, E. (1988), "Sur l'utilisation des notions d'acteur, de jeu et de stratégie'" in Montandon C. et Perrenoud P. (1988), *Qui maîtrise l'école ? : politique d'institutions et pratiques des acteurs,* Lausanne, Réalités sociales.

Poupeau, F., François, J.-C. (2008), *Le sens du placement,* Paris, Éditions Raisons d'agir.

Reay, D., Ball S. J. (1997), " 'Spoilt for Choice' : the working classes and educational markets", *Oxford Review of Education,* Vol. 23-1, pp. 89-101.

Singly, F. de (2006), *Les Adonaissants,* Paris, Armand Colin.

Tomlinson, S. (1997), "Diversity, Choice, and Ethnicity : the effects of educational markets on ethnic minorities", *Oxford Review of Education,* Vol 23, N°1, pp. 63-76.
Van Zanten, A. (2009), *Choisir son école,* Paris, PUF.
Van Zanten, A. (2009), "Le choix des autres – Jugements, stratégies et ségrégations scolaires", *Actes de la recherche en sciences sociales,* n°180, pp. 24-34.（本書，第5章参照のこと）
Van Zanten, A. (2007), "Les choix scolaires dans la banlieue parisienne : défection, prise de parole et évitement de la mixité", in H. Lagrange (dir.), *L'épreuve des inégalités,* Paris, PUF.
Van Zanten, A. (2003), "Les classes moyennes et la mixité scolaire", *Les Annales de la recherche urbaine,* 93, pp. 131-140.
Van Zanten, A. (2002), "La mobilisation stratégique et politique des savoirs sur le social : le cas des parents d'élèves des classes moyennes", *Education et Sociétés,* N°9, pp. 39-52.
Van Zanten, A. (2001), *L'école de la périphérie,* Paris, PUF.
Visier, L., Zoïa, G. (2008), *La carte scolaire et territoire urbain,* Paris, PUF.
Whitty, G. (2002), *Making Sense of Education Policy,* London, Pail Chapman Publishing.（堀尾輝久・久冨善之監訳『教育改革の社会学：市場，公教育，シティズンシップ』東京大学出版会，2004年）.
Whitty, G., Power, S., Halpin, D. (1998), *Devolution and choice in education,* Backingham, Philadelphia, Open University Press（熊田聰子訳『教育における分権と選択：学校，国家，市場』学文社，2000年）.
園山大祐（2009）「移民の子どもの教育と優先教育」『フランス教育の伝統と革新』大学教育出版，pp. 259-267.
小林純子（2010）「パリにおける親の中学校決定行為とその動機」『フランス教育学会紀要』第22号，pp. 59-72.

第5章

他者を選ぶ[i]
——判断，戦略と学校のセグレガシオン——

アニエス・ヴァンザンタン

はじめに

　親による学校選択は，学校のセグレガシオン，すなわち，社会関係の弱体化という点においても不平等の拡大という点においてもネガティブな結果に連動しているような，学業上，あるいは社会的，民族的に似通った特徴をもつ生徒が集中する状態と密接な関係にある[1]。フランス人の，あるいは移民の庶民諸階級の生徒たちと距離をおき，彼らを追いやってしまうことに対する効果を制限するため，こうした選択を規制するには，選択の決定因やその様相を調査することが必要である。フランスでは，通学区域制度緩和措置の実験の評価と15年来行われてきた研究のおかげで，これら［選択の決定因とその様相の］ふたつの方面では顕著な進展が成し遂げられた[2]。これらの研究業績は，選択する者の社会的な特徴を明らかにし，学校に関する情報を入手し選別する能力における文化的資源や，もっとも人気のある居住地あるいは学校にアクセスするための経済的資源の役割を明らかにしている[3]。また，これらの研究業績によって，公立学校制度（service public）内部での選択や私立学校の選択の様相，人気の高い学校の特徴や，学校が行う差異化戦略を詳細に把握することが可能になった[4]。

　それにもかかわらず，他者との関係の問題，つまり親がなぜどのように，自分の子どもまたは自分自身が学校におけるある一定の範疇の「他者（autres）」と相互にかかわり合うことを望むのか，または望まないのかという問題は，学校のセグレガシオンの過程における中心的な問題でありながら，これまで体系

的に探求されてこなかった。しかしこのような関係を客観化することは，選択をある社会集団に特有の分離主義的エートスのあらわれであるとする自明化と，学校のセグレガシオンを，他者との関連という見込まれた効果とは直接関係なく多様な目的によって方向づけられる個人の選択の総体に由来する「取り合わせの効果（effet de composition）」としてしか分析できないとする婉曲化の，二重の罠を避けるために必要不可欠である。本章は，中流諸階級の親が，ある社会集団を「自分たちとは違う（différents de soi）」ものとして築き上げ，こうした見解と，自らの子どもの就学に関わる論理，目的，価値との間に関連性を見いだすことによって，ある特定の学校を避ける主要な動機を作り出すに至る心的操作および実践的操作を分析することを目的とする。その点で，本章は，就学に関わる選択についての業績の総体の延長上にある。同時に，「自分たちと似ているもの（proches de soi）」として別の社会集団をつくり上げ，そうした集団を，行動のための判断，情報，手段を供給してくれる可能性をもって，戦略の形成を容易にする社会的資源とみなすような，同種の作用を追求する。このように他者との関係を分析の中心におくことは，選択の，より広くいえば学校市場の，厳密に社会学的な解釈を行うということであり，合理的選択という経済主義的アプローチの原子論的解釈からはかけ離れている。

　こうした解釈が根拠にしているのは，1999年から2006年にかけて，フランス国立統計経済研究所の分類法で3–〈上級管理職および上級知的職業従事者（cadres et professions intellectuelles）〉，4–〈中間的職業従事者（professions intermédiaires）〉，5–〈一般社員等（employés）〉にあたる167名の親を対象にパリ東部およびパリ西部の4つの郊外（ナンテール，リュエイユ・マルメゾン，モントルイユおよびヴァンセンヌ）で行った2つの調査である。はじめにこれらの範疇の見地および行動と，庶民諸階級のそれらが，強く相反するものであることを明らかにしたうえで，上位中流諸階級上層と中位中流諸階級の「縦の」違いと，文化的資源所持者と文化的資源を伴った，あるいは伴わない経済的資源所持者の「横の」違いの重要性にも触れる。中学校あるいは小学校に子どもが少なくとも一人いる親（母親131名，父親26名，両親10組）に対して行ったインタビュー調査からの解釈は，教育専門家や地方教育当局に対する別の調査の解釈と関連づけられている。また，学校の機能，生徒の流動，地方の行政や政

治の管理規則に関する統計の量的データにも照合している。

1．選択の基準と足かせとしての「自分たちとは違う」他者という認識

こうした視点での親の言説の分析からは，親の大多数が，中学校における知育と社会化の両方の意味での教育の質を，生徒の特性に密接に依存するものと考えていることが明らかになっている。このテーマに関する学術書で使用されている，特に英語の用語を繰り返すならば，親は「人の効果（effet public）」（school mix effect）を堅く信じており，「学校の効果（effet établissement）」，すなわち教育的資源や学校の教員あるいは校長の影響をほとんど信用していないといえる。[9]

　「差をつくるのは子どもたちです。ヌイイーの生徒をナンテールに入れれば，バカロレアの結果は同じものにはならないでしょう[ii]）。同じ先生が教えたとしても。ナンテールの生徒をパストゥール〈ヌイイーの高校〉に入れれば，同じ結果にはならないでしょう。同じ先生が教えたとしても。バカロレアの結果が一番良いのはやっぱり一番恵まれた家庭があるヌイイー，ソー，サン・クルーでしょうね。もしちゃんと勉強できないような環境にあるとしたら，それは恵まれない階層であることが原因でしょう。」
〈C婦人，秘書，ナンテール〉

このように，親の論理の範疇と研究が動員する範疇とを比較検討することは，それなりに意味のあることである。確かに，親は学術書で通用していることにきわめて近い解釈を前面に持ち出しているのである。このことは，一般的な認識による解釈と学者の理論の間に決定的な断絶はないという事実を示すものとして，エスノメソドロジーによる研究の系譜の中で活用され得る。[10] しかしここに示されている観点からは，高等教育への到達，メディアにおける学術的知識の普及，それらの政治や行政の範疇への編入によって，親の信念が，人文社会科学分野の研究から生まれる概念，論理法や成果にますます影響を受けたもの

になっているということを強調することのほうが重要である。[11]

1.1.「立場の効果（effets de position）」と好ましからざる他者への収斂

それにもかかわらず，親は社会学者のいう学校の現実を懸念しているわけでも，それらを理解しているわけでもない。彼らが研究者から論理の範疇や様式を借りているとすれば，彼らの視点は，「立場の効果」に影響されている。立場の効果とは，経済学者が「情報のバイアス（biais d'information）」と呼んでいるもののことだけではない。確かに，親は教育機関の教育的，社会的機能が取り巻く不透明性に対面している。個人的なものでもあり集団的なものでもあり，アクターの総体（生徒，親，教員，学校長）から生み出されることから，その質や質を決めるものの評価がきわめて難しい教育財という複雑な特性に関連した構造的特徴を，この不透明性はもっている[12]。ただし，不透明性には教育制度や学校に応じた大きさの度合いがあり，それは教員や行政の責任者が，社会的，制度的，政治的環境からの圧力に対して自分たちの自律性や学校機関の自律性を守ろうとする意志によって強化されるものである。この不透明性が導く主な帰結のひとつは，それによって素人である親が，学校を評価するための「近道（raccourcis）」として，生徒の社会的，民族的特徴のような外見のもっとも可視的な側面に注目するということなのである[13]。このような「情報のバイアス」に，「比較のバイアス（biais de comparaison）」とよばれるものが加わる。代表的なサンプルや個別の事例を確立するために念入りに選別されたケースについて取り組む研究者とは反対に[14]，親は自身の調査をもっとも広い範囲にまで広げている者でさえ，いくつかの中学校についてしか考えていない。しかもこうした中学校は，「付加価値」に応じて，つまり比較可能な他の学校と比べて最終的な結果にその中学のやり方が貢献したことに応じて選ばれているわけではない。中学校は住居との近さや評判（réputations）[iii]，すなわち改めて「人の効果」を過大評価してしまうような，特殊な性格をもった局所的な教育供給に関して，社会的に特徴のある環境で形成される主観的認識によって選ばれているのである。

この行動は，「非合理的」なのではない。親の選択は，目的と方法のつながりに関連した道具主義的合理性と，科学的合理性すなわち事実同士の相関関係

の追求という二重の意味で合理的な考慮に導かれており，研究者と同じくらい合理的ではあるがそれとは異なる考慮である。それはもうひとつ別のタイプの「立場の効果」のことで，親は「利害を超越した（désintéressé）」識者の観点からではなく，逆に，完全に「利害関心のある（intéressé）」観点で学校を考えるということなのだ。確かに，彼らは親として，すなわち家族という特性から，子どもに対して向ける自主独立主義的で特別な，そして主観的なまなざしによって学校を評価する。[15]

「私には，制度についての回答はありませんが，子どもについての回答はあります。基本的には公立学校制度の中でうまくいくようにしてきました，だからこそ税金を払っているのです。けれども状況によっては私学教育ですね。一般的な答えはありません。子どもの必要には応えるべきだと思います。」[M氏，準公共機関教育指導者，モントルイユ]

このことから，親は子どもの特徴と学校の特徴の一致を優先させるため，固有の客観的な基準から，そして研究者の普遍的な使命から定義されるような「良い」学校を探すということはしない。とりわけ公教育においては学校間の教育方法の差異が小さいゆえに，ここでは上位中流諸階級に関してアメリカないしイギリスの研究が連想させる「生徒に応じた sur mesure」教育方法のことではない。[16] むしろ，[生徒の学業レベルや社会的，文化的出自が]雑多な中学に自分の子どもを就学させることをためらっている親に関して，個人的な基準という尺度での「人の効果」の比重，つまり「自分たちとは違う」他者から受け得るネガティブな影響に対してとりわけ，こうした中学が子どもや特に自分の子どもに与える自律性の程度を測るということなのである。たとえば，中流諸階級中間層および上位中流諸階級の知識人層にもっとも多くみられる，「出来る子はどこでも出来る」という一般的な主張を擁護するか，自分の子どもが他者の影響をあまり受けないと考えている親には，地元の学校を避ける傾向があまりない。反面，上位中流諸階級および中位中流諸階級の経済的資源所有層にもっとも多くみられる，思春期の特に男子は非常に影響されやすいとみなしているか，自分の子どもを勉強面でも行動面でも社会的な環境に極めて従属して

いると表現するような親は，多くの場合逆の選択を行う。

しかし合理的選択の理論が仮定することとは逆に，「立場の効果」はそのことにとどまらない。ほとんどの親はこの自主独立主義的（particulariste）な視点だけを採用しているわけではなく，家族の領域における立場に結びついた「個人的（personnels）」判断と，社会的，政治的な領域における立場に結びついた「非個人的（impersonnels）」判断の間で絶えずやり繰りしている。この往来は，インタビューのなかで非常によくうかがい知ることができ，道徳的な見地に立っている多くの観察者をもって「偽善」と非難せしめるものである。親の多くが親として，良い親には選ぶ義務があると考えているならば，彼らは市民として，学校のセグレガシオンや諸々の不平等について選択がもっている集合的な効果に批判的な見解を表明していることも確かなのである。この観点に倣えば，親は「社会の事実を穏やかに検証」する公正な観察者ではない。親は過ちの責任を負わせたり，非難したりする，評価者なのである。ある種の社会学的ウルガタの強力な浸透によって，とりわけ中流諸階級の親は，制度的，政治的決定要因への収斂と表裏一体にある「人の効果」の狭い決定論的見解を採用することになる。

「全体的に見れば，違いというのは学校に通う子どもでしょう。これは数学的，科学的なデータであって，哲学とか政治的な見解などではないのです。科学的なことです。極端な例を挙げれば，親が皆管理職であるような比較的裕福な場所に比べて貧しい人口がいるところでは，学校のレベルが同じでないというのは明らかなことです。そういうものでしょう，どうすることもできないんですよ。」
［D婦人，主婦，配偶者／軍人，リュエイユ・マルメゾン］

家庭での社会化，学校歴や仕事の仕方を統制する原理と関連したこのモデルをもっとも内面化している上流諸階級では，主張されるのは社会的，政治的責任ではなく，個人的責任である。このような考えでは，［生徒の学業レベルや社会的，文化的，民族的出自が］不均質だと見なされている公立学校において，良き学校生活を可能にするのは親の関わり，援助，文化的支援であり，これら

を欠いている「自分たちとは違う」親こそが，［学業に関する］不振や困難の原因なのである。

　「私はそこのサンテグジュペリ中学にいた子どもを知っています。子どもは側にいて手を差し伸べることができる親に，家できちんと教育されていれば上手く行くんですよ。その助けがないと，それはひどいことになります。〈……〉逆に外国から帰って来た家族で，サンテグジュペリに子どもを入れた人を知っていますよ。それはとても上手くいっていました，親がとても注意していましたから。今ではベルリオーズ高校にいてとても上手くいっています。絶対に側にいて欠点を覆ってやらないといけないと思います。」［V婦人，主婦，配偶者／代表取締役，ヴァンセーヌ］

1.2.「性向の効果（Effet de disposition)」と他者への不安

　「自分たちとは違う」他者に向けられる視線は，親の一般的な立場によって影響されるのみならず，強力な「性向の効果」を生み出す社会的な出自，経歴，地位にも影響される。経済成長の小さいとき，あるいは景気が後退し，社会的に望ましい地位に限りがあることから生じる熾烈な競争が存在し，国家の統制機能が信頼を失っているような文脈では，中産諸階級のメンバーは，その上位部分も含めて，全体的に庶民諸階級を前にした「閉鎖（clôture)」という個人的戦略を強化することで，獲得したものを保護しようとする傾向にある。この[22]共通の目的によって，庶民諸階級のメンバーを学校に関わる領域での障害や競争相手とみなし，彼らを避けるための強力な動機を築き上げるのである。しかしこの「性向の効果」は，それ自体が家庭での初期的な社会化同様，学校や職場での二次的な社会化に依存しながら構築される階級のハビトゥスと密接に関わっている親の照準に応じて変化する。功利主義のパラダイムに多少とも明ら[23]かに含まれるような数多くの分析がほのめかしていることとは逆に，これらの照準は道具主義的であるだけではない。成績，格付け，免状に要約される学校で獲得するものの交換価値にもっぱら関心を向けるのは，強力な経済的資源をもった，とりわけ上位中流諸階級の親である。強力な文化的資源をもった中位中流諸階級および上位中流諸階級のほうは，自分たちの再生産を，道具主義的

照準と同時に反省的照準，すなわち知識を利用することによる経済的価値のみならず本質的価値に対する興味を子どもの中で発展させることに立脚するものと受けとめている。ところが，「自分たちとは違う」他者は，知的アイデンティティの構築における学校的知識の役割を高く評価している者にとってよりも，労働市場において競争力のある教育的資質を絶えず探し求めることを優先させている親にとって脅威である。

　階級の諸関心は，中流諸階級のいくつかのグループがもっている表現的照準によってつながっている。この照準は，上流諸階級によってよりも中流諸階級によって頻繁に表明されるもので，もっとも高い地位に到達するという比較的小さな客観的チャンスを内面化することと関連して，あまり野心的でない道具主義的照準に起因するものと，希望を認知することに価値をおく際立った個人主義に結びついた価値の大規模な浸透に起因するものを分かつことは容易ではない。これらの照準は，「自分たちとは違う」他者に向ける視線にも，支配的な色調によって異なる影響をもっている。この色調がポジティブな場合，特に親が成功のためにかける強い圧力のない，仲間同士の深い人間関係のある思春期の幸福を重要なものとみなしている場合，これは知識を基調とした中位中流諸階級および上位中流諸階級のメンバーによくみられる事実であり，とりわけ人間関係の絡む職業に就いている親のことであるが，地元の学校はそれほど危険なものとしては立ちあらわれてこない。評判は良いが，思春期の子どもたちが学校から求められる高度な要求に従属し，地元の仲間と遠く離れて不幸になりかねない地元以外の学校以上に，地元の学校は「良質（qualité）」の社会化の背景とさえなることが明らかになっている。

　「地元の仲間がいるのだから，地元の学校に行くというのは子どもにとってはいいことですよ，言ってみれば大事な地元の中での社会関係が生まれます。地元に仲間同士のグループがあって，あの年齢の頃によくやる，誰かの家に行って寝泊まりしたり，また今度は違う誰かの家で寝泊まりしたりする，あれはいいですね。子どもの親を知ることにもなります。それが最終的には何年かたてばたくさんの人と知り合っている。地元の生活というのができて，子どもにはそれがとても心地よいと思います。」［B婦人，産業医，ナンテー

ル]

　逆に，親が充足感，つまり子どもの身体的な安全に関して不安を抱いているがゆえに色調がネガティブな場合，表現的照準は，学区の中学校を避けるための，とりわけ社会的な面でより選抜的で，規律に関してより厳格で，学校体験のうち非知的側面により多くの関心を払っているとみなされている私立学校に行くための強力な原動力となる。

　親の「性向の効果」は，個人的照準のみならず，学校の社会的機能に関する見解をも内包している。これらの見解で，とりわけ統合に関して親が学校にあると考えている機能は，「自分たちとは違う」他者に向けられる視線を強く条件づけている。理念型として，社会の見方に基づいた2つの異なる統合モデルを区別することができる。いっぽうで社会を明確に区切られた階層システムとみなし，社会統合は，社会制度に組み込まれている地位のグループの中への個人の同化に基づくものであると考える親がいる[26]。だから，社会関係は二分法的観点から把握される。相互に作用し合うことのできる「似た者 (semblables)」と，他者性の様態に関して，良くても真の交流が可能であるにはあまりに違いすぎるものとして，最悪の場合は階級や人種の考慮から劣るものとして構築される，意思疎通が難しいか不可能でさえあると思われるような「他者 (autres)」がいる[27]。

　「3番目の子はエルサ・トリオレから始めました。〈……〉年末には，学校祭があって私は私たちのような人たちがいないのに気がつきました。と言いますと？　たくさん……いました。たとえば，ラップグループや，タムタム[iv]を演奏していた校長が。とても良かったのですが，私たちのものではありませんでした〈……〉娘は準備課程[v]では良かったのですが，時が経つにつれてパフスリーブと丸襟のワンピースを着るような同じような小さな女の子がどんどんいなくなる可能性がありました。大袈裟な例ですが……私たちは全ての人が自分たちのようであることを望んでいるわけではありませんが，完全に孤立することもまた望んでいません，それは子どもにとって愉快なことではありません。開かれていること，これはいいことですが，それ

でも何かと自分を同一視する必要があります。」
［R婦人，銀行管理職，ナンテール］

　またもういっぽうでは，社会集団の間の，少なくとも公的空間における相互理解および意思疎通について，公正で確固とした社会制度を築く必要性を考慮し，社会的混合のモデルを擁護する親もいる。しかし，どちらかといえば上流諸階級と経済的資源に結びついたモデル，中流諸階級と文化的資源に結びついたモデル，これら２つの理念型モデルは，前者の場合，より早期の，徹底的な，そして全面的に容認された「仲間うち」の選択（choix d'entre-soi）[vi]によって，後者の場合，より遅い時期での，「相互交流が可能な（poreux）」，そして恥じ入った「仲間うち」の選択によって，学校のセグレガシオンにきわめて異なる結果をもたらしている。

２．選択の形成と，判断の手段，行動に資するものとしての「自分たちのような」他者の重要性

　かくして，「自分たちとは違う」と知覚される他者は，親による選択の内容に決め手となるかたちで働きかける。「自分たちのような」（comme soi）他者もまた重要な役割を果たすが，それは選択の形態，つまり選択を形成する様式においてであり，それには二つの異なるやり方がある。「自分たちのような」他者は，願望，価値，行為戦略に関する基準やモデルとして役立つ「準拠となる集団（groupe de référence）」[28]をつくり，「判断の手段（dispositifs de juge-ment）」[29]として使用される。彼らは，個人的で集団的な「社会関係資本（capital social）」にもなるが，この資本は，文化的資源や経済的資源との組み合わせによって動員可能な人と人との関係のネットワークであり，同時に相互性や信頼の関係が結び合わされている社会的な空間である[30]。２つのケースでは，社会関係資本は再生産と社会的「閉鎖」という学校戦略に役立つものとなる[31]。

2.1. 規準枠としての隣人関係
　他の親に関心を向けるという事実は明らかに，学校がその機能に関する情報

をあまり伝えないこと，親の期待に対してこうした情報の妥当性が弱いこと，そしてそれらの情報がときに偽りの性格を帯びていることの帰結である。学校が学業的にも社会的にも不均質であるということが親にかき立てる不安のせいで，その「製造の秘密」も知らずに渡される試験結果のような「冷めた（froides）」統計に親が寄せる信頼は限られたものである。彼らが好むのは，評価，秩序の維持，教育専門家の指示などの実践同様，他の生徒や親が経験したクラスの構成様式やその「雰囲気」に基づいた「ホットな（chauds）」判断なのである。[32] そのことに加えて，校長による説明のことばに対する猜疑心があるのは，「魅力的な」中学校の校長が「監視者（gatekeepers）」[33] の役割に徹するのに対し，「避けられる」中学校の校長は［親による学校からの］離脱の増加を恐れて，ある種のトラブルを隠蔽し，ある種の実践を覆い隠し，特定の結果を美化するからである。確かに，魅力的な中学校は親の判断に関する期待よりも，選抜に関する必要性に注意を払う。しかし「自分たちのような」他者によって構成される「準拠集団」を信頼すれば，こうした集団に関連した考慮すべき要素や，差し迫った長期的争点の多様性のせいで難しくなっている選択が生む不安が和らぐのである。[34] これらの「自分たちのような」他者は，隣人関係のローカルなネットワークの一部となっている。隣人に頼るのは，彼らが近隣の学校の直接の利用者であると同時に，上位中流諸階級の，そしてあまりないケースだが，首都圏の中位中流諸階級の家庭を特徴づける出身家族との地理的な，そしてかなりのケースにおいて社会的な隔たりのために，社会的実践の規制における周囲のひとびとの役割を強化するからである。[35]

この囲いの影響は，さまざまに作用する。もっとも強力に広まる規範的な圧力は，直接的な近隣関係や子どもが通う学校の保護者のなすことであり，これらの集団は互いに広く交わっていることが多い。これらの圧力は，評価や批判の対象になることが可能になるような教育的実践の可視性によって，そして私的な生活を尊重するという明確な規則で特徴づけられる社会的な界における判断の発信を促すような社会的同一性によって助長される。4つの調査地のうち，これらの圧力がもっとも顕著にあらわれたのは，リュエイユ・マルメゾンにおいてであり，他の界隈と分離された豪華な邸宅群を含む「ゲート付コミュニティ（gated community）」のなかにおいてであった。[36] 複数の家族が，すでに似た

ようなハビトゥスをはじめに部分的にもっていたとすれば，それはかなり雑多な出自というよりも社会的昇進や地理的移動の軌跡に結びついたもので，居住地に関する閉鎖が確保する「仲間うち」(entre-soi) の関係は，この種の別の界隈同様に，学校の場合，社会的実践をある統一的な規範に一致させるのに寄与する。[37] 家の所有によって助長される教育的実践の大きな可視性と同時に，同じ歳の子どもがいて，そこでは妻の多くが外で働いていないような，同時期にその界隈に住みはじめた世帯の世代的，社会的同質性は，就学に関わる諸選択を，密接に一致させることができる。こうしたさまざまな選択は，たいがい私立学校のことで，道具主義的なねらいと「分離による統合 (intégration par cloisonnement)」モデルの重みによって特徴づけられるが，「自分たちとは違う」他者を「悪者扱い (diabolisation)」する強い傾向と表裏一体である。これらの圧力は，日常的に，うわさ，問いかけ，判断というかたちで行使され，「逸脱者 (déviants)」は，親であれ子どもであれ，地域の人間関係と距離をおくということもあり得るような社会的交流の中で広まる制裁の対象であるがゆえに，こうした圧力から逃れることは難しい。にもかかわらず，中流諸階級に支配的な判断や行動の自律という規範とは明確に相反する地域の「習慣 (coutume)」に盲目的に従属することで，制約の強さは嘲弄や嘲笑という手段によって言説の中で象徴的に弱められる。

「最初はそんなことまったく気にしていなかったのですが，ここの親たちの多くがすでに予防策をとっていることに気がつきました。彼らは自分の子どもをシャルル・ペギーに，その後パッシーやダニエル〈全て私立学校〉に入れているんです。ここではそれが普通で，ほとんどの親がそうやっているんですよ，かなりの傾向です〈笑〉。だから，ぎりぎりのところで私たちも登録できました。学校にはかなり応募がありましたから。息子はそれでも保育学校の年少クラスをジャン・マセ〈公立小学校〉でやったのですが，そのあと出られることになってすぐにノートル・ダムに行きました。」
[J婦人，主婦，配偶者／私企業営業管理職，リュエイユ・マルメゾン]

中流諸階級がフランスの庶民諸階級や移民の庶民諸階級と交わっている学校

や界隈に，また相互に知り合っていることが少なく，他者の教育的実践の可視性が比較的小さい空間に視線が移れば移るほど，この規範的規制は，間接的に，とりわけうわさ（rumeurs）を通して作用する。上流諸階級の親は，うわさに関しては「私はうわさにそれほど影響されません」「語られていることが全部本当のことということは決してありません」といったフレーズを使い，うわさと距離を保っている。しかし彼らが，ナンテールやモントルイユの中心にあるような［人口の社会的，文化的，民族的出自が］不均質な界隈で，同じ学校についてきわめて多様な見解に直面する場合は特に，地域の学校に関する「風評（radio-trottoir）」によって伝播する非公式かつ非専門的だが支配的な見解に，影響されないということはないのである。それでも，うわさ（on-dit）にもっとも信頼をおくのは，文化的資源にもっとも恵まれていない中流諸階級の親と，庶民諸階級の親である。このことは，彼らが情報源の選択において判別能力が弱いという事実によって説明できる。[38] しかしこうしたうわさ（rumeurs）が，学校の内外における青年の逸脱的，暴力的行為にもっともよく関連したものであるという事実もまた介在している。ところが，社会的階梯の下部に属する人間の価値を決めるのに，道徳性がきわめて重要な役割を果たすということと，自分の子どもが通常通わなければならないような学校でこの種の出来事が頻繁に起こるということのために，こうした「出来事」を繰り返し知らせることが，中流諸階級の一定層や庶民諸階級にとって，学校にたいする信頼から懐疑への移行における決定的な役割を果たすのである。[39]

2.2. 選別や戦略形成のための最適な話し相手

「自分たちのような」他者は，「分相応（sur mesure）」を求めて，非常に野心的で，非常に懸念もしている親のケースではとりわけ，助言という特定の役割も果たしている。こうした親たちは，「自分たちのような」他者で構成される集団の内部でさえ，学校について良く知っており，その知識を与えてくれると同時に，子どもの学校的，心理的特徴が近いために，学校を序列化し，選別するのに一層信頼を寄せる「最適の情報提供者（informateurs privilégiés）」を探している。

「だから，あとで私たちは，ちょっと知るために，うちの子どもとだいたい同じような性格に一致する子どもを見つけるために，比べたり，面白いかどうか見てみたりするために，違う場所で過ごしたことのある他の家族と話し合うことになっています。」
［F氏，開業医，リュエイユ・マルメゾン］

技術的で心理的なこの二重の信頼の形式は[40]，同じ社会階層か，もしくはそれより上の社会階層の，「影響力をもったオピニオンリーダー（prescripteurs）[41]」の役割を果たす数少ない話し相手にしか与えられない。親に自分たちの探しているものが分かっていれば分かっているほど話し相手の数はしぼられていき，その鑑定や信頼性に反論の余地がないようにみえる1人か2人の親に限られる。

「1人か2人で十分ということもあります。たとえば，今朝私が認めている人に電話をかけました。彼女は良い判断を下していると思います。彼女は子どもをナンテールの中心にある小学校にやっているので，私が「子どもの学校を変えようと思っているんだけれど，あなたどうする？ どう思う？」と言うと，意見をくれました。私はその意見が本当に正しいものだと思っているので，36人の母親に会いに行くなんてことはしません。」
［S婦人，主婦，配偶者／私企業経営管理職，リュエイユ・マルメゾン］

これら「最適の情報提供者」は，選択の戦略形成においても重要な役割を果たす。彼らは，まずもって，希望する学校への到達を可能にする，公式には伝達されない，あるいは取得することが難しい何らかの「ホットな」情報を分け与えてくれる。これらの情報は，親にはたいていの場合不可解な学業的，社会的，制度的選抜を実施する，とりわけ私立学校の採用基準に関するものである。これらの情報は，そうした学校に行くためにとるべき具体的な手続きに関わるものでもある。もし私学で，公立学校に比べて極めて早い登録の日程や待機リストの有無を良く知っている必要があるとすれば，この問題は公的セクターでのほうが決定的である。たしかに，希望する中学校に入学するためには，時にかなり前もって戦略を発展させなければならない。恵まれた中学校であれ，

[生徒の学業レベルや社会的，文化的出自が]雑多であっても「良いクラス」へのアクセスが可能な中学校であれ，もっともよく定着しているのは，音楽特別時間編成クラス（CHAM）のケースである。これらのクラスは，小学校でのこの種のクラスか，芸術学校（conservatoire）で獲得する音楽的能力の一定のレベルをもった子どものために用意されている。「希少」言語（ロシア語，中国語，日本語など）のような，例外措置[vii]を得る，あるいは通学区域制度の拘束を逃れる可能性に開かれたその他の選択肢に関しては，空席の数，前面に出すべき動機，行政の期待に一致するような申請の書き方などを知っていることが重要である。後者ふたつの要素は，他の基準（子どもの健康状態，学区校以外の学校のほうが自宅に近いなど）に基づいた例外措置申請の場合には，さらに重要になる。「内的な社会関係資本（capital social interne）」，すなわち教員，学校長，行政関係者との間に親がもっているコンタクトは，この場合貴重である。それによって，自身が教員である親や保護者協会の活動家である親は，メディアが「インサイダー取引（délit d'initié）」と呼ぶものを享受できるようになる。[42]

とはいえ，親はさまざまな方法で学校の選択を容易にするために互いに助け合ってもいる。いくつかの私立学校は，「紹介（parrainage）」のプロセスを勧めているが，それはある生徒の受け入れが，その子どもの学校内申書があまり優れていない場合は特に，すでに学校の顧客となっている親の推薦によって容易になり得るということである。公立学校では，親の相互の助け合いは別の形をとる。そのうちのひとつは，別の親が，希望する学校に子どもを登録させることができるように，自分の住所を「貸す」というものである。また別の形では，学区の学校を共に「回避」するというものがあるが，それはたとえば，2人の友達同士の女の子が同じ私立学校を選ぶことで，[私立学校への就学に対する]子どもの了解を促し，公共交通機関での安全を確保し，車での移動を集団で組織することを可能にするものである。社会関係資本は，こうして文化的資源あるいは経済的資源の効果を倍加する，もしくは代償するため，この「自分たちのような」他者を道具化することは，効果的な戦略を個別に形成することに役立つ。しかし集団的に見れば，中流諸階級の親は共通の戦略を形成することによって社会的にも文化的にも「仲間うち」（entre-soi）の関係を絶えず再活性化し増大させるがゆえに，他者の道具化は，学校のセグレガシオンをま

すます強化してしまう。

2.3. 排他的な地域の連帯と包摂的な地域の連帯

「自分のような」他者が果たす役割の分析は，地元の［生徒の学業レベルや社会的，文化的出自が］雑多な中学校に子どもを通わせている中位中流諸階級もしくは上位中流諸階級の親に関して追求されるべきであり，より重要なことでさえある。［雑多な中学校からの］離脱は主に［教育の］質の問題に対して個人的に解決をもたらしてくれる。逆に，制約によるものであれ，自発的なものであれ，離脱しないならば，他の消費者の援助によって増大する［教育の］質の効果を産むための，個人的な関わりが必要になる[43]。選択をめぐる相互援助とは反対に，学校へのこうした集団的介入は，学校の賛同を得なければならず，学校が親にたいしてあらかじめ定めている「発言（prise de parole）」の公式の様式に適応する必要があるが，そのことによって学校は，認知され期待される保護者協会の活動と結びついている。主に公立学校あるいは私立学校の支援や，すべての親の利害関心の保護を目的としているこれら保護者協会は，実際には，情報，判断，サービスなどが特に中流諸階級のメンバーの間で流通する世界から成り立っている。確かに，保護者協会の政治的傾向や地理的配置に応じて多様な比率にはなるが，中流諸階級の範疇は，保護者協会においては常にもっとも代表的で，とりわけ責任者や一番活動的なメンバーに多い[44]。

親の学校への介入は，2つの理念型経路をとる。第1は，「自分たちとは違う」他者の存在が大きいことから生じる効果に対して警戒の対策をとることである[45]。それは，前述したCHAMや，ヨーロッパクラス，バイリンガルクラスや第6級[viii]のドイツ語を学ぶクラス，第5級のドイツ語―ラテン語を学ぶクラスなどの公式の選択科目であれ，「集中英語」クラス，あるいは「演劇」クラスといった非公式の選択科目であれ，こうした科目を媒介に，間接的に社会的であり民族的でもある学業上の選抜を実施しているクラスのような，学校内部の「飛び地」の形成を意味する[46]。こうした飛び地の形成は，親の要求をしばしば見越した学校長や，閉じた回路内で情報を循環させ，学校の中で「一体をなす」他の親との協力の上に成り立っている。

「〈保護者団体 FCPE の〉親の大部分が，第一外国語をドイツ語にしたほうがよいと言っていたので……実際私の娘もドイツ語をとった訳ですが，ドイツ語を第一外国語でとる子どもというのはみんなだいたい賞賛や褒め言葉をもらっています。だから，第6級では他の子どもと一緒に混ぜておかなければいけないけれども，そのあとは選択科目に賭ければ，結局，他より優秀なクラスがあるわけです。だから娘をあの中学にやりました。娘はドイツ語をやっていますが，のちのち優秀なレベルの子どもたちと一緒になれるような選択科目を全部とる予定です。」
［D婦人，主婦，父親／私的セクターエンジニア，ナンテール］

飛び地の形成は，保護者協会のメンバーの学校運営への「抜かりのない」参加と平行して行われる。学校運営への参加は，教師の「監視」，レベルの低下に影響をもち得るあらゆる行為に対する抗議，中流諸階級の子どもにとって有益な投資（新しい選択科目の創設，旅行や文化に関する課外授業）の擁護として表現される。［学校の］内部の「仲間うち」（entre-soi）の関係と発言という2つの戦略は，中流諸階級の生徒や親の間で，ロバート・パットナムが[47]「排他的社会関係資本（capital social exclusif）」と呼ぶものを構成し再生産することを可能にする。これらの戦略は，「自分たちとは違う」親や生徒に対して象徴的な柵を設置し，猜疑心を持続させると同時に，社会的に同質な集団内部における信頼や連帯を強化する。[48]

しかし発言のあらゆる様式が分離のプロセスを導く訳ではない。なるほど，「包摂的社会関係資本（capital social inclusif）[49]」，すなわち庶民諸階級に開かれた人間関係のネットワークを創設する第2の経路がある。この戦略の中心軸は，地元の中学校にできるだけ多くの中流諸階級の親がとどまるよう説得するという事がらに関するものである。それは，私たちがナンテールやとりわけモントルイユの中心街で観察した行動で，何人かの「地元の公立学校の関係者」の行為に基づいている。彼らは，中流諸階級の子どもの存在の大きな比重に関連した学業成功の向上などの道具主義的な議論や，より快適な学校体験や，子どもにとっても大人にとってもより豊かな，界隈の人間関係などの表現的な議論と同時に，地方レベルおよび全国レベルでの統合と平等に関する効果などの倫理

的，政治的な議論も動員する。残るは，親が［地元の中学校から］出て行かないようにするのみならず，皆のために地元の学校に関わるよう説得することだ。それには，特に学習援助など，困難を抱えた生徒に向けた共同活動を，教師とともに実行するための新たな「信頼関係（chaînes de confiance）[50]」を築くことが必要になる。この種の活動に力を注ぐことは，もっとも恵まれない人びとの統合を考慮した行為として捉えられるが，そこでは，中流諸階級や上流諸階級の親は，自分の子どもの学校生活の向上に関してのみならず，他人のための投機と自身のための投機，言い換えれば，義務と楽しみを結びつける機会によっても利益を得ているのである。

　「学習支援をすることは誇りです〈……〉。それは犠牲的な行為などではありません。自分でそうしたいと思ってやっていることです。私は学習支援をして，子どもたちが数学とか英語なんかの問題をやるのを手伝っています。楽しみですね，つまり関わりすぎていない，自分の家族を捨てている訳ではないということですが。そこははっきりしておかないといけないと思います。愛他心でしょう，愛他心というのはまずもってエゴイズムの行為である訳ですが，たくさん与えて喜びにかえる，そうではないですか？」
　［P氏，公的セクター管理職，モントルイユ］

　この「包摂的社会関係資本」の形成は，フランス人でも移民でも，庶民諸階級の親が平等な地位におかれるような彼らとの新しい関係の創出の上に成り立つ。それは，こうした「活動家」の親に，自らが庶民諸階級の親を代表することを主張し，庶民諸階級の親にとって良いことを探知し，教師として子どもの前で庶民諸階級の親の代わりとなろうとする強い傾向があるために，教師との協働よりももっと難しい。

　「自分たちとは違う（différents de soi）」他者や，「自分たちと似たような（semblables à soi）」他者に対する心的操作や実践的操作は，中流諸階級の親が就学における諸選択の領域で絶えず行っているもので，相互に補完し合い，また補強し合っているものである。個人的な目的の追求のみならず，学校全体の

機能や共通の利益にとっての妨げとなり得る「自分たちとは違う」他者という範疇を形成することによって，精神と身体の分離という，程度の差はあれ徹底した一連の行為は正当化される。これと平行して，「好ましからざる他者（autres indésirables）」を制約や障害のように扱うことで，行動に資するものとしては無視するか低く見積もってよいものにし，そのために「自分たちのような」他者のほうだけに関心が向かうことになる。だから，彼らが「自分たちとは違う」他者についてもっとも問題となっているケースや側面へ関心を集中させるという「地位の効果（effets de position）」の観点においても，ある照準，ある価値，ある選択のための規範的圧力という「性向の効果」の観点においても対をなして，「自分たちのような」他者が選択に及ぼす制約は，目立たなくなる。「自分たちのような」他者は，学校に関する諸々の選択（choix scolaires）を促進する媒介物という点でしか，言い換えれば，個別の高い効率性を与えてくれるうえ，教育の専門家，政策責任者，世論を前に，強い社会的正統性を与えてくれるものとしてしか立ち現れてこない。

　それでも，認識の観点から同様，行動の観点からも，中流諸階級の異なる層が保持する表象や行動様態およびそれらの異なる都市的背景との相互作用の様態がセグレガシオンを導く効果を，なお詳細に測る必要がある。上位中流諸階級で強力な経済的資源をもつ層の親たちのもつ表象は，「自分たちとは違う」他者に劣等感を抱かせ，他者を人種別化するようなもので，持続的で深いセグレガシオンの効果をもっている。この表象は，個人的利害関心の保護の名の下に，また何らかの社会的，国民的モデルの名の下に，分離の徹底したかたちを完全に正当化するものである。この分離の形成は，その土台となっている特に居住地に関する戦略や私立学校の選択などの実践的操作が，限られたメディアの注目の対象としかならず，また他の「望ましからざる」他者とのコンタクトを最小限にできるという具体的な理由で社会的な闘争性が弱いために，ますます効率的なものになっている。しかしながら，この分離の形成は，社会制度についても，社会的集団として再生産する能力についても，信頼できるものにはならない。逆に，この分離の形成の土台や帰結としての，都市空間や学校での「仲間うち」（entre-soi）の関係が産む視野の狭さや諸手段の強い一貫性は，「自分たちとは違う」他者に対する不安や子どもの学校的，社会的将来に対す

る懸念を絶えず強化している。

　中位中流諸階級および上位中流諸階級のうち，知識人の層がもっている「自分たちとは違う（différents de soi）」他者に比較的開かれた視点のほうは，政治や行政の理論のように，教室や学校の「倒錯的効果（effets pervers）」を絶えず指摘しながら，マクロ社会学的なレベルで［社会的］混成の効用を力説する言説の矛盾にとりわけ結びついており，明らかに限界がある。非常によくあることだが，悪化していると認識されている都市の［社会的］混成の状況の中で自身の社会的地位を保護しようとする意思と同時に，子どもの［学業の］成功と幸福感を保護しようとする意思によって，親はセグレガシオンを導くような実践を実行するのである。こうした実践，特に学校における飛び地の形成は，居住地を選ぶことや私立学校に頼ることよりも徹底しておらず効率的でないが，フランス人であれ移民であれ，庶民諸階級出身の生徒にとってはより苦々しく体験されるため，彼らの側からの粗暴な反応をかき立ててしまう可能性がある。逆に，主張される［社会的］混成と，その表現としての学校における断固とした「反分離主義者的（anti-sécessionnistes）」発言や，異なる社会諸階級の親および彼らと教師との新しい協調関係は，比較的稀ではあるが有望な経路としてたちあらわれる。にもかかわらず，このような行為は，せいぜい一定層の中流諸階級だけに責任を負わせながら，ある種の非同質的な地域を背景に，学校や都市のセグレガシオンの過程を抑制することしかできない。それゆえ，このような行為が呼ぶのは不安定で脆いコンセンサスであって，諸々の教育機関の教育条件の平等化のための国家的措置にとって代わることは到底できないのである。

注・参考文献
1) Agnès van Zanten, "Fabrication et effets de la ségrégation scolaire", *in* Serge Paugam（éd）, *L'Exclusion, l'état des savoirs*, Paris, La Découverte, 1996, p. 281-291 ; Éric Maurin, *Le Ghetto français. Enquête sur le séparatisme social,* Paris, Seuil, 2004 ; Georges Felouzis, Françoise Liot et Joëlle Perroton, *L'Apartheid scolaire. Enquête sur la ségrégation ethnique dans les collèges,* Paris, Seuil, 2005 ; Christian Maroy, *École, régulation,*

marché. Une comparaison de six espaces scolaires locaux en Europe, Paris, PUF, 2006.

2) Robert Ballion et Françoise Œuvrard, "Nouvelles expériences concernant l'assouplissement de la sectorisation à l'entrée en sixième", Paris, Miméo, ministère de l'Éducation nationale, 1987 ; Agnès van Zanten et Jean-Pierre Obin, *La Carte scolaire,* Paris, PUF, coll. «Que sais-je ?», 2008.

3) Sylvain Broccolichi, "Inquiétudes parentales et sens des migrations d'élèves", *Les Dossiers Éducation et formations,* 101, 1998, pp. 103-123 ; Agnès van Zanten, *L'École de la périphérie. Scolarité et ségrégation en banlieue,* Paris, PUF, 2001 ; Marco Oberti, *L'École dans la ville. Ségrégation, mixité, carte scolaire,* Paris, Presses de Sciences Po, 2007 ; Jean-Christophe François et Franck Poupeau, "Les déterminants socio-spatiaux du placement scolaire. Essai de modélisation statistique appliquée aux collèges parisiens", *Revue française de sociologie,* 49 (1), 2008, p. 93-126（本書第6章参照のこと）; Franck Poupeau et Jean-Christophe François, *Le Sens du placement. Ségrégation résidentielle et ségrégation scolaire,* Paris, Raisons d'agir, 2008.

4) Sylvain Broccolichi et Agnès van Zanten, "Espaces de concurrence et circuits de scolarisation. L'évitement des collèges publics d'un district de la banlieue parisienne", *Annales de la recherche urbaine,* 75, 1997, pp. 5-17 ; Gabriel Langouët et Alain Léger, *Le Choix des familles. École publique ou école privée ?,* Paris, Fabert, 1997 ; Catherine Barthon et Brigitte Monfroy, "Une analyse systémique de la ségrégation entre collèges : l'exemple de la ville de Lille", *Revue française de pédagogie,* 156, 2006, pp. 29-38 ; Christian Maroy et Agnès van Zanten, "Régulation et compétition entre établissements scolaires dans six espaces locaux en Europe", *Sociologie du travail,* 49 (4), 2007, p. 464-478 ; J.-C. François, *art. cit.* ; F. Poupeau et J.-C. François, *op. cit.*

5) Yves Grafmeyer, "Regards sociologiques sur la ségrégation", *in* Jacques Brun et Catherine Rhein (dir.), *La Ségrégation dans la ville,* Paris, L'Harmattan, 1994.

6) Agnès van Zanten, "Une discrimination banalisée ? L'évitement de la mixité sociale et raciale dans les établissements scolaires", *in* Didier Fassin et Éric Fassin (dir.), *De la question sociale à la question raciale ? Représenter la société française,* Paris, La Découverte, 2006, pp. 195-210 ; *id.,* "Individualisme et solidarité dans les choix éducatifs des familles", *in* Serge Paugam (dir.), *Repenser la solidarité. L'apport des sciences*

sociales, Paris, PUF, 2007, pp. 705-720 ; id., *Choisir son école. Stratégies familiales et médiations locales,* Paris, PUF, 2009.
7) Mark S. Granovetter, "The strength of weak ties", *American Journal of Sociology,* 78, 1973, pp. 1360-1380 ; Pierre François, *Sociologie des marchés,* Paris, Armand Colin, 2008.
8) Pierre Bourdieu, *La Distinction. Critique sociale du jugement,* Paris, Minuit, 1979（石井洋二郎訳『ディスタンクシオン：社会的判断力批判』I・II，新評論，1989 年）.
9) Martin Thrupp, "The school mix effect : the history of an enduring problem in educational research, policy and practice", *British Journal of Sociology of Education,* 16 (2), 1995, pp. 183-203.
10) Harold Garfinkel, *Studies in Ethnomethodology,* Englewood Cliffs, New Jersey, Prentice-Hall, 1967.
11) Jean-Michel Berthelot, *L'Empire du vrai. Connaissance scientifique et modernité,* Paris, PUF, 2008.
12) Élisabeth Chatel, "De la formation à l'emploi : des politiques à l'épreuve de la qualité", *Éducation et sociétés,* 18, 2006, p. 125-140 ; Georges Felouzis et Joëlle Perroton, "Les "marchés scolaires" : une analyse en termes d'économie de la qualité", *Revue française de sociologie,* 48 (4), 2007, pp. 693-722.
13) Mark Schneider, Paul Teske, Melissa Marschall et Christine Roch, 'Heuristics, low information rationality and choosing public goods. Broken Windows as shortcuts to information about school performance', *Urbain Affairs Review,* 3 (5), 1999, pp. 729-741.
14) Nicolas Dodier et Isabelle Baszanger, "Totalisation et altérité dans l'enquête ethnographique", *Revue française de sociologie,* 38, 1997, pp. 37-66.
15) Talcott Parsons, "The school class as a social system : some of its functions in American society", *Harvard Educational Review,* 29 (4), 1959, pp. 297-318.
16) Annette Lareau, *Home Advantage. Social Class and Parental Intervention in Elementary Education,* Londres, Falmer Press, 1989 ; Sharon Gewirtz, Stephen J. Ball et Richard Bowe, *Markets, Choice and Equity in Education,* Buckingham, Open University Press, 1995.
17) James S. Coleman, *Foundations of Social Theory,* Cambridge, Harvard University Press, 1990（久慈利武監訳『社会理論の基礎』上・下，青木書店，2004 年）.
18) Thomas Nagel, *Égalité et partialité,* Paris, PUF, 1991.

19) A. van Zanten, *L'École de la périphérie...*, *op. cit.*
20) Louis Quéré, "Pour un calme examen des faits de société", *in* Bernard Lahire (éd.), *À quoi sert la sociologie ?*, Paris, La Découverte, 2002, pp. 79-94.
21) Luc Boltanski et Ève Chiapello, *Le Nouvel Esprit du capitalisme,* Paris, Gallimard, 1999 ; Robert Castel, *L'Insécurité sociale. Qu'est-ce qu'être protégé ?*, Paris, Seuil, 2003（庭田茂吉，アンヌ・ゴノン，岩崎陽子訳『社会の安全と不安全：保護されるとはどういうことか』萌書房，2009 年）．
22) Frank Parkin, *The Social Class Analysis of Class Structure,* Londres, Tavistock, 1974 ; Raymond Murphy, *Social Closure. The Theory of Monopolization and Exclusion,* Oxford, Clarendon, 1988（辰巳伸知訳『社会的閉鎖の理論：独占と排除の動態的構造』新曜社，1994 年）．
23) Pierre Bourdieu et Jean-Claude Passeron, *La Reproduction. Éléments pour une théorie du système d'enseignement,* Paris, Minuit, 1970（宮島喬訳『再生産：教育・社会・文化』藤原書店，1991 年）；Peter Berger et Thomas Luckman, *La Construction sociale de la réalité,* Paris, Méridiens-Klincksieck, 1986.
24) Alvin W. Gouldner, *The Future of Intellectuals and the Rise of the New Class,* Londres, Macmillan, 1979（原田達訳『知の資本論：知識人の未来と新しい階級』新曜社，1988 年）．
25) François de Singly, *L'individualisme est un humanisme,* La Tour-d'Aigues, Éd. de l'Aube, 2005.
26) David Lockwood, *Solidarity and Schism. The Problem of Disorder in Durkheimian and Marxist Sociology,* Oxford, Clarendon Press, 1992.
27) Véronique De Rudder, Christian Poiret et François Vourc'h, *L'Inégalité raciste,* Paris, PUF, 2000.
28) Robert K. Merton, *Social Theory and Social Structure,* Glencoe, The Free Press, 1950（森東吾，森好夫，金沢実，中島竜太郎訳『社会理論と社会構造』みすず書房，1961 年）．
29) Lucien Karpik, *L'Économie des singularités,* Paris, Gallimard, 2007.
30) Pierre Bourdieu, "Les stratégies de reconversion. Les classes sociales et le système d'enseignement", *Information sur les sciences sociales,* XII (5), 1973, pp. 61-113 (avec Luc Boltanski et Monique de Saint Martin) ; Nan Lin, *Social Capital. A Theory of Social Structure and Action,* Cambridge, Cambridge University Press, 2001（筒井淳，石田光規，桜井政成，三輪哲，土岐智賀子訳『ソーシャル・キャピタル：社会構造と行為の理論』ミネルヴァ書房，2008 年）；Robert D. Putnam, *Bowling Alone. The Collapse and Revival of American Community,* New York, Simon & Schuster, 2000

(柴内康文訳『孤独なボウリング：米国コミュニティの崩壊と再生』柏書房，2006年）．
31) P. Bourdieu et J.-C. Passeron, *op. cit.* ; R. Murphy, *op. cit.*
32) Stephen J. Ball et Carol Vincent, "'I heard it on the grapevine' : 'hot' knowledge and school choice", *British Journal of Sociology of Education*, 1 (3), 1998, pp. 377-400.
33) Aaron Cicourel et John Itsuro Kitsuse, *The Educational Decision-Makers*, Indiana-police, Bobbs-Merrill, 1963（山村賢明，瀬戸知也訳『だれが進学を決定するか：選別機関としての学校』金子書房，1985年）．
34) Stephen J. Ball, *Class, Strategies and the Education Market*, Londres, Routledge Falmer, 2003.
35) Yves Grafmeyer, "Le quartier des sociologues", *in* Jean-Yves Authier, Marie-Hélène Bacqué, et France Guérin-Pace (dir.), *Le Quartier. Enjeux scientifiques, actions politiques et pratiques sociales*, Paris, La Découverte, 2006.
36) Philppe Gombert, *L'École et ses stratèges. Les pratiques éducatives des nouvelles classes supérieures*, Rennes, Presses universitaires de Rennes, 2008.
37) Setha M. Low, Behind the Gates. *Life, Security and the Pursuit of Happiness in Fortress America,* New York/Londres, Routledge, 2003.
38) S. Gewirtz, S. J. Ball et R. Bowe, *op. cit.* ; S. Broccolichi, *op. cit.*
39) Michèle Lamont, *La Dignité des travailleurs,* Paris, Presses de Sciences Po, 2002.
40) Bernard Barber, *The Logic and Limits of Trust,* New Brunswick, Rutgers University Press, 1983.
41) L. Karpik, *op. cit.*
42) François Héran, "École publique, école privée, qui peut choisir ?", *Économie et statistique,* 293, 1996, pp. 17-39.
43) Albert O. Hirschman, *Défection et prise de parole,* Paris, Fayard, 1995（三浦隆之訳『組織社会の論理構造：退出・告発・ロイヤルティ』ミネルヴァ書房，1975年；矢野修一訳『離脱・発言・忠誠：企業・組織・国家における衰退への反応』ミネルヴァ書房，2005年）．
44) Martine Barthélemy, "Des militants de l'école : les associations de parents d'élèves en France", *Revue française de sociologie,* 36 (3), 1995, pp. 439-472.
45) Niklas Luhmann, *La Confiance. Un mécanisme de réduction de la complexité sociale,* Paris, Economica, 2006（大庭健，正村俊之訳『信頼：社会的複雑性の縮減メカニズム』勁草書房，1990年）．

46) Jean-Paul Payet, *Collèges de banlieue,* Paris, Méridiens-Klincksieck, 1997（2ᵉ éd.）; A. van Zanten, *L'École de la périphérie..., op. cit.*
47) R. D. Putnam, *op. cit.*
48) ロバート D. パットナムの業績に対してもっとも頻繁に寄せられる批判のなかに，集合的社会関係資本がしばしば有益なものという角度でしか述べられていないというものがある。「排他的社会関係資本」の概念は，彼が2000年に出版された著作において展開したもので，フランスでは1995年の彼の名高い論文よりも引用されることが少ないが，ジェームズ・コールマンの系譜の中に（'Social capital in the creation of human capital', *American Journal of Sociology,* 94, 1988, pp. 95-120），この集合的社会関係資本が有害な目的にも使用される可能性を導き入れている（Sophie Ponthieu, "Usages et mésusages du capital social", *in* Antoine Bevort et Michel Lallement (dir.), *Le Capital social. Performance, équité et réciprocité,* Paris, La Découverte, 2006, pp. 89-105 を見よ）。
49) R. D. Putnam, *op. cit.*
50) Luhmann, *op. cit.*

訳注

ⅰ）タイトル "choix des autres" の直訳「他者の選択」は，意訳のような「親は実際には学校を選んでいるというよりも他の親を選んでいる」という意味のほかに，「他の親の行った選択は，ある親の選択に影響をおよぼす」という意味をかけた著者の言葉あそび。
ⅱ）ヌイイー（Neuilly-sur-Seine），ソー（Sceaux），サン・クルー（Saint-Cloud）はパリ西部郊外オ・ド・セーヌ（Hauts-de-Seine）県の富裕層の多いコミューン。ナンテール（Nanterre）はオ・ド・セーヌ県のコミューンのひとつだが，ヌイイーに比べると居住空間における富裕層と庶民層の混成度が高い。
ⅲ）本稿には「うわさ」やそれに近い意味の日本語に翻訳できる複数の異なるフランス語が登場するため，原語をそのまま並記している。
ⅳ）膜鳴楽器（打楽器の一種）のひとつ。
ⅴ）CP（Cours Préparatoire）は，小学校第１学年に相当する。
ⅵ）'soi' というフランス語は，不特定のひとを指し「自分」を意味する。本章に登場する 'entre-soi' という概念は，自分自身と似ているもの，同質的なものとして，「他者」にたいする「仲間たち」をなす関係のことを示している。
ⅶ）一定の理由をもって学区外の公立学校を申請し，空席や応募人数やその理由に応じて，申請した学区外公立学校に就学できるシステム。
ⅷ）第６級は，中学校第１学年に，第５級は，中学校第２学年に相当する。

(小林　純子訳)

(本章は，Agnès Van Zanten (2009), "Le choix des autres. Jugements, stratégies et ségrégations scolaires", *Actes de la recherche en sciences sociales*, no. 180, pp. 25-34 の訳である。)

第6章

就学実践の社会空間的決定因
——パリの中学校に適用される統計的モデル化の試み——

ジャン=クリストフ・フランソワ
フランク・プポー

はじめに

　社会的不平等を空間上に位置づけるという問題は，学校隔離（ségrégation scolaire）というテーマに重要な調査の場を見出している。1950年代以来，アメリカにおける黒人生徒と白人生徒との隔離の制度化は，このテーマに関する一連の業績（Dennis Lord et Catau 1977; Rhein, Le Pape et Grosbras 1999）を出現させたが，フランスにおいて都市圏の就学に関連する不平等の問題（Henriot-van Zanten 1991）が提起されるには，1980年代を待たなければならなかった。このころから，教育社会学は特に学区校を避ける家族の戦略に注目するようになったのである（Léger et Tripier 1986; Ballion 1982, 1991; Broccolichi 1995; van Zanten 2001）。学校への流入出を管理するという国家的特殊性のために，アングロ・サクソン的問題のたて方をそのままフランスのケースに移し替えることはできなかった。というのも，［フランスでは］公立学校への生徒の登録は学区制度に依存している。それゆえ，フランスでの調査は，1980〜1990年代を通じて増加した，行政規則を回避する家族の戦略を対象としたものであった。これらの調査は，家族が自らのプロジェクトに最も適した学校を選択するためには，かなりの数のリソース（情報へのアクセス，移動の可能性など）の恩恵を受ける必要があることを明らかにしている（Broccolichi et van Zanten 1997）。このように，公立セクターへの就学の選択あるいは私立セクターへの就学の選択の形態について深く掘り下げるために，いくつかのモノグラフが遂

行されたのである（Barthon et Montfroy 2003; Oberti 2004; Poupeau 2004）。

　しかしながら，学校や住居に関する隔離メカニズムの記述は，いくつもの問題にぶつかっている。一方で，学区校を避ける実践の社会的要因に関する分析は，「中流諸階級」を，庶民的環境あるいは［外国人出身者が集中しているなど］民族性の際立った環境から「逃避する」ための消極的な動機によって駆り立てられうるものとして，どうしても非難してしまうことになる。他方で，中学校における民族的な隔離に関する最近の論文（Felouzis, Liot et Perroton 2005）を含め，これまでの研究は，「家族の選択」に焦点があてられていたが，局地的（locales）に学校が構成する「競合空間」によって課せられる制約があまり分析に加えられていない（Broccolichi et van Zanten 1997）。実際には，居住空間における学校の配分は偶然によるものではなく，人口の変化，地域の財政力，学校が設置された場所に固有の歴史に強く左右される[1]。

　本章は，「家族の選択」を，学校の局地的な供給構造の中に位置付けることを目的としている。こうした学校供給の影響を分析するため，経済学において考案された空間的競合モデルから着想を得て，序列化された空間を考慮に入れる（Scotchmer et Thisse 1993）。このようなアプローチをとることで，均質的な「学校市場」という見方と断絶して，局地的な学校供給が家族の就学需要の構造化にどのように寄与するか——つまり，生徒と学校との距離や，学校選択において無視できない役割を果たす，その距離を解消するためのリソース——を分析することができる。より正確には，本章は生徒を駆り立てる動機について速断するのではなく，生徒の社会的特性とそれに相応する学校供給とを取り入れて，いくつかの学区外就学の実践について検討することをねらいとする[2]。

　生徒がどの学区校を指定されているか，近隣の学校とのどのような競合空間にいるのか，その効果を分析することによって，カルト・スコレール[i]に定められる学区制度を尊重する，あるいは尊重しない可能性を推定することができる。したがって本章では，まず利用する統計的モデル化の理論的枠組みを明確にし，提起された問題の研究によく適合する特性をもった調査対象地域，すなわちパリの公立中学校について詳しく述べる。次に，就学実践（pratique de placement）の社会的決定因および学校的決定因について，またその実践が生徒の特性を，選択した学校の特性に適合させることにどう寄与するかについて

調査するために活用されるモデルを，段階ごとに詳しく説明する。

1．理論的仮説と調査対象地域の選定

学校間競争の高まりは，学区の中学校を避ける現象を社会的にも空間的にも拡散させた（Felouzis 2003; Maresca 2003; Gilotte et Girard 2005）。ここでは，相次ぐ教育システムの大衆化が国家免状の社会的価値に影響を与えたように，学区校回避の一般化は，学校における不平等の説明が，学校システムに対する家族の親密度の重要性の高まりを考慮しなければならないような文脈においては，就学の実践から得られる収益性[ii]に影響を与える可能性があるという仮説を立てる（Goux et Maurin 1995）。

このように，社会的地位が学歴の所有に最も左右される社会的カテゴリーに属する人々は，次第に競争が高まっている「地位の闘争」(lutte des places) に加わることや，もっとも高く評価される教育課程の外部にある，自らの経済的資源や文化的資源にかなったキャリアに学校関連の投資を転換することを強いられるのではないか（Bourdieu, Boltanski et Saint-Martin 1973; Ball 2003; Convert 2005）。こうした再階級化の理論は，最も恵まれた社会的カテゴリーの移動が，学業的困難によって動機づけられることはほとんどなく，小学校さらには保育学校から，ますます早期化する私立教育や学区校の回避に頼る「収益性のある」戦略の一環をなすものであるという事実を説明するであろう。最も裕福な人々にとっては，学校に関わる基準が居住地の選択に影響を与えうる。居住空間がますます隔離し，学校供給が不平等に分配されることで，家族の地理的な住まいのあり様の相違に関連した不平等が生まれている（François, Mathian, Ribardière et Saint-Julien 2002; Maurin 2005）。居住空間や学校空間は社会的に異なっているため，本来の意味での社会的不平等を倍加しうる空間的不平等をもたらすのである。それゆえ，就学実践を研究するためには，空間的な位置取りという変数を介入させることが不可欠であるように思われる。というのも，生徒がどこで生活しているかは，学校への物理的なアクセスのみならず，情報へのアクセスにも影響を与え，それにともなって学校システムとの社会的距離を倍加するからである。

フランスで学区制度を観察するには，中学校のレベルが適している。なぜなら，選択科目は提供されているものの，高等学校においてみられるような教育課程の多様性がまだない中学校は，今や一定年齢層全員の就学を受け入れているからである。さらに，家族にとって中学校は就学期間の中で非常に重要な時期であるとみなされており，中学校の生徒は，その学校経歴（trajectoires scolaires）が分化していくのに充分な年齢に達している。事実，学区からの流出と，私立学校への流入が特に多く，学校空間における生徒の移動が主要なピークを示すのが，まさしくこの時期なのである。このような理由から，特に第6級へ入学する生徒について調査することを選択した。ただし，イル・ド・フランスにおいて5分の1の生徒，パリにおいて3分の1の生徒を受け入れる私立セクターに関する分析は，利用できる元データが十分にないという問題にぶつかった。ただ，モデル化に私立学校の生徒を入れていたら，社会的カテゴリーと同様に欠かすことのできない，いくつかの変数の利用を断念せざるを得なかっただろう。だからといって，私立セクターの重要性をおろそかにしたわけではなく，それは後験的にいくつかの結果の解釈を補完することに貢献するだろう。

　第6級への入学に際しての就学実践の社会空間的決定因の分析は，パリの都市圏のケースの中に，特殊な，しかし重要な事例を見出している。中学校レベルで，パリは学校空間のいちじるしい二極分化を呈しており，特に恵まれた社会職業的カテゴリーに属する人々が非常に多く集中している（全国レベルでは第6級の生徒の家族の16％が特に恵まれた家族だが，パリでは32％に相当する）(Gilotte et Girard 2005)。また，学校の設置というのは都市の歴史によって異なるが，パリでは公立学校，私立学校ともにその密度が高い[4]（Rhein, Le Pape et Grosbras 1999; Oberti 2004, 2005）。この供給の多様性は，型にはまらない特殊な学校の市内への局在をもたらし，公共交通機関による学校へのアクセスの良さを保障してもいる。学校供給は，さらに拡大しており，大規模な専門化，したがって差異化が容易に問題となりうる。最後に，パリの事例は，都市圏で推進されている学校における［生徒の学業的，社会的，民族的］混成政策の観点からみても適当であるということがわかる。

2．就学実践の社会空間的モデル化

　就学実践は，学校空間と居住空間との間にずれをもたらしているが，このことは，公立学校への就学人口と居住人口との間にみられる隔たりによってはかり知ることができる。パリ市内の学校空間の社会的分断状況に学区校回避が与える影響について論じたいくつかの研究は，就学戦略が社会的出自によって異なることを明らかにしている（François et Poupeau 2005b）。この差異は，学校供給の多様性の大きさ，恵まれた社会的カテゴリーの比重の高さ，北東部に今日みられる庶民層が中間層にとってかわられる動き（embourgeoisement）（Préteceille 2003）が際立っているとはいえ，昔からはっきりと社会的に区分されているブルジョワ西部と庶民的北東部，これらに特徴づけられるパリという空間の学校構造に当然のことながら組み込まれている。学区校を避ける実践は，かつては比較的安定していた。たとえば，第6級への入学にあたって例外措置[iii]を申請する傾向は，2001年の16％に対して，1992年は15％であった（Gilotte et Girard 2005）。しかしながら，「厳密な」学区制度政策が，1980年代の終わりに導入された学区制度の弾力化政策にとってかわったため，申請の充足度は，この期間にいちじるしく減少している。学区制度に対する例外措置の充足度は，全ての社会的カテゴリーを含めて2001年に49％になるが，申請が承認される頻度は，申請者の社会的カテゴリーから相対的に独立しているように思われる。そうはいっても，学区校を避ける傾向が異なる社会的カテゴリー間ではまちまちであることから，とりわけ事前に社会的選別が行われており，最も恵まれたカテゴリーの人々がいっそう学区校を避けるなど，学区校を避ける割合は，社会的カテゴリーの序列と密接に結びついている（François 2002）。

　それゆえ，学区校の回避は，庶民的な地区から逃避する中間階層以上に，より良い就学のあり様を探し求める上流カテゴリーの人々の問題であるといえよう。しかし学区校以外の公立学校に就学しようとする傾向が生徒の社会的帰属に結びついているにもかかわらず，例外措置の分布図はパリの学校空間における社会的不平等の分布図と一致しない。パリの中西部がつくる魅力的な拠点には，例外措置による多数の流入が集中するだけでなく，同時に私立セクターへ

の流出が顕著であるような学校がある。こうした「連鎖する」動きは，これらの地区のいくつかの家族が，例外措置を通じてあまり恵まれていない地区の生徒が到来することによってもたらされる「社会混成」（かなり限定されたものである）を拒否していることを示している。こうした局地的な乱れ以上に，学区校の回避は，実在する二極化を強化する効果，換言するならば，恵まれたパリと恵まれないパリとの間の断絶を強化する効果をもたらしているのである (François, 2002)。

　学区校を避ける行為の単純な記述を乗り越えるため，ここでは，生徒の学校間の移動，より一般的には，競合する学校の中での就学実践の論理を説明しうるさまざまな変数の相対的重要性を明確にする一つのモデル化を提示する。等方的な空間で合理的計算に動かされる取り替えの利く行為者を結集する「学校市場」の観念的モデルは，情報への不平等なアクセスや，（移動の時間や費用に応じて）異なる物理的なアクセスの良さによって特徴づけられる就学実践の形成には適さないし，学校行政事務に対する生徒の「自己呈示」(présentation de soi) の様態を説明することはできない。本章では，全ての変数を加えることはできないため，モデルの構築から結果の解釈に至るまで，学校空間や居住空間の序列化された特性をできる限り考慮するよう試みた。提示される全てのモデルにおいて，就学実践に関する親の個人的選択は，社会的帰属，就学年齢，学区内にある学校，周辺の公立学校といった様々な変数と結びついている。

　個人が学区校に就学する可能性に与える学校の社会空間的背景の影響について考察するためには，生徒の社会的特性が学校への帰属や学校が位置する競合空間と，どの程度相互に作用するかを検討することが重要である。近隣の区域にまで広げる前に，まずは生徒の住んでいる区域の学区を考慮する[6]。この種のアプローチを実行するために，いくつかの統計的手法が駆使される。ある生徒が学区の中学校を回避できる［可能性の］大きさを見積もるには，あらゆるレベルのモデルが，個人に関わる変数と，序列化している状況の効果の分析とを組み合わせる方法に適合するように見えるかもしれない。ところが，（クラス，学校，大学区のような）「詰め込まれた」背景を扱っておらず，空間を分割しない近隣状況しか扱わないような，ここで想定されているケースでは，これらのモデルは，解釈に重大な難しさを残している。就学実践の論理を理解するため，

本章は行政による学区割りを考慮せずに，生徒のじかの環境のなかで提供されている機会に重きを置いたためである。その結果，学校空間は，ここでは整数として数えられるようなゾーンに分割されてはいないが，それは，各学校のじかの環境は，近隣の学校のじかの環境を部分的に包含しうるからである。この［生徒が学区校を回避する］可能性を明らかにするため，本章はクラスタリングとロジスティックモデルの連関を選択した。そうすることで，各段階において，観察される背景を特徴づける様々なカテゴリーデータ（定性変数）の間で起こる相互作用の情報を，非常に正確に得ることができる。つまり，ここでは以下のように考える。

―個人レベル：生徒はその特性（国籍，学業水準，両親の社会経済的位置）によって記述される。

―背景レベル1：生徒に割り当てられた学区校。その学校は，学校に登録された生徒の凝集された特性によって記述される。このレベルは，学校と関連する学区として地図学的に表現される。

―背景レベル2：学区校のゾーンに隣接する学区の学校に関連する近隣状況。この近隣状況は，それを構成する学校とそこに通う生徒によって特徴づけられる。

このような社会的次元と空間的次元を組み入れたアプローチは，異なる空間レベルで，特定の社会的属性をもった個人同士の潜在的な相互作用を考慮することができるため，「多変量」と言えるかもしれない。同じ変数を全てのレベルで保つことで，当該空間レベルが就学実践の説明に与える影響を測定することを狙いとしている。ただし，それぞれのレベルで有意のものが，同じ変数や同じ変数間の関係であるとは限らない。もし，より広範な空間レベル（すなわち，より広範な近隣状況）を組み入れたモデルが，それ以前のものより優れた説明能力を有するのであれば，本章には，検討する社会現象において個人の空間的な位置づけが固有の役割を果たしていると結論づける根拠があるといえよう。

3．方法論的手段とデータの構築

3.1. 調査した母集団

　調査した母集団は，2002年9月にパリ市内の公立中学校の第6級に入学した全ての生徒である（n=15,000）。生徒たちは，学区内に居住している場合もあれば，そうでない場合もある。ここで利用される網羅的データは，パリ大学区本部の統計局のデータである。ただし，その年の夏の間に，ある学区から別の学区に引っ越した生徒，および両親の出身社会的カテゴリーが不明である生徒については，この分析から除外している。また同様に，パリの私立学校の出身者[7]，郊外の学校（公立あるいは私立）の出身者である生徒も除外している[8]。なぜなら，これらの生徒は第6級入学時に，他の生徒とは同列に扱うことのできない課程を体験してきているからである。ここで問題となっている集団全体とはきわめて異なる社会的属性をもつこれら2つの集団は，そのためだけの変数の導入の妥当性を証明するかもしれないが，人数がきわめて少ないため，クロス集計の信頼性を危ういものにしてしまうかもしれないのである。

3.2. 被説明変数

　被説明変数は，カルト・スコレールによって割り当てられた学区への生徒の就学である。それぞれの生徒は，2つの可能性しか有していない。自分の居住する学区に対応する学校に登録するか，別の学校に登録するかのどちらかである。調査した母集団全体の中で，割り当てられた自分の学区を尊重した生徒の割合は約67%である。学区校を回避した生徒の割合である33%という数値に驚くかもしれない。実際には，ジロットとジラール（Gilotte et Girard 2005）によって実施された研究では，これよりはるかに低い数値が挙げられており，約8～10%である。この隔たりは，両著者が承認された例外措置（10%）という一部にのみ，すなわち「厳密に学校教育に関連した動機によって正当化されない」部分にだけ回避という用語を当てていることに起因する。本章で提示されるモデルは，オフィシャルな学区校の回避のみに限定されない就学実践のあり様を，より広範囲に認めることのうえに成り立っている。つまり，行使した手

段が合法的であれ非合法的であれ，自分が登録されている学校のある学区外に住所が存在する生徒は全て学区校を回避したとみなされる[9]。

3.3. 生徒を記述する説明変数

　ここで取り上げる個人に関わる変数は，社会的出自（基準となる成人の社会職業的カテゴリーによって判定する），第6級入学時の実際の年齢と平均年齢（11歳）との間に生じうる差，表明された国籍（EU諸国の国籍保持者／それ以外の外国人）である。学業成績や学校での態度に関する男女差も組み入れたほうが適切であったかもしれない。しかし，統計的頑健性から，社会空間的要因の相対的重要性を中心とする主要な問題から少しそれてしまう性別の変数は考慮しないこととした。利用できる集団の個体数を考慮すると，調査する母集団を男女という別集団に再分割することから生じる有意性の代償は深刻なものであり，［男女に分けていたら］このモデル化が目的として優先している他の変数の放棄を余儀なくさせたであろう。

　－社会的出自［PCS］の変数は，5つのカテゴリーデータ（定性変数）に分けられる（付属資料の表A）。文化的要因と経済的要因の効果を考慮するため，国民教育省でよく用いられる分類法の4つのカテゴリーデータよりも細かくなるように，ただし充分な統計的頑健性を維持できるようカテゴリーデータの数は制限しつつ，社会的出自に関連したカテゴリーをグループ化した。この分類では，経済的資源と文化的資源（所有する学歴，学校制度の機能にどの程度精通しているかの度合いなど）に応じて，個々人を区別している。このように，公的セクターで給与生活を営むことが，文化的資源の相対的優位の指標に相当するのに対し，商業セクターで給与生活を営むことは，経済的資源の相対的優位の指標に相当すると考える。経済的観点からも文化的観点からも，もっとも恵まれているか，もっとも恵まれていない個人は，それぞれ「知識ブルジョワジー」（公務員管理職，中・高等教育教員およびそれに類する職業，情報・芸術・興行に関する職業，元管理職の退職者）と「庶民諸階級」に分けられる。後者は，労働者（熟練か非熟練），一度も働いたことのない失業者，元労働者／元従業員の退職者を含む。これらの両極の間に，さらに異なる3つのタイプの区分がある。一方では，経済的にも文化的にもあまり恵まれない2つのタイプがある。私的

セクターへの所属によって学校制度に関する十分な知識から遠のく傾向にある人々（「商業セクター中流諸階級」，たとえば，小売商人，職人，商業中間職，技術者，現場監督，職工長，商店や企業の従業員）と，公的セクターへの所属によって経済的な資源よりも学校的資源が優位に立っていると考えられる人々（「公的セクター中流諸階級」，たとえば，小学校教員，保健関係中間職，公務職員，対個人直接的世話業務従事者，警察官，軍人，聖職者）である。他方では，文化的によりも経済的に恵まれているが，だからといって文化的資源の所有も無視できないカテゴリーとして，「経済ブルジョワジー」，たとえば，自由業，企業管理職，企業主，エンジニアがあり，学校制度との関係は必然的に，彼らの大学での教育課程に影響される（ただし，「知識ブルジョワジー」に比べると，それはさほど決定的なものではない）。

　-就学年齢という変数［ÂGE］は，「通常より早い」，「通常通り」，「通常より遅い」という3つのカテゴリーデータに分けられる（付属資料の表B）。この変数は，生徒の生まれた年と理論上の第6級時年齢（11歳）に応じて決まる。就学年齢は，学業上の成功を示すのに十分な唯一の指標ではないとしても，就学実践の研究の範囲においては適切である。一方で，就学が「通常より早い」生徒には，就学を成功させる機会，特により優秀な学校へ進学する機会があったと推測することができる。他方で就学年齢は，生徒の学校生活に対する家族の特別な教育投資を示していると考えることもできる[iv]。

　-国籍という変数［NAT］は，生徒の登録書類において家族が表明した国籍に基づいて，「EU諸国国籍保持者」と「EU諸国国籍非保持者」という2つのカテゴリーデータとする。非ヨーロッパ出身の生徒たちは，明確な教育的アスピレーションを発達させていても，他の生徒に比べると学校制度のメカニズムに関する知識にはあまり精通していないと考えられる（Barthon 1998; Brinbaum et Kieffer 2005）。「民族的（ethnique）」アプローチ（Felouzis 2003; van Zanten 2006）は，それを表明する書式の情報の内容と，より詳細な分類による個体数の貧弱さが原因で，このモデル化においては深刻な困難にぶつかってしまった。

3.4. 生徒の学区校を記述する説明変数

　第6級に登録する際の生徒の行動は，学区校の社会的属性に影響される。つまり，家族は学校の属性が生徒にふさわしいと判断するとき，学区制度［に基づいて学区校に子どもを通わせること］を尊重する傾向にあると考えることができる。それゆえ，分析は回避による移動が行われた後観察可能な中学校の属性に向けられる。家族による学校の属性の理解が不完全で，社会的に異なっているとしても，この社会的属性は，そこから家族が形成する一部幻想的な表象と関連しているという仮説は，「学校に関する選択」の社会学的研究によって確証されている。[10]

　一パリの公立中学校の106の学区域は，それぞれ固有の環境を有している。しかし少数の想定されるケースに限定する場合にしか統計学的に有効にならないため，モデル化アプローチでは，これら全ての微妙な差異を考慮に入れることは不可能である。全ての分類学に本質的に付随する情報の欠損を最小にするために，階層的クラスター分析を用いて，学校の分類を行った。具体的には，生徒集団の特性に起因する学校間の差異の3分の2は，4つのカテゴリーに還元される。こうして，学校供給の密度が高いパリを背景に，極めて選抜的な学校の存在を考慮に入れることができ，「中位の学校」と「恵まれない学校」とは別に，「エリート校」と「恵まれた学校」の2タイプの学校を識別することができる。この学校分類によって，パリの空間に，明確に区分される就学区域が立ちあらわれた（付属資料の地図Ⅰ，表C，D，E）。南西部および中央部のブルジョワ的パリと北東部の庶民的パリの対置という居住空間で観察されるあの社会的二極分化が，学校レベルでも，見られるのである（François et Poupeau 2005b）。一部で異なるタイプの学校の混合が認められるが（17区，14区と15区，12区と13区），学校空間はカルチエ・ラタン［5区，6区］を中心とする主軸の周囲で，社会的にも空間的にも序列化していることが分かる。学校空間としてのブルジョワのパリの中心にあるこの中核部に続き，パリ西部の最も恵まれた学区（8区，16区，17区）では，同様に名高いが，それ以上にパリ市外（主にオ・ド・セーヌ県）から生徒を採用している学校が占める。

　一これら異なるタイプの学校間での生徒の移動は比較的多いが，部分的には互いに補い合っており，流入と流出の差し引き後の増減はかなり控え目なもの

になっている。4つの学校カテゴリーの社会的な序列が原因で，1375名の生徒が上位タイプの学区に移動しているが，これは第6級に入学する生徒の10%，学区校を回避した生徒の32%に相当する。こちらは検討した年度（1999-2000）についてはあまり予期されていない数字であったが，850名の生徒が学区校にとどまらず，あまり恵まれない学区へと移動しており，これは第6級に入学する生徒の6%，学区校を回避した生徒の20%を占めている。そのうえ，学区校を回避した2名に1名の生徒が回避した学校と同じようなタイプの学校に就学している。その結果，異なるタイプの学校間における人口動態のバランスが，完全に乱れるようなものではない。パリ市内では，「恵まれない学校」からの生徒の大流出が，もっとも人気のある中学校に流入するとは考えられないのである。全体として，「エリート校」には，回避による生徒定員の増加がみられるが（+16%）「恵まれた学校」については，生徒数の増加はごくわずかにすぎない（+2%）。逆に，「中位の学校」と「恵まれない学校」の生徒定員は減少している（それぞれ-7%，-5%）。ここで，流動に対称性がないことに注目する必要がある。つまり，「エリート校」においては，相対的な定員の増加が全体的にもっとも大きいが，「恵まれない学校」は「中位の学校」に比べると，生徒の流出の影響をあまり受けていないのである。したがって，学校空間の「恵まれない」部分に所属する学校の生徒たちは，学区制度を遵守せずに出て行くということがなかなかできないものと考えられる。

－表Dと表Eは，パリの学校間にみられる現実の社会的二極分化を明らかにしたものである。ブルジョワ層は，もっとも恵まれた2つの学校カテゴリーに集中しており，生徒の60〜70%に達する。また，庶民諸階級出身の生徒の半数は，「恵まれない学校」に就学している。しかしパリは，「学校のアパルトヘイト状態」（apartheid scolaire）にはない。というのも，「恵まれない学校」においても社会的カテゴリーの多様性がある程度認められるからである。結局，居住空間で観察されることに応じて，社会混成の理想的な状況からもっとも遠いのは，「エリート校」である。

3.5. 近隣の学校空間を記述する説明変数

隣接する中学校の学区によって形成される近隣状況にまで背景を広げること

によって，学校供給の競合空間を考慮に入れることができる。各生徒の学区校だけを対象とした研究は，現状から「逃避」したいという欲求，あるいは実際の就学の場に対する相対的な（不）満足と関連して起こりうる「消極的」移動を暗黙のうちに優先してきた。逆に，周辺にある中学校との競合関係を組み入れれば，より威信の高く，より評価の高い，計画された学校生活により適した学校供給の魅力に関連した，より「積極的な」動機から遠ざかることはない。第6級では，学校までの距離が依然として非常に重要な役割を果たしているため，生徒が住居と中学校との間で長距離移動を強いられることはないという事実を考慮して，ここでは検討する学校の学区域と直接隣接した学校の競合空間を組み込む[11]。

改めて，パリ市内にある106の学校について階層的クラスター分析を行ってみると，各学校はもはや固有の属性にではなく，その学校の学区域に隣接する学区域の学校の属性によって特徴づけられる[12]。そこで情報の重要な部分を保ちつつ（イナーシャの80％），学校の近隣状況に関する4大タイプが得られた。そのうちのひとつだけが他のすべてと極めて異なっている。すなわち，大半が「恵まれない学校」で，「恵まれた学校」が特に稀であるような近隣状況のことである。その対極に，「エリート校」が非常に多いという特徴をもつ非常に際立ったもうひとつの近隣状況がある。残りの2タイプの近隣状況は，あまり顕著ではないが，共通する特徴として「恵まれない学校」が少ない。一方は「恵まれた学校」が多く，もう一方は「中位の学校」が多い（付属資料の地図IIを参照のこと）。

これらのタイプの近隣状況を空間上に表示することにより，公立中学校の近隣状況の空間的な自己相関とともに，パリの学校空間の大きな社会的区分を切り直す。事実，近隣状況レベルでのパリの学校空間の社会的区分は，一様に恵まれた近隣状況（「エリート校」や「恵まれた学校」）にある中心部と西部の「上流地区」と，恵まれない近隣状況（主として「恵まれない学校」，一部は「中位の学校」）でもっぱら構成される庶民的な北東部とのコントラストの周囲に広がっている。後者，すなわち庶民的空間は，プラス・ド・クリシー[v]からポルト・ド・ヴァンセンヌ[vi]に下る，「恵まれた学校」が大部分を占め，「中位の学校」や「恵まれない学校」が少ない，「恵まれた」近隣状況の「帯」によっ

てパリの他の空間から分離されている。最後に，12区，13区，14区，15区の大部分を包含する首都南部の地域は，「中位の」空間と見なすことができる。近隣状況が，主に同じタイプの［中位の］学校で構成されている。ただし，この全体図には2つの例外がある。1つは13区の学校，もう1つは14区の学校であり，それぞれ「恵まれた」近隣状況と「恵まれない」近隣状況に囲まれている。こうした学校の近隣状況の構造化は，異なる近隣状況間での生徒の社会職業的カテゴリーの分布の中にも見出せる（付属資料の表FとG）。「非常に恵まれた」近隣状況へのもっとも「恵まれた」生徒の集中が起きているが，「恵まれない」近隣状況に「恵まれない」カテゴリーの人々が集中する度合いはもっと高いことが分かる。つまり，学校の近隣空間においては，社会的な二極化は，社会秩序の下部にいっそう強く存在しているのである。

4．学校の近隣状況の競合空間

　本章で提示される空間的類型と対数線形モデルを組み合わせた多変量的アプローチのプロセスは，学区校に就学する可能性に関して，異なる変数の影響を分析する3つのレベルを，順次組み入れるものである（付属資料の表IとJ）[13]。第1レベルにおいては，ロジットモデル1が生徒の特性（就学年齢，出身国籍，社会的出自）のみに応じて，学区制度に従う個人的可能性を説明することを狙いとする。第2レベルにおいては，ロジットモデル2がロジットモデル1で考慮された説明変数に，生徒の社会的，学校的属性に応じて区別される学校タイプ（「恵まれた／中位の／恵まれない／エリートの」）を付け加える。さいごに，ロジットモデル3は学区校の近隣状況も考慮に入れて考察を広げる。各分析段階において，（変数間の相互作用なしに）相当する単純モデルを試した後，（考えられる相互作用をすべて伴う）飽和モデルを試し，最終的に10％水準で有意でない変数あるいは相互作用を除去した。各段階においてモデルに加えられる説明変数は，新たに導入される変数がその一部を担うかもしれない先行する変数の説明能力を問題にする。このように，各生徒の社会的特性の説明能力は，学区校のタイプ，次いでその学校が組み込まれている競合空間を規定する学校の近隣状況を考慮に入れることによって再び機能する。起こりうる多様な状況にお

いて個人を駆り立てる動機（肯定的な，および/かつ消極的な）についても，個人の選択の合理性についても速断することなく，単に個人の属性と考慮される背景の特性との相互作用を観察しているだけなので，行動モデルの観点からは，このアプローチには大変に脆弱な前提がある。つまり，本章ではいくつかの個人的特性や背景の効果に応じて，特定の就学を実践する可能性を明らかにするだけである。したがって，まずはそれぞれのモデルの主要な結果を記述することから始め，のちにそこから社会学的解釈の材料を抽出していくこととする。

4.1. 個人的特性と学区校（ロジットモデル１および２）

　第１レベル（ロジット１）では，社会的カテゴリーへの帰属が，予想していたよりも学区校への就学の可能性に影響を与えないことが分かる。「知識ブルジョワジー」出身の生徒にのみ，その社会的出自が理由で学区制度に従う可能性が有意に減少するのが見られる。逆に就学年齢に関しては，教育社会学においてすでによく知られている結果がはっきりと示された（Barthon et Oberti 2000）。すなわち，「通常より遅い」生徒は，カルト・スコレールによって指定された学校にとどまる可能性を上昇させるが，「通常より早い」場合（また数値は劣るが「通常通り」の場合）は，その可能性を減少させる。さらに，EU諸国以外の外国人生徒は，他の生徒に比べて有意に学区外に就学する傾向にある。さいごに，就学年齢変数と社会的カテゴリー変数間の相互作用は，いくつかの予想外の結果を示している。すなわち，相互作用は「庶民階級」の生徒にとってのみ有意である。庶民階級の生徒については，学区制度に従う可能性は，就学年齢が「通常より早い」ときに上昇し，「通常より遅い」ときに減少しており，生徒全体において観察された傾向とは逆行している。全体的に，この第１モデルの説明能力はかなり脆弱であるが（説明された－２対数尤度比の17.8%），背景の影響を組み込むことで，改善を期待することができるかもしれない。

　第２レベル（ロジット２）では，「庶民階級」出身の生徒は，学区校にとどまる可能性が高いのに対し，「知識ブルジョワジー」への所属は学区に従う可能性を常に減少させるが，そのことは「経済ブルジョワジー」においても同じであるという，注目に値する効果をみた３つのカテゴリーデータをもつ社会的カテゴリーの優位性が高いことが示される一方，学区への帰属を組み入れること

によって，就学年齢と国籍に関しても同じような効果が見られた。しかしとりわけ学区のタイプは，個人的特性に優る役割を果たしている。予想していた通り，「恵まれた」タイプの学区，さらに「エリート」タイプの学区は，学区校に留まる可能性をいちじるしく上昇させている。逆に「中位の」あるいは「恵まれない」タイプの学区は，この可能性を大幅に減少させている。これらの結果は，「庶民的な学校から逃避」したいという欲求に結びつく「消極的」回避からきているように見えるが，変数間の相互作用の検証はこの解釈に含みをもたせている。

　実際，一般的に学区への帰属は，就学年齢や国籍とは有意な相互作用がないが，逆に生徒の社会的出自とは相互作用がある。「恵まれない学校」の学区域にいることは，その学区に留まる可能性を減少させるが，その方法は生徒の社会的カテゴリーに応じて異なっている。一方で，より多くの経済的，文化的リソースをもっていると考えられる「経済ブルジョワジー」および「知識ブルジョワジー」のカテゴリーに属する生徒に関しては，この効果は増幅される。他方で，公私両セクターの「中流諸階級」出身の生徒に関しては，この効果は弱く，「庶民諸階級」出身の生徒に関してはさらに数値が低い。逆に，「エリートの学校」の学区域にいることは，すでにそうした学区に居住しており，かつ他のカテゴリーの生徒（そもそも彼らはそういう学区にアクセスしない）に比べてそこにとどまる傾向のある「知識および経済ブルジョワジー」出身の生徒が，学区制度に従う可能性を増加させるということに特徴がある。

　さいごに，これら両極（「エリート」と「恵まれない」）の間に位置づけられる学校の学区域への帰属と生徒の社会的属性との相互作用は，就学実践に有意ではあるが異なった影響を与えている。「恵まれた学校」の学区は，もっぱら「恵まれないカテゴリー」出身の生徒に関してのみ学区にとどまる可能性を減少させている。「中位の学校」の学区は，「公的セクターの中流諸階級」出身者が学区に従う確率を増加させるが，「経済ブルジョワジー」に関してはこれを減少させる。このように，学校のある学区を組み込んだ記述は，学区が学区制度に従う可能性に顕著な影響を与える（説明された－2対数尤度比の29.9%）ということだけでなく，さらにそれらが生徒の社会的カテゴリーと相互に作用するということを明らかにした。そのうえ，学区という指標をモデルに導入する

ことによって，社会的出自の本来の機能が強化されている。したがって，このモデル化の段階では，デュリュ＝ベラとマンガ（Duru-Bellat M. et Mingat A. 1988）の表現を援用するならば，社会的カテゴリー間の「差異を作り出す」のは，学校に関連した背景なのである。

4.2. 近隣状況の影響（ロジットモデル3）

　本章で提示されるアプローチの最終段階は，学校の近隣状況を組み入れることにあり（ロジット3），その仮説は次のようなものである。学区への帰属のみならず，周囲にある中学校によって形成される近隣状況をも考慮に入れることによって，中学校間の競合空間を組み入れることができる。そうすることで，もっとも恵まれていないとみなされる学校からの逃避のみならず，より評価の高い，あるいは生徒の将来的な就学予測により適した局地的な学校供給との比較から生じる肯定的な動機に関連した行動をも分析することが可能となる。近隣状況を組み入れることで，まずはより大きな予測能力がこのモデルにもたらされた（説明された－2対数尤度比の49.8％）。近隣状況の組み入れは，新たな相互作用を明らかにし，説明変数のヒエラルキーを覆しているため，紛れもない質の向上を意味している。実際，この第3レベルにおいて様々な変数，有意な変数間の相互作用を体系的に分析することで，就学実践の決定因に関する研究を洗練したものにすることができる。

　何よりもまず，近隣状況はそれ自体で重要な機能を果たすことがわかる。たとえば，唯一「非常に恵まれた」近隣状況のみが，学区内の公立中学校にとどまる可能性を増加させる。この結果は，学校に違いがあっても，このタイプの近隣状況に属する学校は，カルチエ・ラタンの事例が明らかにするように，社会的にも学業的にも比較的均質であるという事実と関係がある。逆に，「恵まれた」近隣状況および「恵まれない」近隣状況は，学区校にとどまる可能性を減少させる。「恵まれた」近隣状況は「非常に恵まれた」近隣状況よりもずっと不均質で対照的である。というのも，評判の高くない学校を含んでおり，近隣の中学校との競争を被っているからである。その反面，「恵まれない」近隣状況は，それ自体が生徒の学校移動に対する抑制となると考えてしまいそうだが，一定の多様性があるということが本章で見てとれた。実際には，パリ市内

の学校供給の構造は，たとえばセーヌ・サン・ドゥニ西部[vii]の場合のように，一様に恵まれない学校だけの，社会的にみて均質な大ゾーンはない。「中位の」近隣状況に関しては，それ自体でなんら大きな意味をもっているということはないように思われるが，それはおそらく，その近隣状況が社会空間的視点からみて不均質であり，一般的な傾向が生じていないからであろう。この場合には，重要なのは他の変数との相互作用であるということが明らかになる。

　結局，パリの学校空間における最も重大な亀裂は，「恵まれた」近隣状況と「恵まれない」近隣状況の間にあるのではなく，むしろ「最も恵まれた」近隣状況とその他全ての近隣状況の間にある。すなわち，「上流地区」にある学校空間は相対的に区別される下位システムを形成しているのである。これは，モラン（Maurin E.）が示したいくつかの結論と一致する。彼は最も恵まれた地区における住居空間や学校での「仲間うち」（entre soi）の関係性を分析し，さらに「住居や学校に関する移動が行われるごとに，現実化の想定されるレベルで自分のすぐ下に位置づけられる人々を避け，自分のすぐ上にいる人々との安心できる近さを求める不可避的傾向」を分析している（Maurin 2005：25）。しかし，ここでは「心理学的」前提を根拠にするよりも，ここで問題となっている異なる社会的カテゴリーの就学実践が，それぞれのもつリソースを用いてアクセスしている序列化された競合空間に，どのように順応しているかを探究することが重要であろう。

　モデルに近隣状況を導入することによって，学区校の役割が消滅するわけではないが，その役割はロジットモデル2に比べると弱くなっている。たとえば，「恵まれない学校」の学区に帰属することは，学区制度に従う可能性を常に減少させているが，ここ［モデル3］では，学区にとどまる可能性を顕著に上げているのは，「恵まれた学校」の学区への帰属であって「エリート校」の学区への帰属ではない。この微妙な差異は，学校間の競合空間を考慮に入れることによって説明がつく。同じような学区のタイプ，たとえば，オデオン（6区）界隈とサン・ジェルベ（4区）界隈を検討しても，前者の「非常に恵まれた」近隣状況と，後者の単に「恵まれた」近隣状況は，周囲の環境としては大きく異なっており，したがって異なる就学実践を生み出す可能性がある。そのため，「非常に恵まれた」近隣状況に学校が組み込まれていることは（それはほとんど

の場合「エリート校」である），学区制度に従う可能性を増加させる。このようなケースでは，生徒とその家族は就学実践によりいっそう満足していると考えられる。

　個人にかかわる変数の単純な影響に関しては，社会的出自と就学年齢が常に先述の2つのモデルと同じように作用しており，なおかつ［このモデルでは］もっと顕著に作用することが確認されている。就学が「通常より早い」という事実と全く同様に，「知識ブルジョワジー」への帰属は，学区や近隣状況と無関係に学区制度に従う可能性を常に減少させる。その他の社会的カテゴリーに関しては，学区のタイプや対応する競合空間に関連する相違が生じている。ロジットモデル2で指摘された「経済ブルジョワジー」への帰属，「庶民諸階級」への帰属の影響は消滅している。その反面，一般的にロジットモデル3では，社会的帰属の優位性がより明確に現われている。実際，近隣状況を考慮に入れたとき，国籍という変数は社会的カテゴリーとの相互作用を介することでしか意味をもたない。

4.3．変数間の相互作用（モデル3，続き）

　近隣状況を考慮に入れることで，2つのタイプの関係が明らかになった。一方は，個人に関する変数間の関係，他方は，近隣状況と学区と個人に関する変数との間の関係である（付属資料の表Hは，有意な相互作用をまとめたものである）。前者の場合，「EU諸国外の外国人」として分類される生徒は社会的帰属に応じて異なり，この観点からみると，国籍という変数は，最も恵まれた社会的カテゴリーに対してのみ就学実践を変化させる。「知識ブルジョワジー」に帰属するという事実は，自らの学区にとどまる可能性を減少させるが，逆に「経済ブルジョワジー」に帰属するという事実は，この可能性を増加させる。ここに，モデルの限界を見いだせる。というのも，はじめから私立学校に登録する恵まれた人々に関する移動がいちじるしく過小評価されているからである（Wagner 1998）。さいごに，就学年齢と社会的カテゴリーとの相互作用は，「庶民諸階級」出身の生徒にとってのみ有意であり，それは第1モデルと同じように作用している。すなわち，就学が「通常より早い」[14]庶民層出身の生徒は，自分の学区に留まる可能性が他のどの生徒よりも高く，その一方で就学が「通常

より遅い」場合，学区制度に従う可能性は，他の社会的カテゴリーに属する「通常より遅い」生徒に比べてあまり上昇していないことがうかがえる。

　しかしながら，最も重要なのは，近隣状況と学区と個人の特性との関係である。この関係こそが，異なる生徒の社会的カテゴリーが見出される状況のタイプに応じて，すなわちアクセス可能な学校供給の範囲と種類，および学校間の競合空間に応じて，就学実践を異なるものにしている。[15]　それゆえ，それぞれの社会的カテゴリーが，学区への所属と，就学実践の可能性に影響を与えると思われる競合空間を形成する近隣状況のタイプとの交わりから生じる局地的な条件に，どのようにして自らを適合させているかを考察することが重要である。しかし，学区校から離れた生徒がより恵まれた学校に進学しているのかどうかを明らかにするためには，分析を補うのに，就学実践の結果について検討しなければならない。というのも，移動は学校間の序列のなかで上昇するということになりそうだが，いつもそうとは限らないということがわかったからである。

　「知識ブルジョワジー」出身の生徒については，予想通り，「非常に恵まれた」近隣状況の中にある「エリート校」の学区に居住しているとき，学区制度に従う可能性が上昇する。ここでは，社会空間的に好条件のポジションの累積によって付与される優位性の累積効果をみてとることができる。こうした近隣状況と移動との関係性は，学校までの距離だけを考慮するよりもずっと有力である。なぜなら，物理的な近さのみならず，同じ世界への帰属——この場合は「上流地区」という世界への帰属——をも問題にしているからである（Pinçon et Pinçon-Charlot 1989）。また，「知識ブルジョワジー」の生徒は，学校の相対的な状況が最良のとき（「エリート」の学区），あるいは近隣の状況（「中位の」学区／「恵まれない」近隣状況）よりも良いとき，自分の学区に就学する可能性が上昇する。結局のところ，この社会的カテゴリーの移動は，他のカテゴリーよりも頻繁に（かつより遠くに）逃げるためのリソースをもっているため，学校空間におけるより良いポジションへと向かって行くように思われる。当該の生徒全員を検証してみると，「エリートの学区」に居住する生徒のほぼ全員（86％）がそこにとどまっている。逆に，「恵まれない」タイプの学区に居住する生徒は，近隣状況がより良ければそれだけ多く，そこから立ち去っている（「恵まれない」近隣状況にある者の40％，「恵まれた」近隣状況にある者の48％）。

近隣状況と学区の組み合わせが，「経済ブルジョワジー」出身の生徒の学区校回避の可能性に与える影響は，空間的にも学校的にも条件が最良でない場合は，「知識ブルジョワジー」出身の生徒と比較的類似している。これらの生徒は，「中位の」タイプか「恵まれた」タイプの学区にあるいくつかの学校と，「恵まれない」近隣状況との間に社会的な相違が存在するとき，学区制度に従う。たとえば，その特性から「恵まれた」学校に分類できるが，「恵まれない」学校からなるパリ北東部では孤立しているビュット＝ショーモン［19区］近くの中学校に就学している，「経済ブルジョワジー」の一部の生徒は，非常に長い距離を移動することになるかもしれないが，学校を変えることには全く関心がない。逆に，就学条件がより恵まれているとき，「経済ブルジョワジー」の生徒は「知識ブルジョワジー」とは［学区校回避の可能性が］異なる。「エリート校」の学区に所属している場合，「経済ブルジョワジー」には，西部の「ブルジョワのパリ」の中で直近の周辺環境に対して最適の就学条件をもたらす学校にとどまる傾向がある。もっとも，これらの学校は中学校のヒエラルキーの頂点に位置するわけではない（頂点はカルチエ・ラタンの学校によって占められており，そこには「知識ブルジョワジー」が集中する傾向にある）。「恵まれた」近隣状況の中にある「恵まれた」学区では，学区制を遵守しない「経済ブルジョワジー」の生徒の割合が高いが（42％），これは「知識ブルジョワジー」の場合と同じことを意味しているのではない。「エリート校」にアクセスする生徒は３％以下である。というのも，このようなケースにおける生徒の移動は，比較的均質な空間の内部（特に７区と８区）で起こっているが，学校間の微妙な差異は本章で提示された分類によって把握できないためである。最後に，「上流地区」の「経済ブルジョワジー」は，多くの生徒が「高級な」私立教育に訴えるという特色も有している。このことは，当然のことながら，公立セクターにおいて認められる上昇移動を目立たないものにする傾向がある。

　「庶民諸階級」出身の生徒が学区制度に従う可能性は，２つの「ブルジョワジー」とは逆のロジックにはっきりと従っている。その社会的位置によって既に不利な条件にあるこれらの生徒は，恵まれない周辺環境にあることによって，自分の学区に就学する可能性がさらに増加する。「恵まれない」あるいは「中位の」近隣状況においては，それぞれ生徒の80％と90％が「恵まれない学校」

にとどまっている。これとは対称的に，最も恵まれた学区においては，この可能性は減少する。つまり，居住空間の位置のために，これらの生徒が最も恵まれた学校にアクセスできる可能性は少ないが，同時に彼らはたとえ「エリートの」あるいは「恵まれた」タイプの学区に居住していたとしても，そこにとどまらない可能性が顕著である。この生徒集団の検証が結果を裏付けている。学校を変えた生徒は就学する学区を向上させておらず，彼らの半数は下降移動した状態におかれているのである。直観に反するこの結果は，「上流地区」にある学校を特殊化する，いくつかのタイプのメカニズムを思い起こさせる。一方では，大変よく知られているように，カルチエ・ラタンにおいては珍しい言語やヨーロッパクラスなど，選択科目に一部の社会的カテゴリーに属する生徒が導かれる。他方，5区南部の中学校は，それ以外の5区の地区よりも庶民的な人々を受け入れており，その採用方針ゆえに，あまり恵まれない地区出身の生徒が，「エリート校」に向かうためのある種の「中継地」を形成している。最終的に，「庶民諸階級」出身の生徒と「経済および知識ブルジョワジー」出身の生徒との間にある就学実践のロジックの逆転は，「庶民的なパリ」と「上流地区」との間にある社会空間的障壁を強化する傾向にあるといえよう。

　この結果は，公的セクターと私的セクター両方の「中流諸階級」が，彼らの居住する学区と近隣状況の特徴に応じて異なる実践をとるという事実によって裏付けられている。「私的セクターの中流諸階級」出身の生徒が学区校にとどまる可能性は，「恵まれない」および「中位の」近隣状況のレベルにある庶民層出身の生徒と同じタイプの影響を被っており，それは「非常に恵まれた」近隣状況にある「経済」と「知識」両方のブルジョワジー出身の生徒の学区校にとどまる可能性と対称的である。周囲の近隣状況よりも劣ると特徴づけられる学区に学校があるとき，これらブルジョワジーの生徒たちは学区校を去るが，逆に「私的セクターの中流諸階級」の生徒は，こうした「非常に恵まれた」近隣状況の中にある，あまり評価の高くない学校から移動しないようである（このような場合，生徒の79％は学区校を回避していない）。ここで，ある構造の効果を仮定することができる。「私的セクターの中流諸階級」の生徒は庶民層出身の生徒に近づいており，その理由はおそらく，このカテゴリーが他よりもいっそう私立教育に頼っていることにある，という仮説である。モデル3は，特に

この社会的カテゴリーに属する生徒のうち，最も恵まれない近隣状況にあるものをとらえている。さらに，このカテゴリーの生徒は，遠く離れた私立学校に通う手段を有しておらず，公立セクターを避ける手段を庶民層よりも多く与えられているわけではないと考えられる。このように，「私的セクターの中流諸階級」の生徒は，最も恵まれた生徒に比べて経済的資源をあまり所有しないことに苦しんでいるだけでなく，さらに「公的セクターの中流諸階級」（彼らもまた「中位の」学区および「恵まれた」近隣状況という立場にあるとき）が備えている，学校を変える能力を有していないのである。「私的セクターの中流諸階級」の生徒はあまり学校を移動しないだけでなく（彼らのうち78％が学区を尊守しており，これに対して「公的セクターの中流諸階級」の生徒は60％である），さらに上昇移動を経験する者（14％）もわずかにすぎない（これに対して「公的セクターの中流諸階級」は34％）。これに関して，最も恵まれない立場にある「私的セクターの中流諸階級」と「庶民諸階級」の行動から「公的セクターの中流諸階級」の行動を分けているのは，彼らの所有する文化的資源であるという仮説を立てることができる。しかし，これら「中流」カテゴリーの就学実践は，観察される別のタイプの行動を想起させる（Couratier, François et Poupeau 2006; Poupeau, François et Couratier 2007）。それは，一部の親が極度のエリート校にわが子を就学させることに，利益よりも不都合を見出すことから生じる野望の制限による自己選抜であり，また一部の親が就学競争ゲームへの参加を遅らせ，高校入学以前の子どもの「幸福」を優先する意向である。競争に対するこれらの「反応」は学校空間の分割と合わさり，結果として，社会的不平等が空間上に加わることで，教育システムによる社会的選別を強化しているといえよう。

5．生徒の移動と就学実践の社会空間的差異に関連する結果の総括

　生徒の学校間移動の社会空間的決定因を分析するためにここで提示されたモデルは，まず就学実践の社会的差異に関する，既によく知られたいくつかの結果を再び明らかにした（Ball, Bowe et Gewirtz 1995; Broccolichi et van Zanten 1997; Maurin 2005）。次に，学区と学校の近隣状況を組み込んだことによって，

これらの差異の様相を明確にすることが可能となった。たとえば，学区が近隣状況に比べてあまり恵まれていない場合の様相を明らかにすることができる。経済的にも文化的にも，もっとも恵まれた社会的カテゴリー出身の生徒は，他のカテゴリーに比べて頻繁に学区を回避する傾向にある。逆に，もっとも恵まれない社会的カテゴリー出身の生徒は，もっとも恵まれた近隣状況にあっても，局地的な競合空間の中で最良の学校にアクセスすることができず，「指定された」ものとして自分が就学する学区にとどまる。その反面，「恵まれた」タイプの学校で近隣状況との間にずれがない場合の様相は，庶民層出身の生徒にとって特に不利な状況となる。最後に，学区が近隣状況よりも恵まれている場合の様相では，「私的セクターの中流諸階級」出身の生徒，庶民階層出身の生徒はなおのこと，下降移動という形態での影響を被っている。

　このように，学区と近隣状況の様相を分析することで，就学実践の社会空間的な差異を明示することができる。「経済および知識ブルジョワジー」出身の生徒は，最初の近隣状況がどのようなものであれ，少なくとも自らに割り当てられた学区校と同程度に恵まれた学校に就学する傾向があるのに対し，中流諸階級は近隣にある自分の学校のポジションに対照的に反応する。つまり，彼らは恵まれない様相におかれているとき，庶民層出身の生徒に近い行動をとる傾向にあるが，恵まれた学校に隣接しているとき，彼らは庶民層出身の生徒とは区別される。ただし，「中位の」学区と「恵まれた」近隣状況に特徴づけられる学校にいる「公的セクターの中流諸階級」が，もっと良い学校に向かうためのリソースをもっているという唯一の例外を除いて，2つの「ブルジョワジー」の生徒と同じ上昇経路をたどることはできない。反面，恵まれない階層出身の生徒は，自らの少ない社会的，文化的リソースに対応する社会的属性を有する学校を優先する傾向にある。これらの学校は，それぞれに固有の競合空間における学校の序列の中で，下部に位置づけられている。

　こうした就学実践の社会空間的な差異は，空間的側面が異なる社会的カテゴリーに属する生徒の移動に影響を及ぼす，学校隔離の考えを裏付けている。つまり，一定の周辺環境の中でポジションが及ぼす影響は，帰属する社会的カテゴリーによって異なるのである。家族の就学戦略に関してボール（Ball, S. 2003）が指摘しているように，「リスクは空間化されている（le risque est spatialisé)」のである。ある者にとっては，学校空間におけるポジションは，経済的・文化的資源の不足という否定的効果を，あるいは少なくとも，対応する部分的な学校空間への不適応を強化するように思われる。また別の者にとっては，逆に学校空間におけるポジションによって，既に獲得しているポジションを改善することができる。このように，生徒の社会的カテゴリー同士の関係の考慮と，学校供給の局地的な競合空間は，異なる社会的カテゴリーの生徒の居住する学区と近隣状況の様相に応じた，様々なタイプの移動を明らかにする可能性をもたらしている。

移動が，まさに「資本の一形態」(Kaufman, Bergman et Joye 2004) であるとすれば，不平等に分配された資本が問題なのである。つまり，物理的制約（住居，学区制度など）に左右されるかどうかは，社会的カテゴリーに応じて変化しており，この点では「知識ブルジョワジー」が，自らの空間的ポジションに最も左右されずにすむ。彼らは経済的資源のみならず，「経済ブルジョワジー」が活性化しない文化的資源（学校に関する詳細な知識，教職における相互交流のネットワーク）を動員することができると考えられる。もっとも「経済ブルジョワジー」は公立学校以外のリソースをもちあわせているため，文化的資源は必要不可欠のものではない。そのうえ，「経済および知識ブルジョワジー」の生徒は，学校空間を移動する明白な理由をあまりもたない。なぜならば，彼らの大半はすでに，最も人気のある学校がある地区に住んでおり，また恵まれた地区に住んでいなくても，恵まれた学校へ移動するための準備が最もよく整っているからである。さいごに，移動できる状態にある「中流カテゴリーと庶民カテゴリー」の生徒は，最も恵まれた学校に大量に流れることはなく，自らの社会的特性により適合した学区や近隣状況の様相へと向かう。

したがって，移動の可能性は，住居レベルの隔離現象に対する対症療法にはなり得ない。ここで得られた結果は，もっとも恵まれない人々にとって，学区制度がさらに不利な条件となっているという仮説を裏付けているわけではない。パリの空間で，住居レベルの隔離現象よりも学校レベルの隔離現象が際立っているとすれば (François et Poupeau 2005a)，それは単に「中流諸階級」あるいは「ブルジョワジー」が「恵まれない」学校から逃避しているからではなく，考慮される近隣状況の中で「あまり恵まれていない」学区にある学校に庶民層

出身の生徒が就学する傾向にあるからである。このような相違は，家族の社会的地位と整合性のある学業に関する将来を「提供する」諸条件への適合という，一般的論理の仮説を補強している。つまり，競合空間に置きなおされた個人の実践の分析は，移動が，学校の特性と生徒の特性の一致をもたらす傾向にあることを示している。学区制度なき学校市場の観念的なビジョンが想定させてきたことに反して，就学の論理は，隔離現象の社会的形態を修正するのではなく，逆にそれを強化しているように思われる。

6．社会的変数と空間的変数

　このようなモデル化の試みは，否定しがたい限界を含んでいる。というのも，全ての行動を説明できるものではなく，有意性が要求されるがゆえに，母集団を類型化せざるをえず，その結果，相当な量の情報を喪失させてしまうからである。しかしながら，個人のポジションを特徴づけるために，学区と近隣状況を考慮に入れたことによって，学校間の流動の形式的な検証では把握することのできなかった，別の特性を得ることができた。特に，第3レベルのモデルによって，生徒のいる競合空間に応じた個人の行動の社会的差異をもっともよく考慮に入れることができる。
　さらに，生徒の移動の統計的モデル化は概して，移動の機会の社会的不平等と学校空間の社会的分断が交差することに起因する難しさに直面している。すなわち，下降移動する機会をもっとも多く有する生徒は，その大部分が一定の傾向としてもっとも恵まれない状況におかれているのに対して，上昇移動する機会をもっとも多く有する生徒は，最も恵まれた状況におかれている。その結果，上昇移動と下降移動の割合は，異なる学区に不平等に分散しており，異なる社会的カテゴリーに属する人々の行動をただちに明らかにするものではない。この難しさを乗り越えるために，学区や近隣状況に応じた固有の社会空間的な様相を抽出した。一方で，社会的カテゴリー間の就学実践の差異は，社会空間的背景に関係なくリソースの量に応じて家族が採用する単一のロジックから生じる単なる程度の差──最も恵まれた人々が最も学校を回避する──ではない。他方，これらの差異は，「局地的」で分離された状況の単なる並列に起因する

わけでもない。というのも，パリの学校空間で，異なる社会的カテゴリーに属する生徒の移動が一定の形式をとり，まぎれもない「就学サーキット（circuits de scolarisation）」（Ball, Bowe et Gewirtz 1995）との共通点をもちうる学区と近隣状況の様態が明らかになったからである。したがって，教育要求の社会的差異と，序列化された学校供給に関連した空間的分離主義（séparatisme spacial）が，分析の中で組み合わされなければならない。

このように，モデル化によって，帰属する社会的カテゴリーや所持するリソースのみをもっぱら考慮するだけで，「家族の選択」を議論するのは，不十分であることが明らかになった。リソースに関しては，それが特定の競合空間に適合しうるときのみ，効果的となる。したがって，同じ社会的カテゴリーであっても，学校供給の空間的特性（学校のタイプや近隣にある学校との競合）に応じて，就学実践が顕著に異なる可能性がある[17]。空間的変数を導入することによって，個人の社会的特性の説明力は次第に弱体化するものと考えられるところであったが，実際には全くそうではなく，変数間の関係を検証すると，就学年齢と国籍の影響を二次的なものに追いやるかたちで，社会的帰属の変数は，生徒の回避実践を予測するのに，より広大な空間レベルを考慮するほど有効であることがわかった。要するに，空間的変数を組み込めば組み込むほど，社会的変数は重要であることが明らかになるのである。

注
1) このように，カトリーヌ・ランはイル・ド・フランスの事例において，普通教育を行う学校が，中心部の社会的に恵まれた，古くからあるがゆえに名高い都市空間にあるのに対して，総合教育，技術教育，職業教育を行う学校は，人口構成が大衆的な周辺部に新しく設置されていることを明らかにした（Rhein, Le Pape et Grosbras 1999）。
2) 本章では，家族の動機について速断することなく，家族が指定された学校にその子弟を就学させる（scolariser）という事実を，就学実践（placement scolaire）という言葉によって示している。家族の動機を，庶民的な学区を避けたいという欲求に限定することはできない（Broccolichi et van Zanten 1997; Ben-Ayed et Trancart 2006）。ここでは，「社会階級同士が密かに互いを避けることを可能にする戦略的な移動の過程」を分析した事例

として，E. モラン（2005）の分析，特に「回避戦略」に割かれた箇所（p. 28 以降）を参照する。
3）全体的には少ないが，局地的には無視できない可能性もある16歳未満の若者の不就学を除く（地域によっては10人に1人に達する）（Glasman et Œuvrard 2005）。
4）106の公立中学校と63の契約私立中学校がある。
5）この用語はよく用いられるが，単に標準（居住地の学区校への就学）を参照させるという利点があるとすれば，まずもって「逃げる（fuite）」実践を指し示すという難点も有している。それでも，さほど消極的でない動機に対応していることもあり，学区校が適していないという理由ではなく，他により良い学校（学習条件，教育コース，選択科目など）があるという理由で学校の変更が求められるときは，「積極的回避（évitement positif）」ということができる（François 1995）。
6）行為の調査のために異なる集合レベルをとるとしても，それは調査される行為に関して均質な人口集合というわけではない。さらに，近隣という概念は，ここでは空間的な意味において解釈され，近接していることにともなう社会的な相互作用の総体（Goux et Maurin 2004）や，同じ地理的範囲にいる個人の集合を意味するものではなく，これらからみるように，特定の社会的特性を備えた学校間の競合空間を意味している。
7）668名の生徒が私立小学校出身者である（全体の4％）。公立小学校出身の生徒に比べて，彼らは職人，企業管理職，エンジニア，中・高等教育教員，自由業，企業主の子弟の割合が高く，公的セクター職員，労働者，雑役用務従事者の子弟の割合が低い。
8）約400名の生徒がこのケースに相当しており，労働者階層出身者が少ない。
9）2000-2001年度の新学期に第6級に入学した公立セクターの生徒の33％が他の募集地区出身であり（うち，例外措置によるものは16％），生徒の6％は私立学校出身者である。
10）これらの研究の総括については，François et Poupeau（2005a）を参照されたい。
11）*Économie et statistique*, "Enquête éducation : l'école, les élèves et les parents" 1996, 293；"Regards socioéconomiques sur la structuration de la ville", 1996, 294-295.
12）近隣状況に関する現在の研究は，ほとんどの場合，社会的コンテクストの外部にあるかのような，個人だけの近隣状況を基準としている（Goux et Maurin 2004; Maurin 2005）。本章において検討される近隣状況は，学校制度によって序列化され，構造化された空間を加えることの利点を示している。個人の就学実践の実質的なコンテクストを構成しているのである。
13）この統計モデルの開発は，エレーヌ・マティアン（Hélène Mathian）

(CNRS-UMR8504）によって実現された。彼女の不屈の意志に対して謝意を表明する。
14) 本章では，庶民層出身の生徒の1.3%，「知識ブルジョワジー」出身の生徒の10.2%が就学年齢の観点からみて「通常より早い」ことが確認されている。
15) 学校の学区と近隣状況との相互作用は，生徒の社会的出自に関してのみ有意であり，就学年齢あるいは国籍に関しては有意でない。飽和モデルによってすべての有意な変数，およびすべての変数間の有意な関係を明らかにしたが，それはこのように選択された変数に基づいて新たなロジットモデル3を構築するためである。背景，近隣状況，社会的出自の相互作用を考慮する以上，背景と近隣状況との二者関係はもはや有意とはいえない。
16) 「庶民諸階級」の生徒のわずか13.4%が「恵まれた」／「非常に恵まれた」近隣状況，および「恵まれた」／「エリートの」背景に相当する学区に居住している。逆に，これらの学区の生徒の13.8%が庶民層出身である。
17) それぞれの社会的カテゴリーが，基準となる近隣状況に適合する方法こそ，学校移動に関する社会・空間的不平等の決定を生み出している。それゆえ，社会的カテゴリーごとに検討するべき近隣状況の規模を調整する必要がある。そうすることで，社会的不平等を空間上に位置づけるということをもっともよく説明することができるであろう。

訳注

ⅰ) 通学区域（学区）制度のオフィシャルな行政用語は sectorisation とされるが，一般には carte scolaire がそれを示すことが多い。Carte scolaire は，学区の区割りを示した地図を示すこともあるが，本章では sectorisation と carte scolaire の両方が学区制度の意味で使用されていることから，carte scolaire が区割り地図の意味で使用されている場合は「カルト・スコレール」とした。
ⅱ) 収益性は，将来役に立つ，あるいは利益を産みうる投資や資本としての学校やその教育の能力。
ⅲ) 例外措置は，学区校以外の公立学校への就学を希望する際の手続き。
ⅳ) 留年および飛び級制度があるため。
ⅴ) パリ北部，8区，9区，17区，18区の交差地点にある広場。
ⅵ) パリ東部，12区，20区と郊外（ヴァル・ド・マルヌ県）の境にある市門（入口）。
ⅶ) セーヌ・サン・ドニ県は，パリ北西に隣接する県。2005年秋の若者の暴動の際にもその発端となり，最も深刻なパリ郊外地区のひとつ。

付属資料　　　　　地図I　パリの中学校の社会的類型

中学校のタイプ
- エリートの
- 恵まれた
- 中位の
- 恵まれない

地図II　パリの中学校の近隣状況タイプ

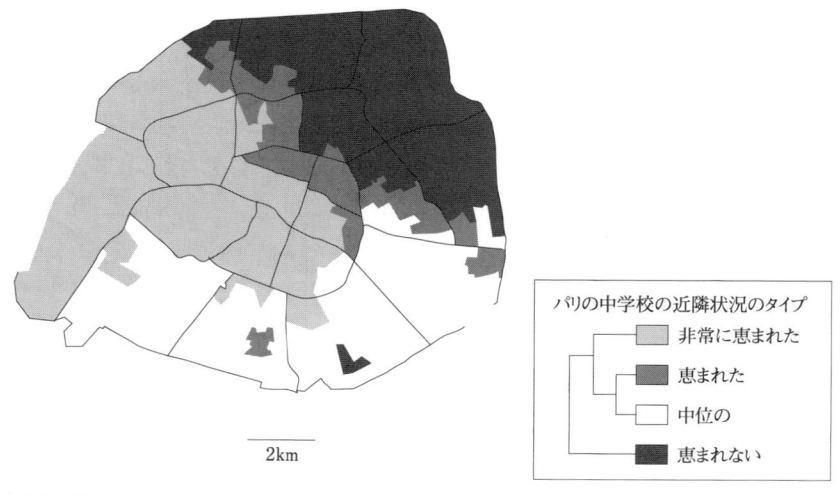

パリの中学校の近隣状況のタイプ
- 非常に恵まれた
- 恵まれた
- 中位の
- 恵まれない

注）凝集型階層的分類法によって確立されたタイプ（二次中心化モーメントによって中心化された縮約データに基づくユークリッドの距離）（地図I・IIとも）

表A　社会的出自ごとの募集学区を越えた移動

社会的カテゴリー	学区外に就学した生徒の割合（%）
知識ブルジョワジー	40
経済ブルジョワジー	38
公的セクター中流諸階級	33
私的セクター中流諸階級	32
庶民諸階級	32
全体	33

出典：パリ大学区本部（1999-2000）

表B　就学年齢ごとの募集学区を越えた移動

就学年齢	学区外に就学した生徒の割合（%）
通常より早い	40
通常通り	36
通常より遅い	27

出典：パリ大学区本部（1999-2000）

表C　パリの学校の4つのカテゴリーがもつ特性
（生徒100人に占める人数）

学校のタイプ	就学が通常より早い	就学が通常より遅い	EU諸国外の外国人
エリート	9	11	3
恵まれた	6	19	9
中位の	4	28	11
恵まれない	2	37	24
合計	5	26	14

出典：パリ大学区本部（1999-2000）

6．社会的変数と空間的変数

表D 様々なタイプの学区における社会的カテゴリーの分布

(各行における割合)

社会的出自／学区	エリート	恵まれた	中位の	恵まれない	合計
知識ブルジョワジー	15	45	22	18	100
経済ブルジョワジー	20	50	16	14	100
公的セクター中流諸階級	5	30	31	34	100
私的セクター中流諸階級	7	34	26	33	100
庶民諸階級	3	23	19	55	100
学区タイプごとの生徒合計	9	35	22	34	100

表E 様々なタイプの学区の社会構成

(各列における割合)

社会的出自／学区	エリート	恵まれた	中位の	恵まれない	合計
知識ブルジョワジー	20	16	12	6	13
経済ブルジョワジー	41	27	14	8	19
公的セクター中流諸階級	6	10	16	12	11
私的セクター中流諸階級	23	29	35	29	29
庶民諸階級	10	18	23	45	28
合計	100	100	100	100	100

表F 近隣状況における社会的カテゴリーの分布

(各行における割合)

社会的出自／近隣状況	非常に恵まれた	恵まれた	中位の	恵まれない	合計
知識ブルジョワジー	32	17	28	23	100
経済ブルジョワジー	42	14	26	18	100
公的セクター中流諸階級	16	10	36	38	100
私的セクター中流諸階級	21	15	28	36	100
庶民諸階級	10	11	20	59	100
近隣状況タイプごとの生徒合計	23	13	26	38	100

表G 様々なタイプの近隣状況の社会構成

（各列における割合）

社会的出自／近隣状況	非常に恵まれた	恵まれた	中位の	恵まれない
知識ブルジョワジー	18	18	13	7
経済ブルジョワジー	34	19	18	9
公的セクター中流諸階級	8	9	16	12
私的セクター中流諸階級	28	31	31	29
庶民諸階級	12	23	22	43
合計	100	100	100	100

表H 社会空間的相互作用が学区制度に従う可能性に与える影響

	非常に恵まれた近隣状況	恵まれた近隣状況	中位の近隣状況	恵まれない近隣状況
エリートの学区	<u>知識ブルジョワジー</u> <u>私的セクターの中流諸階級</u>	<u>経済ブルジョワジー</u>		
恵まれた学区	<u>経済ブルジョワジー</u> <u>私的セクターの中流諸階級</u> <u>庶民諸階級</u>	<u>公的セクターの中流諸階級</u> *庶民諸階級*		<u>経済ブルジョワジー</u> *庶民諸階級*
中位の学区	<u>知識ブルジョワジー</u> <u>公的セクターの中流諸階級</u> *私的セクターの中流諸階級*	<u>公的セクターの中流諸階級</u> <u>私的セクターの中流諸階級</u>	<u>私的セクターの中流諸階級</u>	<u>知識ブルジョワジー</u> *経済ブルジョワジー* *私的セクターの中流諸階級* *庶民諸階級*
恵まれない学区		*知識ブルジョワジー* *経済ブルジョワジー* *庶民諸階級*	*私的セクターの中流諸階級* *庶民諸階級*	<u>知識ブルジョワジー</u> *経済ブルジョワジー* *私的セクターの中流諸階級* *庶民諸階級*

注）下線部の引いてあるカテゴリーは，学区制度への従属に有利な影響を示し，イタリック体になっているカテゴリーは逆の影響を示している。有意でない要素は言及されていない。

参考文献

Ball, S. (2003), "The risks of social reproduction : the middle class and education markets", *London review of education,* 1, 3, pp. 163-175.
Ball, S., Bowe, R., Gewirtz S. (1995), "Circuits of schooling : a sociological exploration of parental choice of school in social class contexts", *Sociological review,* 43, 1, pp. 53-78.
Ballion, R. (1982), *Les consommateurs d'école. Stratégie éducatives des familles,* Paris, Stock.――(1991), *La bonne école,* Paris, Hatier.
Barthon, C., (1998), *Espaces et ségrégations scolaires. L'exemple des enfants d'immigrés dans les collèges de l'académie de Versailles,* Thèse de doctorat dirigée par M. Guillon, Poitiers, Université de Poitiers.
Barthon, C., Montfroy, B. (2003), *Les espaces locaux d'interdépandance entre collèges. Le cas de Lille,* Rapport pour la Commission européenne, 5e OCRD, Lille, Clersé/Ifresi.
Barthon, C., Oberti, M. (2000), "Ségrégation spatiale, évitement et choix des établissements" dans van Zantan, A. (dir.), *L'école : l'état des savoirs,* Paris, La Découverte, pp. 302-310.
Bourdieu, P., Boltanski, L., Saint-Martin, M. (1973), "Les stratégies de reconversion", *Information sur les sciences sociales,* 12, 5, pp. 61-113.
Brinbaum, Y., Kieffer, A. (2005), "D'une génération à l'autre, les aspirations éducatives des familles immigrées : ambition et persévérance", *Éducation et formation,* 72, pp. 53-75.
Broccolichi, S. (1995), "Orientation et ségrégation nouvelles dans l'enseignement secondaire", *Sociétés contemporaines,* 21, pp. 15-27.
Broccolichi, S., van Zanten, A. (1997), "Espace de concurrence et circuits de scolarisation. L'évitement des collèges publics d'un district de la banlieue parisienne", *Annales de la recherche urbaine,* 75, pp. 5-17.
Convert, B. (2005), *Les élèves des classes terminales scientifique, leurs projets, leur image de la science. Résultat d'une enquête sciologique auprès des élèves de six établissements de la métropole lilloise,* Lille, rapport de l'Ifresi-Clersé, avec la collaboration de Francis Gugenheim et Frédéric Ketterer.
Couratier, É., François J.-C., Poupeau, F. (2006), "La différenciation socio-spatiale des circuits de scolarisation. Enquête sur les pratiques de placement scolaire en contexte de gentrification", *Regards sociologiques,* 31, pp. 55-90.
Courgeau, D. (2004), *Du groupe à l'individu. Synthèse multiniveau,* Paris, Éditions de l'INED.

郵便はがき

恐縮ですが切手をお貼りください

112-0005

東京都文京区水道二丁目一番一号

勁草書房 愛読者カード係行

(弊社へのご意見・ご要望などお知らせください)

本カードをお送りいただいた方に「総合図書目録」をお送りいたします。
HPを開いております。ご利用ください。http://www.keisoshobo.co.jp
裏面の「書籍注文書」を弊社刊行図書のご注文にご利用ください。より早く、確実にご指定の書店でお求めいただけます。
代金引換えの宅配便でお届けする方法もございます。代金は現品と引換えにお支払いください。送料は全国一律300円(ただし書籍代金の合計額(税込)が1,500円以上で無料)になります。別途手数料が一回のご注文につき一律200円かかります(2005年7月改訂)。

愛読者カード

25073-8　C303

本書名　学校選択のパラドックス

ふりがな
お名前　　　　　　　　　　　　　　（　　　歳）

ご職業

ご住所　〒　　　　　　　　お電話（　　）　ー

本書を何でお知りになりましたか
書店店頭（　　　　　　書店）／新聞広告（　　　　　新聞）
目録、書評、チラシ、HP、その他（　　　　　　　　　　　）

本書についてご意見・ご感想をお聞かせください。なお、一部をHPをはめ広告媒体に掲載させていただくことがございます。ご了承ください。

◇書籍注文書◇

最寄りご指定書店

市　　町（区）

書店

(書名)	¥	(	)
(書名)	¥	(	)
(書名)	¥	(	)
(書名)	¥	(	)

※ご記入いただいた個人情報につきましては、弊社からお客様へのご案内以外には使用いたしません。詳しくは弊社HPのプライバシーポリシーをご覧ください。

Dennis Lord, J., Catau, J. C. (1977), "Intra school district migration", *Social science quarterly,* 57, 4, pp. 784-796.

Duru-Bellat, M., Mingat, A. (1988), "Le déroulement de la scolarité au collèges : le contexte 'fait des différences...'", *Revue Française de sociologie,* 29, 4, pp. 649-666.

Felouzis, G. (2003), "La ségrégation ethnique au collège et ses conséquences", *Revue Française de sociologie,* 44, 3, pp. 413-447.

Felouzis, G., Liot, F., Perroton, J. (2005), *L'apartheid scolaire. Enquête sur la ségrégation ethnique dans les collèges,* Paris, Le Seuil.

François, J.-C. (1995), *Discontinuités dans la ville : l'espace des collèges de l'agglomération parisienne. 1982-1992,* Thèse de doctorat sous la direction de Thérèse Saint-Julien, Paris, Université Paris I.

—— (1998), "Discontinuités territoriales et mise en évidence de systèmes spatiaux dans l'espace des collèges de l'agglomération parisienne", *L'espace géographique,* 1, pp. 63-75.

—— (2002), "Évitement à l'entrée en sixième et division sociale de l'espace scolaire à Paris", *L'espaces géographique,* 4, pp. 307-327.

—— (2004), "Évitement scolaire : la fuite des collégiens vers Paris", *Bulletin de l'Association des géographes français,* 1.

François, J.-C., Mathian, H., Ribardiére, A., Saint-julien, Th. (2002), *Les disparités des revenus des ménages franciliens en 1999 : approches intercommunale/infracommunale et évolution des différenciations intercommunales 1990-1999,* Paris, UMR Géographie-Cités.

François, J.-C., Poupeau F. (2004), "L'évitement scolaire et les classes moyennes à Paris", *Éducation et sociétés,* 14, 2, pp. 51-66.

—— (2005a), *Les pratiques d'évitement scolaire en Île-de-France,* rapport pour le ministère de l'Éducation nationale, en réponse à l'appel d'offre sur "Les disparités territoriales en éducation".

—— (2005b), "Espace résidentiel et espace scolaire : une polarisation sociale différenciée", *Annales de la recherche urbaine,* 99, pp. 127-134.

Gilotte, O., Girard, P. (2005), "La sectorisation, l'affectation et l'évitement scolaire dans les classes de sixième à Paris en 2003", *Éducation et formation,* 71, pp. 137-149.

Goux, D., Maurin, É. (1995), "Origine sociale et destinée scolaire. L'inégalité des chances devant l'enseignement à travers les enquêtes Formation-Qualification Professionnelle 1970,1977, 1985 et 1993", *Revue Française de sociologie,* 36, 1, pp. 81-121.

Henriot-van Zanten, A. (1991), "La sociologie de l'éducation en milieu urbain: discours politique, pratiques de terrain et production scientifique, 1960-1990", Note de synthèse, *Revue Française de pédagogie,* 95, pp. 115-142.

Kaufman, V., Bergman M. M., Joye D. (2004), "Mobility as capital", *International Journal of urban and regional research,* 28, 4, pp. 745-756.

Léger, A., Tripier M. (1986), *Fuir ou construire l'école populaire?* Paris, Méridiens Klincksieck.

Maresca, B. (2003), "Le consumérisme scolaire et la ségrégation sociale dans les espaces résidentiels", *Cahiers de recherche* [du CREDOC], 184.

Maurin, É. (2005), *Le ghetto français. Essai sur le nouveau séparatisme social,* Paris, Le Seuil.

Oberti, M. (2004), *Ségrégation urbaine et scolaire dans l'Est parisien,* Paris, OSC.

―――― (2005), "Différenciation sociale et scolaire du terriroire : inégalités et configuration locales", *Sociétés contemporaines,* 59-60, pp. 13-42.（本書第7章）

Pinçon, M., Pinçon-Charlot M. (1989), *Dans les beaux quartiers,* Paris, Le Seuil.

Poupeau, F. (2004), *Contestations scolaires et ordre social. Les enseignants de Seine-Saint-Denis en grèves,* Paris, Syllepse.

Poupeau, F., François J.-C., Couratier É. (2007), "Making the right move : how families are using transfers to adapt to socio-spatial differenciation of schools in the greater Paris region", *Journal of education policy,* 22, 1, pp. 31-47.

Préteceille, E. (2003), *La division sociale de l'espace francilien. Typologie professionnelle et transformation de l'espace résidentiel,* rapport de l'Observatoire Sociologique du Changement, Fondation Nationale de Sciences Politiques/CNRS.

Scotchmer, S., Thisse J.-F. (1993), "Les implications de l'espace pour la concurrence", *Revue économique,* 44, 4, pp. 653-670.

Rhein, C., Le Pape A., Grosbras P.-A. (1999), *Division sociale de l'espace et inégalités de scolarisation,* Rapport final de recherche au Plan Construction-Architecture, ministère de l'Équipement et du Logement.

Van Zanten, A. (2001), *L'école de la périphérie,* Paris, Presses Universitaires de Frane.

―――― (2006), "Une discrimination banalisée? L'évitement de la mixité sociale et raciale dans les établissements scolaires" dans D. Fassin, É. Fassin (dirs.), *De la question sociale à la question raciale?* Paris, La Découverte,

pp. 195-201.
Wagner, A.-C. (1998), *Les nouvelles élites de la mondialisation.*, Paris, Presses Universitaires de France.

(京免徹雄・小林純子訳)

(本章は,François J-C., Poupeau F., Les déterminants socio-spatiaux du placement scolaire, *Revue française de sociologie,* Ophrys, vol. 49, no. 1, 2008, pp. 93-126 の訳である。なお,表 I と J は省略した。必要があれば省略した参考文献とともに原文を参照いただきたい。)

第7章

居住地域の社会的・教育的差異化
──不平等と地域状況の研究──

マルコ・オベルティ

はじめに

　さまざまな社会階層と学校との関係は，社会学，とりわけフランス社会学において特別な関心をはらわれてきた研究分野だ。社会学者は，学校が機会均等を実現することができているか，メリトクラシーを基本原則とすることに成功しているか，問いつづけてきた。理論的・方法論的な立場が異なっている場合でも，研究者たちは，一つの事実を認めることでは同じだった。すなわち，学校教育から最大限の利益を引き出し，もっとも評価の高い学歴資格を手にいれるのは，経済的にめぐまれた社会階層の子どもたちであり，また文化的にめぐまれた社会階層の子どもたちはよりいっそう有利である，ということだ。言いかえると，社会を全体的にみた場合，学校は庶民階層の子どもたちに，社会的成功につながる学歴獲得の機会を，（めぐまれた階層の子どもたちと）同じようには与えるに至っていないということだ。この現象を説明するために，いろいろなモデルが提案されたが，その中で，ブルデューとパスロンによる『再生産』(1970) モデルが一番よく知られ，かつ議論の対象になってきた。

　ハビトゥスや社会的支配の理論の細部まで立ち入るまでもなく，この二人の社会学者によって，学校とさまざまな社会階層との間にある不平等な関係を説明するために導入されたいくつかの大原則は，今日ではすでに常識となっていると言っても過言ではないであろう。少なくとも以下の三点に関してはそう言える。

―おもに知的・言語的・行動的領域で，上層階層に特有の規範，価値観及び能力と，学校的なわく組で利用され，価値づけられ，評定されるそれらとの間により強い一致があること。家庭内の文化と学校文化の連続性は，学校環境に対する「家庭的」な親近感や，学校が第一に期待する性格の形成に寄与する。

―上層階層が保持する教育システムに関する正確で（時には内密な）情報は，教育制度への戦略的なかかわり方となって表面化し，進路コースや個々の学校の選択にその戦略のもっとも明白な側面がみられる。こうした戦略的態度は，親が子どもにより高い学歴を望み，かつかれら自身の社会的地位・特権が学歴資格に依存する度合いが高いほど強くなる。

―より多くの経済・文化・社会的資源を持っていると，最良の学校資源へのアクセスが保証されるばかりでなく，学校外の教育資源についても最良のものが手に入り，後者が決定的に重要なこともある。さらに，学業復帰・学習遅滞の回復など，庶民階層の子どもにとっては費用がかかりすぎる教育戦略も同様に可能となる。

　生徒の出身社会階層と結合したこうした不平等は，地域的な分布にも反映するが，これは，自明であるにもかかわらず，つい最近まで研究者のまっとうな検討の対象にはなっていなかった。たしかに，もっとも人気があり，かつ選別的な公立・私立の学校資源が，上層階層が多く居住する街区に集中することを示した研究はあったが，そうした学校資源の地域的分布とそれが教育の不平等にもたらす影響が社会学者の中心課題になることはなかった。特定の社会階層への帰属と，経済・社会・文化資本の所有がもたらす帰結こそがより強調されていた。したがって，社会的・象徴的支配を通してみた現実の理解が，階層関係の地域的分析と結びつけられることはまずなかった。この事実は，アメリカにおける研究と比較するといっそう驚くべきものとなる。フランスとはちがって，社会階層は二次的なものと考えられ，かつ，人種隔離がいたるところで問題化している状況のもと，アメリカでは，地域的要素が非常に早くから教育における不平等の分析に取り入れられていたのである。人種隔離を中心とする議論が，学校による不平等の再生産を中心とする議論を凌駕したのである。

　フランスでは，各階層の居住地と公立のエリート校の立地の関係は，それ自

体では固有の社会学的研究の対象となるべくもない自明の事実として機能してきたのである。

とはいえ，今後は，いくつかの重大な現象が，教育の不平等の社会学的分析に地域性を導入することをうながし，それによって，従来は比較的独立に展開する傾向があった教育社会学と都市社会学という2つの分野の交流が促進されるだろう。

教育の民主化と中間階層の拡張が，都市圏における学校の社会地理学を複雑なものにしてゆくだろう。2つの別々の視点からみたのでは，もはや学校をとりまく状況の多様性と，中間階層でとりわけ観察される学校に対する関係の変化とを，同時に説明することができない。たしかに学校に対する期待は社会階層ごとに異なるが，経済・文化資本の「遺産相続者」というパラダイムは（社会的再生産，というパラダイムにもまして）各社会階層に対して教育の民主化が与えた影響を明らかにするためには，もはや十分ではない。この教育民主化の過程で特に目立つことの一つは，従来あまり目立たなかった社会カテゴリー（階層）から，教育のレベルに対する要求が高まってきたことである。これらのカテゴリーの人々は，公立の学校資源のうち，最高レベルにあるものへのアクセス可能性に不平等があることを，しだいに強く意識するようになってきた。このことは，とりあえずは，学校の運営や，子どもに対するより個別化された学習指導の管理へのより積極的な参加・介入となってあらわれる。自分の子どもに最良の教育サービスを与えたいという気持ちが，当然のことながら学校間競争を引き起こして，親の教育熱を高め，社会学者の中にはこうした親たちを学校の「消費者」と呼ぶものまであらわれた（Ballion 1982）。

子どもの教育への関心が以前は低かったからではないのだが，学校が今よりも早期（第5学年＝12才時）に選別を実施し，庶民階層の子どもたちの大部分を職業教育の短期コースに進学させていたために，中学校の教育レベル・教育実践の違いが重大な問題になることはなかった。まして，高校についてはなおさらだった。「できる子」だけが中学校の普通教育課程で勉強をつづけ，その後高校に入学した。都市における居住地の分離の結果，上流地区に所在する中学校と高校は「守られて」おり，生産労働者の子どもたちがそこに入ることはできなかったが，その一方で，郊外の中学校や高校もべつに「悪い学校」と

みなされることもなかった。そうした学校では，中間階層の子どもたちが，庶民階層の優等生たちと共存し，一番近い中学校や高校を避けようと考えるものはまれだった。郊外で暴動が発生して，マスコミがそれを刺激的に報道するようになり，同時に，最下層の人々が特定の地域に集中し，かつ，学業の延長が大衆化されるようになると，状況は一変した。デュベ（Dubet 1999）の言い方を借りれば，この時，社会が学校に侵入し，自分の子どもが「学校教育の勝者」になれるかどうか，親たちが抱く不安が増大した。中学校や高校の社会的外郭が大きく拡大されるとき，すなわち，マグレブ系2世を含む，低家賃集合住宅団地の若者のほとんどが高校まで進学し，高校というもののイメージや，それまでの運営方法を大きくゆるがすとき，人々の学校に対する関係も変化する。中間階層の住人（とその子どもたち）の一部が，低家賃集合住宅団地の巨大な団地から出てゆくと，公立の中学校や，郊外のいくつかの高校に対する不安が増大する事態がひきおこされた。

「問題地区」や，そればかりでなく都市郊外や庶民階層居住地区も，フランス社会がかかえる重大な社会問題として提示されつづけたが，さらにそのこと自体が，社会的不平等が空間的に分布しているという解釈を強化することにつながった。

教育社会学と都市社会学が，この領域，すなわち移民を含む庶民階層の居住空間に厳然と悪評のレッテルが張られている状況で，中間階層がどのように行動するか分析するという研究領域において出会うことになった。

都市社会学者のうちあるものは，都市の中間階層が，庶民階層に対してとる空間的・社会的異化行為のありかたに重点をおいた。分離独立という用語を用いて，ドンズロ（Donzelot 1999, 2004）は中間階層の内閉的行動を強調しようとした。再開発による上層階層化，あるいは周辺地域の都市化，という状況の相違や，また，自分たちに固有な経済的・文化的条件にしたがって，中間階層に属する諸階層は，自分なりの仲間うち環境と外に対する防護の諸形態を発達させたが，それは庶民・移民階層と一定の距離をとることにつながった。

したがって，2つの論理，すなわち，一方では，中間階層の戦略・思考能力の発展という論理と，他方では，庶民階層の回避という論理をとおして，しだいに多くの教育社会学者が，中間階層が教育環境を守るために展開したさまざ

まな形態に関心を示すことになった。すなわち，選択科目や進路コースの学校内外での利用を通して学校を「植民地化」すること，偽の住所を申告すること，引っ越しなどだが，もちろん私立学校の利用というのもその中に入る。

上の２つの論理とは，つまるところ，庶民階層と移民にスティグマを負わせてマイナス価値を与える一般的な傾向に対する，ますます熟考をへて戦略的になったとされる中間階層の反応という単一のプロセスが，都市的あるいは学校的な場面で見せる２つの側面なのである。どちらの場合にも，このプロセスの地域的な側面に対する心配がますます大きくなってゆくことが観察される。

居住地または学校における社会混成（階層共存）というテーマが研究の中心を占めるようになり，（教育社会学・都市社会学という）２つの分野の出会いをうながした。とはいえ，両分野にまたがる研究はまだ数が少なく，限られた地域に対象を限定していることが多い。

私たちのこの研究は，居住地の状況と学校回避をつき合せた分析を通して，こうした都市社会学と教育社会学の対話を引きついでゆくものである。とはいえ，私たちは，親たちの教育かつ／または居住環境に関する戦略の質的分析（Van Zanten 2001, 2003; Oberti 2002）とか，あるいは学校レベル（Payet 1999），もしくは学級レベル（Duru-Bellat 2000, 2004）で，社会混成が教育効果や学校の雰囲気にあたえる影響に関する（量的かつ質的）分析とかをしてゆくつもりではない。私たちの研究は，複雑に入り組んだ居住環境と学校環境が，子どもをどこの学校に入れるかという問題に与える影響により重点を置く。つまり，教育に関連する行動を，社会空間的文脈に，後者が前者を方向づけるという考えに基づいて，結びつけてゆくのである。

いくつかの中心的な考え方が，こうした社会・地域的アプローチの骨格を形成している。
　―さまざまな社会階層の教育行動は，たとえ強い社会階層的規則性が存在するとはいえ，ただ全面的に象徴的支配を基礎としただけでは理解できない。
　―さまざまな社会階層が行動する居住・学校環境では，たしかにことなった社会カテゴリー間において重要な違いが観察されるが，しかしまた，同一の社会カテゴリー内部でも違いがみられる。
　―さまざまな範囲の地域内にある社会集団どうしの関係の体系を全体的に考

察する必要がある。
——都市空間と自分との関係を自分の思い通りに作り上げること（自分が住むところの決定，引っ越し可能性）は，社会的不平等がますます居住地域の問題として知覚されるような状況では，それだけでひとつのりっぱな資産であるということ。
——局所的な都市環境・学校環境を検討すると，公立・私立の学校資源の利用可能性に不平等が存在するのがわかるのだが，その複雑さゆえに地域住民に対する規制や，学校の隔離状態にはどめをかける対抗手段の適用がむずかしくなっている。

　教育問題と都市問題の交点でみられるこのような現実行動の知見を得るだけで満足せず，いろいろな社会集団間の共存のありかたを分析するのは，より野心的な社会学の研究への道を開く。それは，教育を受けるためにしだいに多くの競争が必要とされ，社会との関係が個人化される状況を背景として，庶民階層・移民層および彼らの文化に対するマイナスの価値づけとスティグマ付与への強い傾向が，社会的・空間的にどのような影響をもたらすかという問題に関係する。社会混成という表現のかわりに，「社会集団間の共生様式」という表現を用いるのは，社会学的な気取りなどではない。この問題が，メディアやジャーナリズムでさかんに取りあげられたことでかえって膨大なハンディを負ってしまっているとはいえ，こういう角度から見ればやはり本物の研究対象であるということをはっきりと示したいからにすぎない。とはいえ，私はこの研究の中で，何度も社会および学校における社会混成の問題を取り上げる。というのも，この概念が，（階層・人種の）混成と多様性に関係する概念だからである。反対に，問題の設定が悪いために不毛な論争となっている社会混成の数的な下限値については立ちいらないことにする。

1．方法の選択と研究対象フィールド

　上述した理由により，私たちは，都市空間における隔離を生産する動力と，学校における隔離を生みだす動力とが強く作用しあっているという仮定から出

発する。2つの力のこの結びつきは複雑な様相をもち，どちらかといえば定量的な方向性をもついくつかの研究を示唆する。

　まず，ある学校の学区の階層的特徴と，その学区から生徒を入学させることになっている学校自体の階層的特徴との関係に関心を向ける，ということが考えられる。都市部においては，学区制度の運用を通して，だいたいにおいて居住地が通うべき学校を決定する。他のヨーロッパの国々では，これほど居住地に基盤をおいた制度がないのだが，それとは違って，学区制のしかれているフランスの都市部では，学区の拘束が大きくものをいう。2つの階層的特徴，すなわち，学区のそれと学校のそれを関係づけて考察すると，特定の学校に対する学校回避がもたらしたゆがみを理解することができる。そのさい，3つの大切な問題が生じる。まず，国立統計経済研究所が用いる最少の地域区分と，個々の学校の学区を忠実に対応づけることは容易ではない。推測を通した近似値を得られれば，それでよし，としなくてはならない。それに，国民教育省の統計が用いる社会カテゴリーは，国立統計経済研究所が用いるものと同一ではなく，比較をむずかしくしている。最後に，私立学校に関するデータへのアクセスはしばしば非常に微妙なものがある。

　第二の道は，公立および私立学校による教育供給が地理的にどのように分布しているか調べ，それを地域の社会階層的特徴と関係づけることである。それは，教育供給の特徴（選択科目，選択可能外国語，特別課程等）を，その地域に住む学齢期の人口の特徴と関係づけながら正確に記述し，認められる相違と規則性とに関心を向けることである。こうすることで，地域ごとの不平等を，教育供給の差異という形で見つけだすことができる。前段でみた第一の方法では，学区の社会的特徴とその学区の学校に実際に入学した生徒の関係（そしてゆがみ）に関心を向けたが，第二のやり方では，学区の社会的特徴と教育供給の関係に関心を向けることになる。この研究は，市町村などの自治体（commune）を対象範囲と決めれば，容易に達成される。第一の場合と同様，私立学校のデータへのアクセスの問題は残る。

　第三の方法軸は，特定の都市空間の社会的特徴と各家庭の教育行動との関係に関心を向けることである。これは広大な領域であり，学校に対する関係の多種多様な側面にかかわる。現在の居住地との関係から，どの学校に子どもを通

わせるかという選択はいうまでもなく中心的な課題であり，それは学校のどういう点が，魅力になったり避けるべきものとみなされたりするか教えてくれる。自治体が一つの学区を構成する場合は，後述する一定の限界はあるが，自治体外通学生がよい指標となる。

　もう一つの要素は，（さまざまな社会カテゴリーの人々の空間的分布を所与として）各家庭が住居をめぐってとる行動と教育行動との関係を探ることである。言いかえれば，上でみた学区による拘束と近くの学校に子どもを入れるという考え方を前提にして，学校選択と居住地の選択とがどのように入り組みあっているかを分析・評価し，それらの選択が居住地や学校の隔離状況にどのような影響を与えているかをつかむことである。そのさいの方法論的問題は非常に重要であり，現象の広がりを正確に測ることには困難がつきまとう（Korsu 2002）。

　この論文で検討するのは，正確には以下の二点である。
　—地域における教育供給の特徴を，自治体ごとの差異ばかりでなく，公立側と私立側の間での構成をも示しつつ検討する（上述の第二の方法）。
　—居住地の環境・学校の環境ばかりでなく，そこに住む家庭の社会カテゴリーとの関連も考慮しつつ，（学区の学校の回避の指標となる）自治体外の学校への入学を検討する（上述の第三の方法の最初の側面）。

　そのために，オ・ドゥ・セーヌ県（Haut-de-Seine）でおこなわれた調査（Oberti 2004）を援用する。一般には，めぐまれたほうの郊外とみなされるこの県には，実ははっきりとした社会階層的な違いが存在する。私企業上級管理職が好んで住居を構えるこの県には，いぜんとしてその北部および南部のとり残された一部に，多くの移民や公共住宅をかかえ，共産党がいまだ地方行政を握る郊外の庶民階層地区がある。パリ市内とは異なり，公共部門の上級知識職は全体的にあまり存在せず，おもにいくつかの自治体に集中しているのに対して，もっとも住宅地化された自治体では，上級技術職・自由業・私企業上級管理職が支配的な社会集団を形成している。より庶民色の強い自治体も，もっとも選別的な住宅地には入り込めない中間階層に属する人々を，しだいに数多く受け入れている。こうした状況は，さまざまな地域ごとに非常にことなった社会的期待がからむ事態を生じさせ，居住地と学校における隔離状況の絶好の研

究領域を構成するとともに，一方ではパリ市内，他方ではとことん悪評のレッテルをはられた郊外という二極的なイメージに代わるイメージを自分のものにすることができる。

　以下，まず県の自治体の全体について論ずる。県全体のいろいろな状況や，空間的な配置をうながす動力の働きが，居住地や学校の階梯に結びつけられている様子を示すためである。論文の第二部では，分析をより精緻にするために社会的・教育的・政治的見地からはっきりとした対照をなす二つの自治体を，各自治体内での状況も考察しつつ，比較する。最後に結論として，学区制度と，社会的・教育的混成に向けた効果的な規制のむずかしさについて考察する。

2．教育供給と自治体の社会階層的特徴

2.1．もっとも変化に富みかつ魅力のある教育供給の，もっともめぐまれた自治体への集中

　自治体の社会経済・文化的な様相と，その自治体の公立中学校の教育供給の特徴の間には強い相関がある。実際，庶民的な自治体と比較して，もっともめぐまれた自治体の中学校は，選択科目，履修者の少ない希少外国語，国際コース・ヨーロッパコース，それに学外活動に対応するフレキシブル時間割などの点でより豊かな選択肢がある。いくつか例外があるというものの，庶民階層色がもっとも低い自治体にもっとも充実した公立中学校と高校が集中している事実を隠すことはできない。

　各学校の学区の性格と密接に結びついた中学校のこうした社会的差異化は，公立学校の序列化の強化に帰結する。すなわち，公立学校は，普通教育に傾いたフランス風の優等生の維持か，あるいはときに習熟度別クラスの導入をともなう，階層の混在した生徒の受け入れか，さらには「問題児」の生徒の受け入れか，どれかに「専門化」する傾向が生じる。この状況は，もっとも庶民性の強い郊外の中学校が直面する困難，すなわち，社会的最下層の生徒たちに適切な指導を施すと同時に，上層階層中心の自治体にある中学校に匹敵する教育供給を確保しなければならないという困難をあきらかにしている。

　オ・ドゥ・セーヌ県のような県の状況は意義深い。もっとも豊富かつ変化に

富んだ教育供給は，ヌイイ（Neuilly），ソー（Sceaux），リュエイユ・マルメゾン（Rueil-Malmaison），ブーローニュ・ビヤンクール（Boulogne-Billancourt），サン・クルー（Saint-Cloud）各市のような上位職業カテゴリーの住民が多数をしめる自治体に立地する中学校や高校に集中している。

　この不均衡はある面では，ジュンヌヴィリエ（Gennevillier），ヴィルヌーヴ・ラ・ガレンヌ（Villeneuve-La-Garenne），コロンブ（Colombes），ナンテール（Nanterre），クリシー（Clichy）各市のように，はっきりと庶民階層的で希少な選択科目がまず存在しない県北部と，県南部，すなわちソー市周辺にあるラカナルとマリ・キュリーという2つの中高総合学校（アントニー（Antony）にある私立のサント・マリー校をつけ加えてもよい）がずっと以前から形成している学力先進地区との対立の反映でもある。これに対して，リュエイユ・マルメゾン市は，（公立・私立混合の）西の学力先進地区を形成している。いまや，ほとんどの中学校はヨーロッパ三言語（英語・ドイツ語・スペイン語）の選択肢を提供しているが，反対に，これ以外の言語を第4学年（中学3年）あるいは，それより早く第6学年（中学1年）から選択させるという学校はまれである。「ダンスおよび音楽」というフレキシブル時間割クラスについても事情は同じである。このクラスに入るには，あらかじめ芸術音楽院のテストに合格している必要がある。教育課程の供給に関するこのような特色は，各中学校の社会学的性格に影響を与えないわけがなく，こうした学校の学区外に居住する家族が，選抜あるいは例外措置によってこれらの最高レベルの学校に子どもを送ることをうながす。しかしながら，こうした実践行動は，教育供給に関する非常に洗練された知識を必要とし，以前から準備された特定の戦略かつ／または特定のハビトゥス（芸術音楽院でつづけられる楽器演奏の習得，外国語能力等）に依存する。

　教育供給に関する中学校レベルでのこうした不平等は，高校レベルでも引きつがれている。とりわけ，（エリートコースである）グラン・ゼコール入試のための準備級の設置状況を見ればそれは明らかだ。ソー，ヌイイー，ヴァンヴ（Vanves）各市の三自治体，とりわけソー市は，あらゆる種類のグラン・ゼコール入試に対応する準備級を集中させ，学力先進地区の名に恥じない。

　ここでオ・ドゥ・セーヌ県についてみたことは，より広い範囲でパリ地方全

体についても有効だ。最新の国民教育総視学官報告書は，私たちと同じように，中学校における，魅力的でこまかく分かれた選択科目が，高校における準備級と同様，首都のもっとも上品な行政区に集中していると指摘している。パリ西部でイヴリン（Yvelines）県まで拡大された範囲をみると，サン・ジェルマン・アン・レ（Saint-Germain-en-Laye）市およびヴェジネ（Vésinet）市という特権的な自治体に国際コースが大きく集中していることがはっきりとみてとれる。

「学力先進公立学校の教育供給」のこうした配置図は，学力先進私立学校の配置図と多くの点で重なる。したがって，私立中学校に登録した生徒の数はもっとも上流階層的な自治体でとくに大きくなる。たとえば，ヌイイ，リュエイユ・マルメゾン，ブーローニュ・ビヤンクール，ムドン（Meudon），シャビル（Chaville）等の各市でこの傾向が観察されるが，中には，自治体の就学児童の半数が私立学校に通っているところもある。反対の極，すなわち，もっとも庶民階層的な自治体では，公立中学校が悪評のレッテルを張られると同時に，私立中学校が存在しない（ナンテール，ジュンヌヴィリエ，ヴィルヌーヴ・ラ・ガレンヌ，クリシーの各市）。ただ例外となるのは，庶民階層的もしくは庶民・中間階層の共存自治体であるバニュー（Bagneux），マラコフ（Malakoff），シャトゥネ・マラブリー（Chatenay-Malabry）の各市で，それぞれ24％，21％，40％という比率で私立学校に通っている生徒がいる。

庶民階層が多数を占める自治体で，選抜は課さないが相対的に多様性に欠ける公立の教育供給を補てんする役割を担うどころか，私立学校は，すでに公立の教育供給が豊かに配置されている自治体でさらに教育供給を拡大することに貢献している。公立と私立という2種類の教育供給のこのような重複は，自治体間の不均衡を拡大し，もっとも上の階層がもっとも利益を得るしくみになる。こうしたプロセスの進行は，問題となるのがほとんどの場合，選抜のゆるい「社会福祉的」私立であるばかりでなく，公立の超有名校とまぎれもない競合関係に入るきわめて選抜のきつい私立であるだけに重大な意味を持つ。上で指摘したことと同様，パリでも，イル・ドゥ・フランス（Île-de-France）地方の他の県でも事情は同じである。

3．自治体の教育的・社会階層的特徴と学校移動

3.1. 学区の公立中学校の回避の指標となる自治体外通学者

いくつかの例外を除けば，オ・ドゥ・セーヌ県における学区は自治体ベースで決められているので，自治体外に通学する生徒は学区の公立中学校回避の指標とみなすことができる。言いかえれば，もし中学校就学年齢（12－15歳：中学校就学年齢は11－15歳だが，ここでは国立統計経済研究所の分割に従う）の子どもたちが，居住地の公立中学校に通っているなら，それはその自治体の中学校が魅力的であるか，すくなくとも多くの学校回避の対象とはなっていないことを意味する。また，反対に，この年齢層の自治体外通学者の割合が多いということは，地元の中学校が魅力に欠け，学校回避がより頻繁に起こっていることを示すことになる。

選択科目，特に外国語科目の選び方によって，自治体内の別の学区の中学校，あるいは自治体外の中学校に通うことが許されることがあるとしても，選択科目構成の「標準」が自治体レベルで統一される傾向が強くなっていることを考えると，これはそれほど頻繁に起こることではない。したがって，自治体外の学校への入学を可能にする例外措置は，特定の選択（音楽・スポーツ）あるいは希少外国語（ロシア語，中国語，日本語の選択，あるいはイタリア語，スペイン語もしくはポルトガル語を第一外国語として選択）の選択のケースに限られる。こうした科目の選択は多くの場合，評判の良い学校に入るための戦略とみなしてよいが，それを実行する者は数多くはない。社会的な観点からは，（高学歴の中間および上流階層の典型的な実践行動であるゆえに）たいへん有意義であるが，こうした行動が自治体外通学にもつ比重は大きくはない。

自己都合（子どもたちの保護，仕事場との近接，兄弟姉妹の同一校通学）による例外措置請求は，中学校レベルではしだいに受け入れられなくなっているが，これは学区の中学校以外の学校への例外措置をよりきびしく管理しようという傾向のあらわれであろう。

表7-1　中学校の学区外通学者と私立通学者からみた自治体の特徴

	私立登録生徒の比率が高い	私立登録生徒の比率が低い
自治体外通学者少数	第一グループ おもに、きわめて上層階層主体の自治体、およびいくつかの社会混成自治体（ただし中間・上層階層が多く存在すること）	第三グループ おもに、もっとも庶民階層的な自治体
自治体外通学者多数	第二グループ 近くに学力先進校の供給があるめぐまれた自治体	第四グループ めぐまれた自治体

3.2. 私立の教育供給が自治体外通学に与える影響は少ない

こうした状況では，（学区制の拘束を受けない）私立学校の選択が，自治体の中学校以外の中学校に入学するためのもう一つの方法となるし，遠距離通学という問題に対する回答となることもある。自治体レベルまで教育供給の範囲を広げ，かつ学力的・社会的選抜を導入することも辞さない私立中学校は，一部の住民が感じる公教育への不満に対する答えとなることもある（Barthon et Monfroy 2003）。とはいえ，私立校に通う生徒の割合が高い自治体のうちには，私立中学校が存在しない自治体と同規模の自治体外通学者を出しているところもある（図7-1参照）。

こうした状況を説明するためには，以下の点を同時に考察する必要がある。すなわち，自治体を超えた範囲での教育供給の特徴，自治体自身の社会階層的性格，そして最後に親の社会階層である。表7-1から，自治体内の学校状況には4つのタイプがあることがわかる。

3.3. 教育的・社会的にめぐまれた自治体では学校回避に関して社会階層間の差異は少ない

私立学校に通う生徒の比率が大きく，自治体外通学者の比率が少ないのは，おもに上流階層主体の自治体（ヌイイ，リュエイユ・マルメゾン）か，あるいは，大部分は中間・上流階層が多数を占める街区だが，いくつかの庶民階層地区も対照的に併存する自治体（アントニー，アニエール（Asnières））のどちらかである。これらの市にはたいへん人気の高い公立と私立の学校が存在する。これ

図 7-1 オ・ド・セーヌ県内の自治体における自治体外通学者と私立学校生徒の比率（1999年時点）

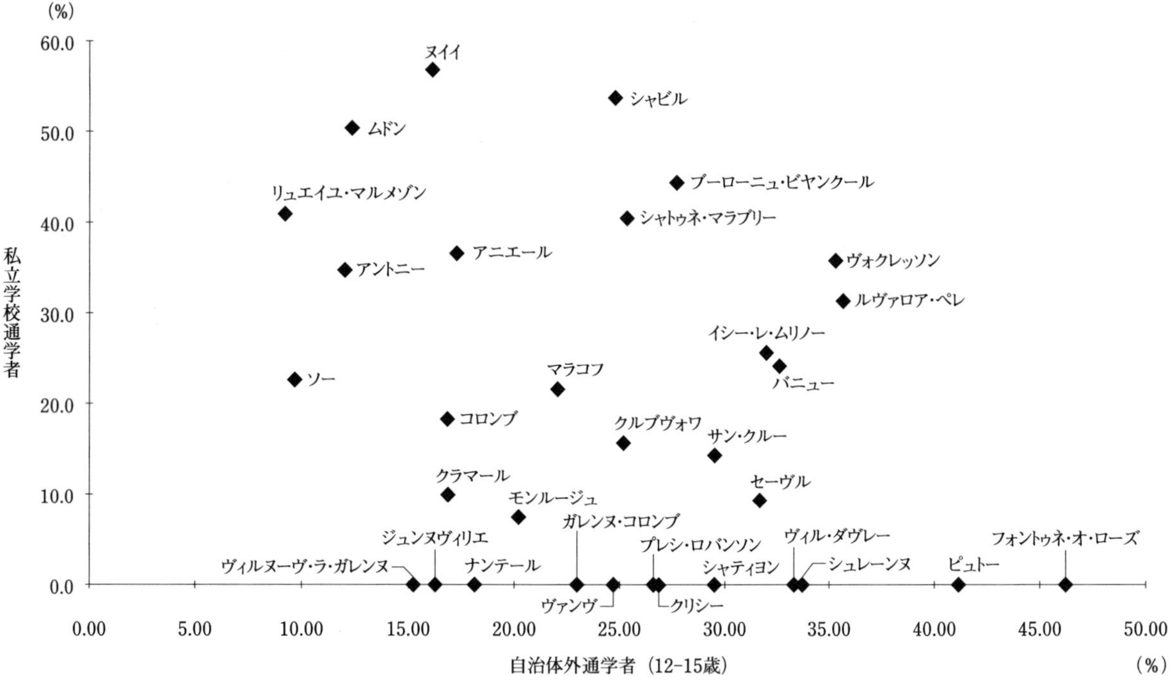

出典：国立統計経済研究所・1999年国勢調査および国民教育省評価予測局資料から作成

168　第 7 章　居住地域の社会的・教育的差異化

らの自治体では上流階層の住民の比率が平均以上に高いが，それによく示されている居住地の社会的選抜と，教育供給の豊富さとは密接に結びついている。公立および私立の有名校による複合的な教育供給が中学生たちを地元自治体につなぎとめている。さまざまな社会階層が併存する自治体では，私立中学校の存在は，庶民地区を取り込んだ学区が不利と判断されたときに，学区学校を「のがれる」手段を提供する。ソー市という自治体は，特別な位置をしめる。この自治体では，上で言及した自治体よりも私立学校通学生の割合が少ないが，それは有名公立校があるために，わざわざ私立に行く必要がないからである。これらの有名公立校に入る生徒は，この自治体の課す居住者の選抜によってあらかじめふり分けられているのである。

　これらの自治体は，自治体外に通学する者（10-11％ほど）のあいだに，社会階層による変化がきわめて少ないことによっても特色づけられる。たしかに，他の自治体と同様，生産労働者の家庭が，自治体外通学者を出すことがもっとも少ないが，上流階層との差はあまりないか，あるいは，リュエイユ・マルメゾン市のように，まったく存在しない。これらの自治体は，なんといっても，自治体の上流階層の中学生のほとんど全員が自治体内の中学校に通うという状況を維持している，他には例のない自治体なのである。

　ヌイイ市は，しかしながら，ことなった特徴をもっている。一方では，県内で一番の上流階層主体の自治体でありながら，上流階層の自治体外通学者が一番多く（17.4％），その割合の，生産労働者家庭の子どもとの開きが一番大きい自治体でもある。地元の教育供給と自治体自体の超特権的な性格にもかかわらず，もっとも上流的なパリ市内の行政区（16区および17区の一部，それにおそらく他のより中心部に位置する行政区）が発揮する「パリ伝統校の影響」も介入してくるのである。そういうわけで，学校面で魅力的な他の自治体（リュエイユ・マルメゾン，ソー）との違いは，パリに隣接するその位置と，教育行動においてより「パリ人」でありつづける上流階級の存在に帰されるのである。

3.4. めぐまれた自治体で，私立学校が存在するにもかかわらず，近くに学力先進的な教育供給が存在するために上流層の職業カテゴリーの自治体外通学者が多い

　図7-1の右側の高いところに位置づけられた自治体は，私立学校がたくさん存在することと，それでも自治体外通学者の割合が高いという事実によって特徴づけられる。これらの自治体は，だいたいが過去10年間に上流階層化がはっきりと進行したところで，現在では上流層の職業カテゴリーが多くを占めている自治体（ルヴァロワ・ペレ（Levallois-Perret），ブーローニュ・ビヤンクール，イシー・レ・ムリノー（Issy-les-Moulineaux））である。自治体からのこの流出は，近隣の教育供給に魅力があり，それが無視できない数の生徒を引き付けた結果としてしか説明できないだろう。ルヴァロワ・ペレ市のケースがそれにあたり，ヌイイ市に隣接し，そこの公立・私立の卓越した教育供給を利用している。ブーローニュ・ビヤンクール市も同様で，パリ市内の16区に隣接し，そこにある有名校を利用している。

　この集団に属する自治体のうちで，庶民階層的な自治体はバニュー市と，そしてどちらかといえば（大部分の街区が中間・上流階層でしめられ，いくつかのきわめて庶民色の強い街区が存在する）シャトゥネ・マラブリー市に限られる。上のケースとはことなって，これらの自治体では，学力先進地域への近さではなく，庶民階層的中学校の回避と，私立学校が上流階層子弟の大部分を収容する能力がないという事実が，自治体外通学者の比率がかなり高くなっていることを説明する。

　これらの自治体での自治体外通学は，社会階層的にきわめて差異化されており，おもに上流層職業カテゴリーの家庭にみられる（世帯主が上級知識職・上級管理職の家庭の39％および60％に対して，事務系労働者の子どもでは12％と21％，生産労働者の子どもでは8％と18％にすぎない）。

　この事例が示しているのは，庶民階層の居住者が少ない自治体に住む上流層職業カテゴリー住民の中学校の選択は，単にその中学校に通う可能性のある生徒の評価（この場合は，当然かなりのプラス評価となる）だけではなく，可変的に想定されるさまざまな環境において，その教育力を評価される学校間のたいへん細かい序列づけにも依存するということだ。このような人々は，自分が上

流階層的な自治体に住んでいるにもかかわらず，自治体外の公立校が私立校に対抗できるものであるときには，それを利用するのである。

3.5. めぐまれた自治体に私立学校の存在しない場合，上流層・中間職業カテゴリーの多くが自治体外の学校を選択する

　図7-1の右下側には，自治体内に私立学校がまったく存在しないか，ほんの少ししかなく，自治体外通学者の比率がたいへん高くなっている自治体がある。これらの自治体の教育供給は限定されたものだが，同時にこれらは中間および上流階層の住民を受け入れている自治体でもあるので，各家庭は他の自治体の公立あるいは私立校に子どもを入学させる文化的かつ／または経済的資本を保持している。フォントゥネ・オ・ローズ（Fontenay-aux-Roses），ピュトー（Puteaux），ヴィル・ダヴレー（Ville-d'Avray），セーヴル，シュレーンヌ（Suresnes）各市のケースが典型的にこれにあたる。

　自治体のこうした性格は，上でみたグループの自治体とかなり似ているが，上流階層出身の中学生の自治体外通学が明らかに多くなっている一方，同時に自治体間の相違も，35％から59％と，大きくなっている。私立校の不在は，しかしながら，伝統的によく私立を利用する商店主，職人，小企業主の子どもたちの自治体外通学がきわめて高率（ピュトーでは60％にも及ぶ）になる結果をまねいている。

3.6. 庶民階層的自治体では自治体外通学率が社会階層によって大きく変わる

　図7-1の左下側には，私立学校があまりないか，あるいはまったく存在しない自治体で，かつ自治体外通学も低い比率にとどまっている自治体が見いだされる。これらは，オ・ドゥ・セーヌ県北部に位置するもっとも庶民階層色の強い自治体（ジュンヌヴィリエ，ナンテール，ヴィルヌーヴ・ラ・ガレンヌ，コロンブ）であるが，ここに住む庶民階層家庭の大部分は隣接する自治体の私立校を利用するための経済資産も，自治体外の公立を使って他の進学先を考えだすための文化資産も持ち合わせてはいない。その意味で，これらの家庭は地元の教育供給に依存し，そこからぬけだせない。このグループの自治体は，たがい

にたいへん類似しており，もっとも庶民階層的で，かつ私立校がない自治体をくっきりと浮びあがらせている。

ヴァンヴは，私立学校が存在せず，また，上でみたグループの自治体よりも，若干自治体外通学者が多いにもかかわらず，それらとくらべて庶民色がはっきりと薄い自治体である。この自治体がこの位置にあることは，高校部に準備級（CPGE）を持っている有名な中高総合学校ミシュレの存在によって説明されるだろう。この学校が，より要求の高い社会集団の子どもたちの進学先を確保しているのである。

ここまでみてきた自治体における自治体外通学の実態は，自治体外通学と，それをする生徒が属する社会階層との間にある強い相関関係を明らかにしている。自治体外通学は，社会階層が下がってゆくにしたがって，規則的に減少するのである。

これらの事実は，庶民階層的な自治体が，中間階層や，特に上流階層の子どもを自治体内にとどめておくことのむずかしさをよく示している。とりわけ，自治体内での階層的対比がはっきりと見てとれるときなおさらそうである。これらの自治体に住む上級管理職と上級知識職の12才から15才の子どもの半分近くが自治体外通学をしている（これに対して，生産労働者の子どもでは8％にすぎない）。これらのデータは，庶民階層の子どもたちは居住地とその学校にしばりつけられているが，反対に他の階層の子どもたちは，より簡単に学区を出ることができるという事実を明らかにしている。

ここまでみてきた4つの状況のうち，ただ第一グループ（自治体外通学者少数・私立登録生徒の比率が高い）の場合だけ，上流階層の子どもの自治体外通学の比率が，他のグループの自治体よりはっきりと低く，かつ，ヌイイ市とムドン市を例外として，世帯主の社会職業カテゴリーによる変化が少なかった。この結果は全く論理的といえる。というのも，地元の教育供給が十分に豊富かつ選抜的であるから，すべての社会層，とりわけ上流階層の教育的要求にこたえることができるからである。

これに反して，残りの3つのグループでは，社会階層間による差異がずっとはっきり観察され，どこでも同じ論理が働いていることが明らかになった。自治体が上流階層的であろうと，庶民階層的であろうと，上流階層に属する家庭

は，とびぬけた頻度で，かつ，はっきりと他の階層よりも頻繁に子どもを自治体外の学校に通学させているのである。

4．ナンテール市とリュエイユ・マルメゾン市
――教育行動の原動力が自治体の階層的特徴と教育供給に密接に結びついていること

4.1．居住地周辺の状況とどこに立地する学校に子どもを入れるかという選択

自治体内に目を向けて居住地の周辺を分析することによって，人々を動かす原動力の様相をよりはっきりと知ることができる。ここでは，それを，社会的・教育的・政治的に好対照をなす隣接する2つの自治体についてやってみよう。

まず，ナンテール市だが，これは多くの庶民階層住民（1999年において，就業人口の58%が生産労働者または事務系労働者）を擁し，またかなりの数の外国人（16.4%）も居住し，低家賃集合住宅団地の規模も大きく，全人口の54%がその種の住宅に居住する。もっとも，これら3点については，街区間でかなりの偏差がある（たとえば，中間・上層階層が50%を超え，低家賃集合住宅団地居住者が15%にすぎない街区もある）。これに対してリュエイユ・マルメゾン市（以下「リュエイユ市」とする）は，より多くの中間・上流階層を受け入れ（生産労働者・事務系労働者は就業人口の33.2%にすぎない），低家賃集合住宅団地の規模は小さく（23.5%だが，これには中級の公共住宅がかなり含まれる），そして外国人の数も少ない（7.1%）。

教育に関して言えば，リュエイユ市の公立の中学校と高校はたいへん高い評価を享受しているが，そのもとになっているものは，入学者の特徴を別にすれば，多くの選択科目と外国語科目を誇る多様な教育供給である。この自治体は，私立学校の数・評判でもナンテール市を凌駕しているが，それというのも，リュエイユ市では40%の生徒が私立に通い（ナンテール市には私立学校はない），またそのうちいくつかでは，全国的にランクの高いグラン・ゼコール受験に向けた準備級を開設しているからだ。

学校に入学してくる生徒の居住範囲を，学校の実際の設置場所から決めよう

としても簡単にはいかない。学校が地理的に離れたところをその学区としていることがある，という事実は別にしても，学校をどのようにとらえ，どのように序列化するか，その現場における論理は複雑を極める。それには，学校の所在地や学区の社会階層的特徴とか，学校自体の特徴（選択科目，コース，教員，学校の歴史）とか，さらには建物や設備の見た目の良さなどという「客観的」なデータが関与するのは確かとしても，比較のために考慮される地理的範囲はかなり変動し，それにともなって上でみたいろいろな基準の関与のしかたも大きくことなる。

　小学校については，比較の範囲はおもに自治体でとどまる。一つの自治体内の小学校が，所在地やその住民と結びつけて比較される。すでにこのレベルから，だいたいみんなが合意する序列化が生じる。しかしながら，親たちに対しておこなわれた面接調査を分析すると，ほとんどの人が小学校自体に対する判定（その学校が受け入れる生徒によって決まるもの）を，学校の教員および教育の質とは区別しているのがわかる。

　中学校の段階となると，学校をみきわめ，分類するための基準と地理的範囲が複雑になる。自治体レベルが問題になるのは当然で，親たちはかなり自然かつ容易に自治体内の中学校を比較し分類するが，そればかりでなく，比較の範囲が他の自治体にまでおよび，ついには広域の学校圏をもはみ出してしまうこともある。

　いずれにしても，学区制の拘束，近隣学校優先，それに地方政策にかかわる多種多様な理由から，自治体という範囲が中心的となるのだが，それが唯一のやり方というわけではない。

　小学校（7歳から11歳）の段階で自治体外通学は，ほとんど観察されない行動だが，図7-2をみれば，ナンテール市の中間・上流階層では，その比率がより大きくなっているのがみてとれる（リュエイユ市と較べて，職人，商店主，企業主では4倍，上級管理職・上級知識職ではほぼ2倍と，より多くの子どもが自治体外の小学校に通っている）。

　2つの自治体がきわだった対照を見せるのは，12歳から15歳の子どもの自治体外通学の比率である（図7-3参照）。

　—リュエイユ市の中学生では，自治体外通学生の比率がたいへん低くとどま

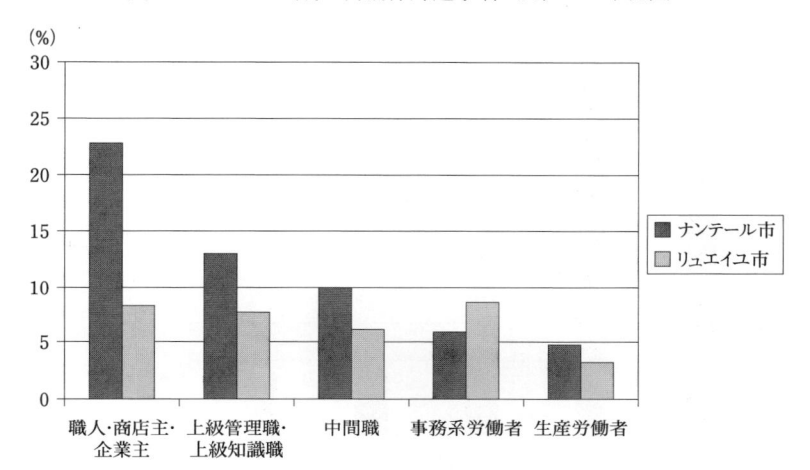

図7-2　7-11歳の自治体外通学者（％，1999年現在）

出典：国立統計経済研究所およびモーリス・アルブヴァックス社会学研究所『1999年国勢調査』

っており，しかも社会階層ごとの変化がほとんどゼロである。
— 同じ比率がナンテール市ではより高く，しかも社会階層ごとに大きな差異がある。

ナンテール市の学校に通うべき生徒のうち，上流階層の半分ほど，中間職では30％ほどが自治体外に通学している。これに対して，庶民階層の子どもたちは，大部分が自分の住んでいる自治体の学校に通っている（事務系労働者では86％，生産労働者では92％をやや上まわる）。上級管理職と生産労働者の子どもの間の差異は，ナンテール市では非常に大きく（5.6倍），リュエイユ市ではほとんどない（1.03倍）。

4.2．教育供給の違いが影響しているのか？

両市の中学校の選択科目を比較すると，はっきりとした違いがきわだつ。ナンテール市の中学校がすべて「社会福祉的選択科目」（学習遅滞の解消をめざして，どちらかというとめぐまれない社会階層出身の生徒たちのために設けられたもの）を開講しているのに対して，リュエイユ市ではこうした選択科目をもっているのは全体の半分に過ぎない。

図7-3 12−15歳の自治体外通学者・親の職業別に集計（1999年現在）

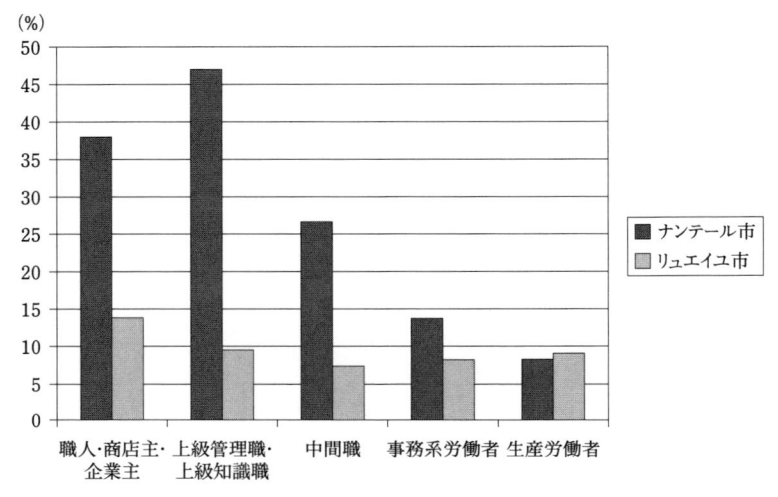

(%) グラフ：職人・商店主・企業主、上級管理職・上級知識職、中間職、事務系労働者、生産労働者の5区分、ナンテール市とリュエイユ市の比較（ナンテール市は上位3区分で高い値：約38%、47%、27%；リュエイユ市は全体に低い：約14%、10%、7%、8%、9%）

出典：国立統計経済研究所およびモーリス・アルヴァックス社会学研究所『1999年国勢調査』

　これとは反対に，リュエイユ市の中学校における外国語科目の豊富さは，現代語・古典語どちらに関しても，明らかにバイリンガルコースやヨーロッパコースの存在から結果したものだ。このような違いは，まったく驚くにはあたらない。それどころか，それは単にナンテール市において，庶民階層のめぐまれない子どもたちを数多く受け入れている自治体に共通の課題，すなわち学習遅滞解消に特化した対策が重要な意味を持つことを示している。しかしこのことは同時に，中間・上流階層家庭にとって，もっとも魅力的であると同時にもっとも細分化された選択科目が，リュエイユ市の中学校と同じ程度にまでは展開されていないことも明らかにしてしまうのである。社会環境の知覚のほうに結びつく他の諸要因は別にしても，教育供給のこうした不平等が，ナンテール市の中間・上流階層の行動に影響を与えているのではないかという問いが生じる。この影響は，もちろん両市のケースでは，リュエイユ市に数多くの魅力的な私立学校が存在し，ナンテール市には私立学校が存在しないという事実によって増幅される。

4.3. 自治体内部で作用する力

しかしながら、自治体内の状況を分析してみると、ナンテール市においてまぎれもなく顕在化している上流階層の子どもの学校回避は、もっとも評判の悪い中学校を対象としているのではなく、反対に、庶民色のもっともうすい地区に位置し、学区からみても中間階層を中心とした均一な生徒層を確保している中学校を対象にしているということがわかる。この事実は、望ましくないとみなされて回避される学校が、その生徒の社会階層のみで判断されるという説明を唯一のものとする立場の弱点となり、ひいては、庶民階層との差異化の意図を援用する説明の弱点ともなっている。学校回避という行動は、学区の学校が比較的めぐまれた家庭の生徒を受け入れている場合でも、学力面で、より上位の学校を求めるという形であらわれる。このことから、学力への配慮の強い独立性がみえてくるが、これに関して人々は、住居・余暇・地元のつきあいで依拠するのとはことなった知覚にもとづいて、ことなった行動を地元でおこすことになる。こうした事態は、むしろ、教育投資を「最適化」しようとする中間階層の戦術思考能力と、合理的な行為者という点に依拠する主張を正当化する。

学校回避行動を検討するもう一つの道は、第6学年（11歳時）の中学校入学時における入学者を、中学校に生徒を送る小学校との関係で考察し、小学校から中学校に入るさいに失われる生徒の数を調べることだ。このやりかたなら、同一自治体内の別の中学校に入るための学校回避も取り込むことができる。ナンテール市では、この生徒喪失の比率は、どの小学校を考慮しても、まず20％を超えることはきわめてまれだが、これに対してリュエイユ市では、大多数の小学校でこの問題が起こり、生徒が社会的にもっともめぐまれた層から来ている小学校では、その比率が最高35％近くまで上がる。とくに、この場合、避けられる中学校が市でもっともよいとされる学校であるだけに、この数値は驚くべきものだ。しかも、この自治体では自治体外に通学する上流階層生徒の比率が低いことを考えると、これは地元のきわめて選抜的な私立学校に多くの生徒が流れていることを意味する。これの対極にあるもっとも庶民階層的な小学校の場合、大多数の生徒を学区にある中学校に送っている。この中学校が、市でもっとも悪い評判のレッテルを張られているにもかかわらず。

ここまで指摘した諸点から、自治体の外にでるということだけが、学区の学

校回避の論理を示していると考えるのは，実際に作用している力のありかたを理解するのにまったく不十分だ，ということがわかる。自治体内の公立・私立の教育供給の多様性，そして住民の社会階層構成を考慮すると，リュエイユ市の場合は，ナンテール市とは反対に，教育行動を特徴づけるのは，外部を志向するよりも自治体内部ではたらく論理である。

　この観点からは，リュエイユ市では，ナンテール市よりも全体的に悪いとみなされる学校が少なく，かつ自治体外通学がはっきりと少ないにもかかわらず，学校選択に関してはより厳しい選抜が働いているという特徴がある。学区制度が生徒の配分に関して実際にどのようなはたらきをしているのかという問題は，学区をなす街区や各家庭，そして教育供給（とくに私立学校の存在）の特徴としっかりと関係づけられて初めて理解されるだろう。評判の悪くない公立中学校の生徒の相当数が，リュエイユ市においては私立に流れるのは，「教育困難校」を避けるというよりも，近くの私立で学力優良校を求めてのことなのだ。狭い範囲における学校のランクづけは，相対的なものであるのはまちがいないとしても，さまざまな家庭が生産する言語活動・実践行動から組み立てられる。そのさい，関係する空間とその住民をどうとらえるかということだけではなく，学力養成に特化した観点からの評価もまじりあう。

　同じような論理が普通科高校のレベルでもみてとれる。リュエイユ市の場合，自治体の外の学校に通う高校生は庶民階層のほうが多いのに対して，ナンテール市では反対の状況が出現し，自治体外通学者はおもに中間・上流階層の子どもたちである。すなわち，リュエイユ市では，上流階層の子どもたちが自治体内の中学校に通いつづけることが，普通科高校の選抜をいっそうきびしくすることになり，その結果，生産労働者や事務労働者の子どもたちが，普通高校の進学を選んだ場合，より多くが自治体外の学校に向かうことになるのである。ナンテール市では，状況はまったく逆で，上級管理職の子どもで自治体外の普通高校に通うものが60％をこえる。この結果は，リュエイユ市の普通科高校の非常な人気と選抜のきびしさ，以前は現在より庶民階層が多く存在した同市の職業高校の選択の少なさ，そしてナンテール市の「中間階層」の生徒の一部をシュレーンヌ市の学校に割りあてる学区制度そのもの，という要素のからみによって説明される。

図7-4　16-18歳の自治体外通学者・親の職業別に集計（％，1999年現在）

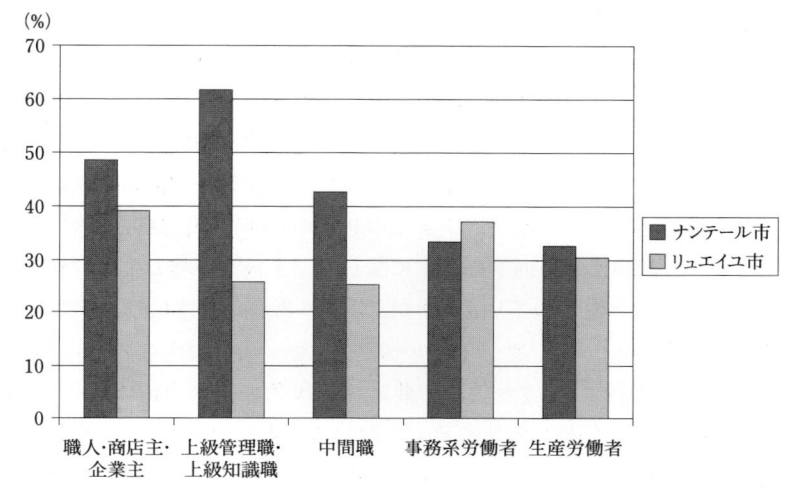

出典：国立統計経済研究所およびモーリス・アルヴァックス社会学研究所『1999年国勢調査』

5．社会的・教育的混成に向けていったい何が可能か？

5.1．さまざまに変化する教育行動

　いろいろな地域レベルでおこなわれた分析によれば，都市空間ははっきりと序列化されており，それが場所ごとに明暗をわけた学校状況に反映している。もっともめぐまれているところに，もっとも「効率的」で変化に富み，人気がある教育供給が集中している一方で，もっとも庶民的なところでは，公立・私立とも，教育供給は客観的にみてあまり発達してはいない。とはいえ，こうした二極的なみかたは親たちの教育行動を説明するのには十分ではない。彼らの行動は，彼らの知覚や行為が意味を付与される空間的・教育的枠組，すなわち彼らのおかれた現場の状況と結びつけて理解される必要がある。

　上流階層に属する中学生のほぼ全員を，自治体内の学校に通わせることができるのは，めぐまれた社会階層の住民が多いという条件に加えて，自治体内に公立・私立の「優等校」をもっているひとにぎりの自治体に限られる。それ以

外のケース（私立校のない庶民階層的な自治体，めぐまれたほうの自治体で私立校あり・なし）では，地元からぬけだす（したがって，一部は学区制の拘束をきりぬける）能力は，その家庭の社会的な特徴と密接に結びついている。上流階層は，庶民色がほとんどない自治体でも，自分の子どもを中学校に入れるとき自治体の枠に拘束されることがまずない。その対極では，庶民階層家庭の子どもたちには学校移動の可能性がもっとも少なく，彼らは大多数が学区の学校に通う。いくつかの自治体では，上流階層中学生の40％から60％が，居住自治体外の学校に通っている。自治体外通学の比率に関して，上級管理職と生産労働者の間の差異がもっともきわだっている（8倍ないし5倍）自治体には，非常に上流階層的な自治体（たとえば，サン・クルー，ブーローニュ・ビヤンクール）のほか，庶民階層的な自治体（ナンテール）や非常に庶民色の強い自治体（ヴィルヌーヴ・ラ・ガレンヌ）も同様に含まれる。すなわち，表に現れる行動は同じでも，その裏にはことなった願望が隠されているのだ。社会階層的帰属や，それが地元の居住地の社会的状況と相関して生みだす作用がそうした願望の相違のもとになる。

　学区の公立学校を回避するという行動は，庶民階層の住民が多い街区に住む中間・上流階層に限られてはいない。いくつかのめぐまれた自治体では，上流階層は，居住地周辺の教育状況がかなりめぐまれたものであるときでさえ，彼らの教育戦略を，中学校の段階から自治体よりもはるかに広い範囲で考えている。リュエイユ市のように，自治体外通学が少ないところでも，住民の現場での戦略は，ある学校を避ける戦略か，あるいはより「ランクが高い」学校への入学を確保するための戦略として解釈できる。庶民階層と移民層から距離を取りたいという意志自体からくるものと，よりよい教育成果を求める手段的・合理的・功利的論理からくるものとを区別することにこそ，困難のすべてが集約している。それほど両者は互いに入り組んでいるのだ。

　学校における隔離状況は，したがって居住地における隔離状況のたんなる反映ではなく，上流階層と，いくらか程度はさがるが中間階層の家庭による「学校選択」をとおした社会的選抜によって強化されている。こうして，庶民階層地区，または社会混成地区に位置する中学校は，地区間の対比がはっきりする状況下で，その学校の学区自体よりいっそう隔離されたものとなってしまう。

ベルリン（Noreisch, K. 2005），ロンドン（Butler et Robson 2003），アムステルダム（Gramberg 1998）など，通学すべき学校に関する規制状況がときに大きくことなるヨーロッパの他の都市についてなされた研究も，同じ結論に至っている。シカゴについて現在進行中の研究についても同様である。

フルジ（Felouzis 2003）がボルドーの大学区の中学校について示したように，このことは，民族的な隔離についてもあてはまる。

5.2. 学区制度の限界

このような状況を前にして，中学校入学を効率よく規制する方策とはどのようなものだろうか。それは，学校における社会混成を保証することができるだろうか。上でみた諸点から考えて，こうした方策には批判的な検討がまたれるが，また，社会混成という問題についてより一般的な注解も必要となる。

すでに都市空間自体が，その住民の社会階層（および他の多くの要素）によって差異化されているとき，学区制の目的として社会混成を公然と持ちだし，かつ学区の決定を細かい局所的なやり方でおこなうことには，本質的な緊張，もっと言えば，矛盾が生じざるをえない。自治体の境界を超え，現実に社会階層がことなる街区をひとまとめにするような線引きを考えない限り，学区制が学校における社会混成にもたらす効果はかなり相対的なものにとどまると，考えざるをえない。

そのうえ，政策の範囲を学校に限ることで，こうした制度は居住地の社会階層的隔離状況の本質に何の変化もあたえない。すなわち，（住宅政策をはじめとする）都市政策と教育政策の分担という問題が浮かびあがる。2つの領域を組み合せた政策のみが，学区制に，学校における社会的隔離状況と戦うための効率的能力を与えるだろう。

ところで，都市政策の経験と最近のSRU法（社会結束および都市更新に関する法律）をめぐる論争は，都市の居住状況に切りこもうとするやいなや，いかに大きな政治的・イデオロギー的抵抗に出あうかということをいかんなく示した。とはいえ，ナンテール市とリュエイユ市の事例は，この領域がどれほど本質的で，どれほど学校をめぐる人々の行動と絡み合っているか，ということを示している。

ナンテール市は，戦後の経済成長と切りはなせない生産労働者と移民の居住で色濃く特徴づけられている。この自治体の都市としての社会的な性格は，いまだにこうした歴史と，戦後ずっと市を運営してきた共産党の歴史に密接に結びついている。ナンテール市はしだいに「赤い」郊外となり，この自治体のイメージと政策のかなりの部分を決定づけるのは，現在では人口構成が変化した街区もあるのに，あいかわらず公共住宅の大団地群なのである。このような市の来歴がどのような影響を与えているか評価するのはむずかしいが，パリ西部地域にかなり居住している上流階層が，早い時期から市内に住みつくために，有利な条件とはならなかったろう。最近になって，住宅価格上昇がいちじるしい街区でみられる中間階層の増加は，人口構成を多様化して，地方政治の従来の均衡を変化させるのに貢献し，結果として共産党が選挙のたびごとに伝統的な支持基盤と得票をしだいに失うことになった。
　このような最近の動き，あるいはラ・デファンス（La Défense）地区拡大の大事業（Seine-Arche整備計画）などの他の動きのせいで，社会階層の混成や中間階層の到来といったことが政治日程にのぼるようになった。こうしたルートを通して悪い評判のレッテルを張られた学校や，それが中間階層の学校選択にもたらす影響などが議論され，緊張を生んできた。それほどこの問題のもつ政治的意味が大きいのである。市当局は，今日，市政の将来にしだいに大きな位置を占めつつある社会層からだされる新たな要求，すなわち，他の自治体の学校に対して競争力のある教育供給を求める要求に直面している。このようにみてくると，人口政策，経済・社会的発展，政策運営にかかわる市の地方史が，今日，社会混成をめぐる行動や意識を構造化しているのがわかる。
　リュエイユ市を特徴づけるのは，まったく別のモデルである。この市では，非常に早くから市長が，中間・上流階層を受け入れる都市政策を展開してきた。古典的な「赤い」郊外の社会政策モデルにそって，大規模な公共住宅建設政策が市の輪郭を決定したナンテール市の対極で，リュエイユ市は，資産形成・中級（中規模）集合住宅・一戸建て住宅を中心とする住宅政策を展開した。リュエイユ市はしたがって，住宅地として発展し，まさに都市中間層をひきつけるべく，市の住居環境，公共設備，家族・子ども政策を前面に押し出した。その中にはもちろん市が誇る「学校施設」も入っていた。こうした子どもをもつ中

間階層は，最上位の学校が集中的に立地しているパリ市内の区に住もうとしても，しばしば手が届かないのが現実だが，それらの学校に入るための競争がますます激しくなるという背景のもとで，リュエイユ市が持つ教育供給は，まさにこうした社会層を，かなりの数ひきつけ，それが市の自治体としての人口政策を決定づけた。市当局は，自信をもって市の住環境の良さと学校の質の高さを喧伝した。最近10年間に人口増加のあった他の自治体と同様，リュエイユ市は住民の上流階層化への強い傾向を維持した。これに対して，庶民階層的な自治体（たとえばナンテール市）では人口が減少するか停滞したのである。

　住宅政策が，ある種の社会階層を引き寄せて，他の階層を暗黙のうちに排除する自治体間の競争で中心的な役割をはたしてきたのと同様に，教育政策もこの戦略の重要な要素になりつつある。

　そのうえ，こうした動きは郊外の庶民階層色の強い自治体にとっても問題となる。というのも，これらの自治体は，30年にわたる最下層の受け入れと，公共住宅大量建設政策のはてに，人口構成を「均衡化」させて，社会混成を以前より促進したがっているようにみえるからだ。しかしそれには，（15年にわたる経済・都市問題の深刻化をへたあとで）たんに，中間・上流階層に対して自治体の魅力を減じている固定されたマイナス評価をくつがえす必要があるばかりではなく，中間・上流層の社会階層を引きつける政策が，都市化の社会的歴史ゆえに，はるかに実行しやすい他の自治体と対抗する必要もあるのである。

　したがって，問題は，都市における社会混成を実現するために，自治体の行政に介入する余地があるかどうか，という問題でもある。

　学校における隔離状況解消をめざす戦いにおいて，学区制の効果を制限するもう一つの要素は，言うまでもなく私立学校の利用である。これは，学費負担という，それ自体が学校の選別性と威信に大きく貢献する条件を満たすことができれば，家庭に対する学区制の拘束を大きく軽減する。私立中学校も学区制に組み入れない限り，こうなることを阻止することはできない。同様に，教育資源全体の，自治体間の相互補完的再編をめざす地方行政に，私立部門をも組み込むことは大変に困難なことだと思われる。その一方で，私たちがこれまでみてきたように，もっともめぐまれた一群の自治体には，公立と私立の学力先進校がどちらも存在するという二重の特権がある。

第三のポイントは，一方では，地域的に均一でない公立の教育供給，他方では国民教育省がその対策として打ちだした積極的差別是正措置がもたらす，いろいろな社会集団による学校評価への影響に関係する。このポイントは，それまでもっともめぐまれた一群の学区で教育供給を多様化するために使われていた予算と労力を，もっとも困難をきわめた学区群における学業遅滞との戦いに向けるようにした，この積極的差別是正措置のゆがんだ効果ととらえることもできる。すなわち，一方では，めぐまれた中学校の教育供給の多様化と洗練，他方では，学習遅滞に対する戦いと生徒の支援を確立する日々の実践。この事実には何も驚くべきところはないが，それでも，学習遅滞対策をする同じ学校に，そういう対策と並行してより選抜的な進学コースが設置されないという事実には疑問が残る。教育に対する期待は社会階層ごとに差異化されているから，お金もち地区には学力先進的な教育供給，庶民階層地区に最少供給という政策を展開すればいいという考えは，国民教育省の最高の地位を占める人々にまで浸透しているようだ。たとえば，オ・ドゥ・セーヌ県大学区の視学官は，以下のように言明している。

　「われわれは，社会と生徒の親が学校に対してますます差異化された要求をもっている状況に直面している。一例をあげよう。ヌイイのパスツール高校に，あらゆる手段をつくして子どもを入れた親たちは，別にこの高校が自分の子どもをしつけてくれるとは思っていない。この高校に入れば，試験に受かるチャンスが大きくなると期待しているのだ。これに対して，たとえばナンテール市などだが，親たちは，学校が子どもに基本的なしつけを身につけさせることを望んでいる。自分ではしつけることができないからだ。学校の使命は，だから非常に多様化した社会の要請にこたえることなのだ。」（オ・ドゥ・セーヌ県教育誌，2004年第33号，6ページ）

　こうした考えにしたがえば，たいへん条件のよくない学区の学校に，教育的見地から細かく分かれた選択科目を維持・導入すること，そしてそのコストが疑問視されることになる。
　中間・上流階層の親たち，そして庶民階層の無視できない部分も，こうした

教育の提供と機会の不均衡にしだいに強い関心を向けつつある。学校の社会階層的環境の知覚により直接に結びつく他の要因とは別に，これらの細かく分かれた選択科目（特に外国語科目）の提供における不均衡が，社会階層が混在している自治体に住む中間・上流階層の教育行動にどう影響するか，検討する余地がある。

　こうしてみると，都市環境で，学校に関して人々が感じるいらだちがよくわかる。競争をとおしてますます子どもの運命を決定づけるものとみられるプロセスのただ中に位置づけられて，学校は，それとの関係で個人の社会的可能性が思考されたり，夢想されさえする制度の代表でありつづけている（Dubet 1999, Dubet et Duru-Bellat 2000）。学校は，学校にかかわる親たちの側からは，過度の期待とそれにともなう行動の対象となり，それによって，庶民と移民には出番のない競争空間となっている。学校と居住地の両方を通して上流階層が享受する二重の選抜がこのことの究極の反映であり，中間階層と庶民階層の多くの人々の痛恨をいっそう深めるが，彼らは，社会制度そのものによって，そして最良の都市空間への接近制限強化によって，自分たちがどうにも動きがとれなくなっていると感じる分，それだけこうした形での教育的流刑を拒否するのである。

　このことは中間階層の定義の問題にも関係する。国立統計経済研究所がしているように，この階層を中間的職業カテゴリーの全体からなっているものとすると，以下の2つの事実を確認する必要がある。まず，この職業カテゴリーは学校に関して，選択的に行動する度合いがはっきりと低く，たとえば，自治体外通学などをあまりしない。たしかに，事務系労働者や生産労働者よりは選択的だが，上級知識職などとは比べものにならない。ところが，多くの研究で，中間階層は暗黙のうちに，国立統計経済研究所のいう中間職のうち，もっとも高学歴の一部分，グループ内でもっとも「インテリ」である人々のこととされ，都市再開発による上流階層化のプロセスと結びつけられている（Donzelot 2004）。たしかに中間階層の「知識職上部層」が学校に関して（そして彼らの財力が許すなら都市居住空間に関しても）もっとも「戦略的」であり，自分たちを庶民階層から差異化しようとしているのは事実しても，他の階層すべてについてこのようなことがないかどうか，問われる必要があるのは，何も変わらない。

都市空間における中間階層に関心を向けることが大切なのは，社会混成がある空間で社会集団がどのように共生しているのか，まさにその様式をより的確に把握するためであり，また，この階層混合空間が，都市空間の大多数を占めるのにあまり研究されていないのが現状だからだ（Préteceille 2003, Oberti et Préteceille 2005）。とはいえ，これが，隔離の問題をめぐって社会集団間をつらぬいている分裂を低く見積もるようなことに行きついてはならない。社会的な経歴と住居歴とはたがいに密接に関連しあっており，一方では，私企業上級管理職（パリ西郊の最高級住宅地に典型的）と上級知識職（こちらはパリ市内や教育的に最高水準の自治体を好む），他方ではその他の社会層の2つをはっきりと区分けしている。このような理由で，私は，パンソン゠シャルロ（Pinçon-Charlot 2003）がパリの上流階級に関する研究で使う「場所のブランド」よりも広い意味で，住居のある場所に付随する可能性ということの重要性を強調したい。パンソン゠シャルロは象徴的次元で場所に付属する差異化や威信，そして社交生活の管理という点におもに重点を置くのだが，それよりも，教育，保健，文化，安全，交通手段等にかかわる公共または私営の設備・サービスを利用できるという，場所に結びついたプラスバリュー（相対的利点）を強調する必要がある。こうしたものの利用可能性には，自分の手に入るもの・入らないものは何かという判断と関係するより質的・主観的側面がある。つまり，都市空間自体とそれへの接近可能性を考え，評価する能力のことである。

　不動産市場は，こうした利用可能な設備・サービスの種類と規模とを評価し，価格に織りこむ。こうして市場は，その場所で利用可能な設備・サービスを経済的に価格に翻訳するのだが，同時にそうすることで，そうした設備・サービスの現状をはっきりとは見えないようにしてしまう。どこかの都市空間における教育の価値が不動産価格に反映されたときから，そこにある学校の「公共性」は減じると言わざるを得ない。こういうわけだから，居住地に付随する設備・サービスを利用する可能性は，それに固有の作用を持っていることは当然としても，経済資本と密接に結びついたものであることにかわりはないのである。こうした観点から，もっとも選抜がきびしい都市空間に位置している公立の総合校（groupes scolaires publics）[i]は，いったい「公立校」と言えるのかという疑問が生じてくるだろう。

こうした分析からは，次の2つの問いかけが生まれる。

―学区制の恩恵を受けているのは，ほんとうはだれか？　この論文で取り上げられたデータからは，学区制が，中間階層，そしてとりわけ上流階層の行動にあまり影響を与えないことがはっきりした。上流階層は空間的な拘束を受けることがまずない階層なのだ。反対に，庶民階層は学校の割り当てによって，よりいっそう彼らの空間に閉じ込められてしまう（もっとも状況の悪化した街区では，それに悪評のレッテルがともなう）。学区の拘束はこの階層に対してこそずっと効果的に働く。社会混成が学校間の社会的・教育的格差を是正するという前提で，教育における社会的不平等と戦うために導入された措置の逆説的な結果がここにある。この措置は，まさしく根深く不平等な適用をとおして，もっともめぐまれた階層に有利に働くように実施されている。

―だれが社会的・教育的混成を望んでいるのか？　「上流階層ではない」と答えたくなる。彼らは，居住地における仲間うち環境に，教育におけるなおいっそう選抜的な仲間うち環境を重ねようとしている。中間階層に関しては，答えはずっと複雑で，用語の定義の問題，都市のどういうところに住んでいるか，という問題がからむ。最後に，庶民階層に関してはどうかというと，彼らが社会混成に利益を認めていない，と主張する研究者がしだいに増えている。今後，進むべき段階は，庶民階層の判断を，事前の思い込みを排して収集することができる調査を，まず展開することであろう。

訳注
ⅰ）公立の総合校（groupes scolaires publics）とは，一般に同じ敷地内に保育学校から中学校ないし高校までが隣接した学校を指す。

（本論文は，Marco Oberti (2005), "Différenciation sociale et scolaire du territoire : inégalités et configurations locales", *Sociétés contemporaines*, no. 59-60, pp. 13-42 の訳である。なお，注の翻訳は省略した。省略した参考文献とともに原文にあたっていただきたい。）

参考文献（本文で言及されたものに限定）

Ballion, R. (1982), *Les consommateurs d'école: stratégies éducatives des familles,* Stock.

Barthon, C. et Monfroy B. (2003), *Les espaces locaux d'interdépendance entre collèges : le cas de Lille,* Rapport de recherche, CLERSE/IFRESI.

Butler, T. et Robson G. (2003), *London Calling : the Middle Classes and the Making of Inner London.* Berg.

Bourdieu, P. et Passeron J.-C. (1970), *La Reproduction,* Minuit. (邦訳『再生産』, 藤原書店, 1991年。)

Donzelot, J. (1999), "La nouvelle question urbaine", *Esprit,* 258, pp. 87-114.

Donzelot, J. (2004), "La ville à trois vitesses : relégation, périurbanisation, gentrification", *Esprit* mars.

Dubet, F. (1999), *Pourquoi changer l'école?,* Textuel.

Dubet, F. et M. Duru-Bellat (2000), *L'hypocrisie scolaire,* Seuil.

Duru-Bellat, M. (2000), *Les inégalités sociales à l'école. Genèse et mythes,* Presse Universitaire de France.

Duru-Bellat, M. (2004), *Les effets de la ségrégation sociale de l'environnement scolaire : l'éclairage de la recherche,* Rapport pour la commission du débat national sur l'avenir de l'école.

Felouzis, G. (2003), "La ségrégation ethnique au collège et ses conséquences", *Revue Française de Sociologie,* no. 44, 3, pp. 413-447.

Gramberg, P. (1998), "School segregation: the case of Amsterdam", *Urban Studies,* Vol. 35, no. 3, pp. 547-564.

Korsu, E. (2002), *Mécanismes et implications des disparités socio-spatiales et de la ségrégation urbaine. Le cas de la région parisienne,* Thèse de doctorat en urbanisme, aménagement et politiques urbaines, Université de Paris XII-Val de Marne.

Noreisch, K. (2005), "To what extent do local educational systems' choice policies affect school segregation in urban contexts?", paper *EUREX phd Program.*

Oberti, M. (2002), "Choisir son quartier, choisir son école", in Penven, A., Bonny Y. et Roncin C. (dir.), *Au cœur de la cité,* Presse Universitaire de Rennes, pp. 97-117.

Oberti, M. (2004), *Ségrégation urbaine et scolaire dans l'Ouest parisien.* Rapport pour le Ministère de la recherche et de l'enseignement.

Payet, J.-P. (1999), "Mixités et ségrégations dans l'école urbaine", *Hommes et Migrations,* no. 1217, pp. 30-42.

Pinçon, M. et Pinçon-Charlot M. (2003), *Sociologie de la bourgeoisie,* La découverte.

Van Zanten, A. (2001), *L'école de la périphérie. Scolarité et ségrégation en banlieue.* Presse Universitaire de France.

Van Zanten, A. (2003), "La mobilisation stratégique et politique des savoirs sur le social : le cas des parents d'élèves des classes moyennes", *Éducation et sociétés,* no. 9, pp. 39-52.

(荒井　文雄訳)

第8章

学区制に関する研究と論争

フランソワーズ・ウヴラール

はじめに

ここでは、フランスの学区制における研究成果をいくつかの論争点にわけて整理してみたい。

1. 生徒の学力による中学校の序列化の強調[1)]

90年代において、中学校間格差は生徒の学力及び社会階層によって広がりをみせている（Trancart 1998）。さらに、学級編成によってこうした不平等が拡大し、学校内における隔離が進むことが示された（Duru-Bellat, Mingat 1997）。加えて最近の研究により、都市近郊の多くの場合、特に隔離現象が強い郊外においては、最も深刻な中学校は重層的なマイナス要因を（逃避、スティグマ化、校内における緊張、教職員の異動の高まり）受けており、このことは生徒の学力結果と対の関係にあるため、当然学習成果を抑制し、その最大の被害者は中間層なのである（Broccolichi, Ben Ayed, Trancart 2010）。

学力結果の拡大と学業成功と出身階層の相関性の強さ

国際調査（特にPISAの2009年の結果はそれ以前の結果をよく現している）は、生徒の学業成功についてフランスの出身階層の重みは、フィンランドの2倍で、日本よりも高い。そのフランスは、学校における公平性に関してはOECD諸

表8-1　PISA：読解力におけるレベル毎の比率の変化（2000年と2009年）

		レベル1以下	レベル1	レベル2	レベル3	レベル4	レベル5	合計
2000	フランス	4.1	11	22	30.6	23.7	8.5	100
	OECD	6.0	11.9	21.7	28.7	22.3	9.5	100
2009	フランス	7.9	11.8	21.1	27.2	22.4	9.6	100
	OECD	5.7	13.1	24	28.9	20.7	7.6	100

出典：MEN-DEPP/OCDE

表8-2　PISA：4区分した学力結果と社会指標における格差

		2000	2009	差
第一層	フランス	444	429	−15
	OECD	433	435	2
第三層	フランス	570	572	2
	OECD	564	563	−1
第三層と第一層間の差	フランス	127	143	17
	OECD	131	128	−2
SESCを用いた場合の差	フランス	44	51	7
	OECD	39	38	−1

出典：MEN-DEPP/OCDE

国において最も不利な状況にある。フランスは，富裕層と非富裕層間の学力格差が最も大きい国である（Fumel et al. 2010）。

　表8-1より2000年と2009年において，フランス人生徒のレベル1以下が4.1から7.9％に拡大し，レベル4，5についてはほとんど変わらず維持していることが読み取れる。また，生徒の学力結果と両親の社会経済文化的階層の相関は高く，この間に少し強まっている。

　表8-2より，2000年に444点以下を25％のフランス人生徒が取得し，570点以上を25％が取得していることがわかる。2009年は，社会経済文化指標（SESC）を考慮すると，OECD平均が38ポイントなのに対し，フランスは51ポイント差ある。

表 8-3 社会階層毎の読解と計算における結果の変遷

読　解	1987	1997	2007
農民	−0.02	0.00	−0.45
職人・商人	0.06	0.01	−0.43
管理職・知識層	0.58	0.44	0.45
中間職	0.30	0.22	−0.15
被雇用者	−0.05	−0.06	−0.44
労働者	−0.32	−0.29	−0.83
無職	−0.12	−0.44	−0.95
全体平均	0.00	−0.03	−0.37
計　算	1987	1999	2007
農民	0.08	−0.54	−0.95
職人・商人	0.06	−0.49	−0.90
管理職・知識層	0.54	−0.13	−0.16
中間職	0.25	−0.41	−0.71
被雇用者	−0.09	−0.63	−0.85
労働者	−0.23	−0.88	−1.13
無職	−0.55	−1.13	−1.33
全体平均	0.00	−0.65	−0.84

出典：MEN−DEPP

2．学力成績優秀者と低学力層の格差は拡大している

　全国調査においても同様の結果がみられ憂慮すべきである。2007年に教育課程における教科別評価（CEDRE）の枠のなかで，20年前に小学校最終学年（CM2）に行われた1987年の読解，計算，綴りについての同一問題の結果と比較分析を行った。この20年間でいずれの3つの分野においても顕著な学力低下がみられる。特に低学力層に影響がみられ，さらには非富裕層に顕著な結果となっている。

　表8-3は，読解と計算における各年度ごとの点数と各生徒の出身職業カテゴリーごとの平均値である。

　そのうえ，2003年と同一問題を使用して2009年に実施された中学校3年生における学力調査でも学力が低下していることが証明された。この平均値の低下は，主に学力下位層の拡大（15％から17.9％へ）と学力上位層の縮小（10％から

表8-4　2003年と2009年における中学修了時点の学力
非移民と移民世代間における平均点と最も学業困難なグループおよび最も優秀なグループにおける比率

		平均点	最も困難なグループ(%)	最も優秀なグループ(%)
非移民	2003	254	1.4	11.0
	2009	248	3.1	7.5
第1世代移民	2003	228	7.1	5.5
	2009	211	16.5	4.3
第2世代移民	2003	229	3.9	4.5
	2009	227	6.5	4.2
平均	2003	250	2.1	10.0
	2009	245	4.0	7.1

出典：MEN-DEPP

7.1％へ）にある。この傾向は特に優先教育地区の生徒にみられる。つまり、優先教育中学校の4分の1の生徒が低学力層に属していた2003年から、6年後には3分の1の生徒は低学力層に属している状況にある（Bourny et al. 2010）。

表8-4からは、2003年と09年では、非移民の点数は明らかに下がっている（－6ポイント）ことがわかる。うち2003年に1.4％であったものが09年には3.1％がレベル0（最も学業困難なグループ）に属する。

3．最後の文脈：都市問題における隔離の悪化状況

たとえば、不景気の影響はパリ近郊都市における庶民的な街ほど不安定な層を集住させている。ゲットー化があるとは言えないが、貧困層と多くの場合移民層はいくつかの界隈においてさらなる貧困化を進めている。こうした以前からの特定の社会階層の集中という都市問題と重なり合うように通学区域の問題が存在する。こうした通学区域の設定は、住居の隔離問題を強化する働きをみせている。というのも、中学校の選択は居住地の選択の重要な要素となっているからである（Préteceille 2009）。

フルジらによるボルドー大学区における調査では、学業困難な生徒と移民の

子どもの集中，そして特に特定中学校からの逃避といった戦略に関する過程が明らかにされている（Felouzis, Liot, Perroton 2005）。最後に，2005年秋の郊外で起きた「暴動」は，「こうした庶民層の若者における不評と追放されたような深い感情の表明」として分析され，そこでは学校の異なった背景もまた不正義の感情を強めたとされている（Lagrange, Oberti 2006）。

学区の廃止という計画も，こうした社会的，領土的不平等という文脈のなかに置かれ，さらにこれら不平等が悪化している傾向すら指摘されている。こうした背景を理解した上で学区の廃止という計画に関する論争の高まりについて考えなければならない。

子どもの学校を選択することを認めることは，機会の平等を進め，公立校内の社会的多様性を高めるとされていた。こうした目的は達成されたのか，そしてフランスでは一般的に社会学者は学校選択について何を述べているのか？

フランス国民教育省は，2007年から何一つ報告書を提出していないが，7つの研究班（主に社会学者）が，分析を行っている。その研究結果（まだ確定ではないが）は，これまでの研究結果に類似している。

同じ結果に収斂した研究

これらの研究は，後述するように主な点は似たような結果となった。つまり，こうした計画のインパクトは弱いということ，地元議員との緊張と区域廃止の困難，最も困難な学校と，最も需要の高い学校間における社会階層間格差の拡大といったことである。

とはいえ，無論，研究者によるアプローチの違いはある。つまり，研究の違いは，研究者の使用する理論と依拠する学問領域（政治社会学，都市社会学，教育社会学）によって当てられる焦点に違いがみられる。

たとえば，オベルティは都市社会学に依拠し，学区制の緩和による影響をみるとき，都市と学校における隔離に着目し，学校選択が社会と空間の区分を強めているとする（Oberti 2007）。

ヴァンザンタンは，政治社会学および公共政策の理論を道具に，自治体と行政の関係に影響を及ぼす政府の活動に着目している。つまり学区制の緩和は，地域の文脈における教育活動に変更を与えるとする。たとえば地区の再開発の

政策と緊張関係をもたらしたり，あるいはいくつかの市町村行政における社会混成を争点にした緊張状況を引き起こすことになる（Van Zanten 2009）。

　ボーは，社会階層に焦点を当てている。学校選択に関心を示しながら，親の職業，住居，社会あるいは引っ越しなどの軌跡が，学校と社会階層間の移動にどのような関係をもたらしているのか分析をしている（Beaud 2002）。階層の上位層と中間層から庶民層への学校「戦略的態度」の普及はみられるか？

　そして最後に，プポーはブルデュー理論による，特にハビトゥスの理論を使った保護者の持つ資源別のタイプによる相対化の重要性が与える選択への影響について考察している。学校選択の決断は，その保護者の持つ資源による。つまり経済資本（住居，私学など），文化資本（教育に関する情報の質），社会関係資本（人間関係）である（Poupeau, François 2008）。

4．暫定的な結論は？

　2007年の学区制の緩和化政策は，未だ全国評価がされていない。しかし，これまでの研究結果より導き出される暫定的な結論は示せる。

　選択の自由が教育政策の目玉とされ，政治家によって中央（国）レベルで大々的に発表はされたが，ローカルなレベルでは消極的であった。

　地方政治における小さなインパクトしか与えなかった理由：
－中学校における新しく学級を新設することに対するためらい
－学校間の財政分配における変化の少なさ
－大衆に向けたローカル情報の少なさ

　なぜ地方責任者は，この政策を実施するのに熱心ではなかったのか。それは，地方行政では，学区制の緩和による緊張を管理しなければならず，学校の社会的平和を維持しなければならないためである。つまり，一方で学校経営のバランスを保ち，他方で保護者の満足を見出さなければならないからである。

　にもかかわらず，研究者は特定の地区においては例外措置の申請による緊張を指摘している。そしてこの需要の高まりに相関して，特に庶民的な地域における学区外の例外措置に対する拒否も増加している。

　教員と校長に対するインタビューでは，こうした庶民地域における教育専門

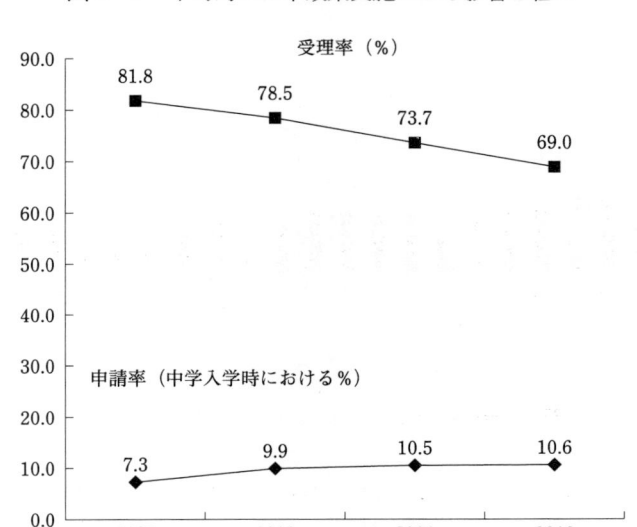

図8-1　平均的には本政策実施による影響は低い

受理率（％）

年	2007	2008	2009	2010
受理率	81.8	78.5	73.7	69.0
申請率（中学入学時における％）	7.3	9.9	10.5	10.6

家の両義性が明らかとなった。つまり，片方では「子どものため」（最も深刻な中学校を逃避することを手伝ったり，勧めたりする）という意見と，他方で職業倫理における中立性（「どこの中学校でも学べる」）によって選択という手段を拒否する方向に導く，あるいは保護者に選択の可能性すら伝えない。

こうした政策は同時に，教育行政と自治体との間に緊張を与えている。緊張関係は，教育行政側においては教員の反応に対し，自治体側では保護者や住民に対し利害が対立することも考えられる。他方では，県議会（通学区域を指定し，財政負担を担い，スクールバスなどの負担も担う）は，この政策によって混乱（例外措置の申請の運営は教育行政の対応次第である）している。

しかし，特にこの政策のインパクトは地域によって異なる。

2007年度より，学区制の緩和政策の発表後，例外措置の申請を行った保護者はそれほど増えていない（2010年は10.5％）。しかし，この数値は全国平均値でしかなく，地域によって大きく異なる。地方によって大きな違いがみられる（当然ながら，人口の多い都市部に申請件数が多い。つまり，公共機関の利便性，教育機関の豊富さによるものである）。当然のことながら，学校選択の需要はまず

図8-2　2010年度における例外措置の申請状況

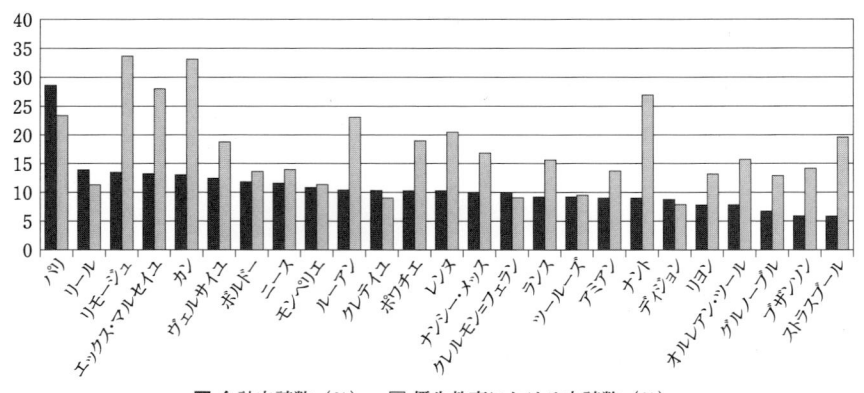

■ 合計申請数（％）　■ 優先教育における申請数（％）

は学校の数の多さ，その地域における密度に由来する。しかし次に優先教育地区であるかどうかということも影響していることに気づく。優先教育の学校が学区である保護者の15％は，例外措置の手続きを行っている。またこの数値は，いくつかの大学区では4分の1を超える高さとなっている。そして特定の中学校（たとえば深刻な郊外都市）においてはさらに高い数字となっている。

パリの事例

2009年の全国平均10％の中身は，第6級中学校入学時における例外措置の申請者の多い県は，パリ，オ・ド・セーヌ，ローヌ，ブッシュ・デュ・ローヌの順で，後者の3つの県は16から18％であるが，パリは36％と突出して高い。

さらにパリは，2008年から比較すると最も上昇し，2009年には10ポイント増えている。ただし，他の県と異なり優先教育に指定されている中学校における申請者数はより少ない。そしてパリにおいて最も例外措置は受理されず，過去2年間において最も減少傾向（50％から30％へ）にある。

つまり，こうした数値から判ることは，パリでは学校の選択数の多さと交通網の発達ゆえに例外措置の申請は普及し，これまでの上流層及び中間層に限られていたものが情報を十分に得ていなかった庶民層に浸透していることを現している。しかし，申請の受理数は徐々に減り，保護者をより落胆させている。

庶民層における選択という慣行の普及は二重の壁に遮られている。というのも，最も人気のある学校における学級の増加は認められないため，定員には限りがあるため申請が拒否されている。他方，優先教育地区からの申請については，大概は認められていない。なぜならば，こうした学校の生徒の減少による空洞化や，それによる悪循環を避けるためである。

パリ（とその近郊）は，その状況及び態度において激化させる限界にある事例で，研究者にとっては良い事例となる（第2章及び第4章を参照のこと）。

理論的にはすべての社会階層に与えられていても，同様には活かされない選択可能性

確かに，学校を選択するには，その家族が持つ様々な次元において，経済（住宅の選択，私学の選択など），文化（提供されている教育機関，中学校に関する評価），社会（人間関係）といった資源と関係した情報が必要となり，手続きをとり，決断をしなければならない。庶民層の保護者は，最も学区内の中学校に入学させている。

私学選択においても社会階層間格差がある

中等教育段階で最も私学選択を行っている社会階層は，主に3つのカテゴリーに分類できる。ひとつは農民，企業経営者，商人と職人，そして自由業と管理職層である。つまりブルジョワと被雇用者であり，倫理的にそして文化的な価値への同意，それが現実か否かのいずれの場合も，「自由な」学校という評に，たとえ「カトリック系学校は本当の意味では宗教的なものではなくても」。それでも私学の支持者の特異性によって，私学自身生徒の特徴よりもその社会階層的性格によって多様である（第3章を参照のこと）。

すべての研究は，優先教育地区の中学校に対して厳しい状況を指摘している

不安定な学校は，他の学校に学籍を得る方法を知っている学区を回避する生徒の増加によってさらに不確かとなり，スティグマ化される。そしてこうした現象は，出身階層の多様化よりも均一化を進める。最も困難な学校は，最も学業成績が低く，学校回避によってさらに困難な生徒を集め（結果社会混成度は

下がる），他方すでに優遇されている学校は，社会混成は若干上昇するが学力の混交を犠牲にした（成績の高い生徒が集中）上で実現している。そして「中位」の学校は，学区の緩和によって「上位」，あるいは「下位」に分化させる。

エリートの多様化そして，あるいは機会均等の保障か？

エリートの多様化は，学区制廃止計画の目的である。確かに良い成績の生徒をより威信のある学校に受け入れることを助けるためである。したがって，エリートの出身階層の受け入れが多様化すると考える。しかし，それはとても副次的で，より名声の高い学科や安定した学校に行けるのは，困難地域の数名の生徒でしかないだろう。（これは，最近のいくつかの次のような「賞賛に価する」生徒に開かれた実践にも通じる。たとえば「優秀な」寄宿制，パリ政治学院準備級，パリのアンリ4世（Henri IV）高校における低階層のためのパイロット学級など。）

しかし，こうした個人に対応した試みは，（学習における社会的出自による不平等といった）教育制度全体を見渡したときの集団の問題に対する効果は何一つない。むしろ最も不安定な学校の状況を，その学校のなかで優れていた生徒を逃避させることでさらに悪化させている。

ところで，こうした政策は効果的なのか？

学校間の競争を仰ぐことで，生徒の成果を上げることができるとは本当だろうか。

健全な競争をかきたてるどころか，学校を競争にさらすというのはすべての生徒にとって有害であるということを最近の研究が明らかにした（Broccolichi, Ben Ayed, Trancart 2010）。つまり，教育の市場と競争原理は，中間層も含めたすべての生徒に不利である。序列化が最も激しい学校ほど，たとえ庶民層が最も不利益を被っているとしてもすべての社会階層において成績がより低い結果となっている。確かに，学校間および校内における学力競争は，学習の妨げとなる。これには，以下のような理由が挙げられている。

　—まず，ゲットー中学校における悪循環として，スティグマ化と成績優秀者とベテラン教員の逃避により，こうした学校は最も資本の持たないそしてしばしばたいへん学業困難にある生徒である。

―より選抜的な中学校を「選択」する中間層の生徒を不安定化する。元の学区の小学校及び中学校では成績優秀者であった中間層の生徒が，より選抜的な学校に移るとしばしば成績が下がる。（移動による疲れや時間の喪失，学力的な格下げの意識の変化と学校の要求の質の急激な変化に対する意欲の低下など。）
―競争の論理的帰結は，選抜的な学校においては成績優秀者を特権化することで学校の順位を維持し，これまで成功していた生徒を劣等生にする。

結びにかえて

極わずかな最も失敗をしていない生徒は，教育困難な中学校を逃げ出すことに成功し，より教育環境の良い学校に居場所をみつけている。しかし，生徒の移動は，学校における社会及び学業における性格の類似性を高め，つまり社会及び学力格差を高めている。そして，中学校間の競争を激化させている。ところが，競争は教育制度全体の成果を上げることはない。

注
1）本章は，中学校に焦点が当てられている。もっとも，学校選択の研究は，中学校における問題である。それは他の教育段階では同様の問題として議論することができないためである。つまり，初等では子どもは幼いため家から最も近い距離にある学校ということが問題となり，学校間の違いは中学校のような深刻な問題とならない。高校では，多様な選択肢（コース，選択科目，言語，職業教育）が選択を決定づける。

参考文献

Actes de la Recherche en Sciences Sociales, "Ecole ségrégative, école reproductive", n°180, décembre 2009.

Ballion, R., Œuvrard, F. (1987), Nouvelles expériences concernant l'assouplissement de la sectorisation à l'entrée en sixième, rapport CNRS-DEP

Beaud, S. (2002), *80% au bac... et après ? : les enfants de la démocratisation scolaire*, Paris : La Découverte.

Bourny, G., Bessonneau, P., Daussin, J-M, Keskpaik, S., (2010), "L'évolution des compétences générales des élèves en fin de collège de 2003 à 2009", *Note d'information*, DEPP, n°10.22.

Broccolchi, S., Ben-Ayed, C., Trancart, D. coord. (2010), *Ecole: les pièges de la concurrence*, Paris, La Découverte.

Duru-Bellat, M., Mingat, A., (1997), "La constitution des classes de niveau dans les collèges : les effets pervers d'une pratique à visée égalisatrice", *Revue française de sociologie*, vol. XXXVIII.

Felouzis, G., Liot, F., Perroton, J. (2005), *L'apartheid scolaire : Enquête sur la ségrégation ethnique dans les collèges,* Paris : Seuil.

Fumel, S., Keskpaik, S., Girard, J., (2010), "L'évolution des acquis des élèves de 15 ans en compréhension de l'écrit: premiers résultats de l'évaluation internationale PISA 2009", *Note d'information,* DEPP, n°10.24.

Lagrange, H., Oberti, M., (2006), *Émeutes urbaines et protestations*. Presses de Sciences Po, collection Nouveaux Débats

Oberti, M. (2007). *L'école dans la ville : Ségrégation, mixité, carte scolaire,* Paris, Presses de Sciences Po.

Poupeau, F., François, J-C., (2008), *Le sens du placement: ségrégation résidentielle et ségrégation scolaire,* Raisons d'agir.

Preteceille, E., (2006), "La ségrégation sociale a-t-elle augmenté? La métropole parisienne entre polarisation et mixité", *Sociétés contemporaines,* n° 62. «La ségrégation ethno-raciale dans la métropole parisienne», *Revue française de sociologie,* vol. 50, n° 3, 2009.

Trancart, D., (1998), "L'évolution des disparités entre collèges publics", *Revue française de pédagogie,* n° 124.

van Zanten, A. (2009). *Choisir son école. Stratégies familiales et médiations locales,* Paris, PUF.

（園山　大祐訳）

終 章

対談：日仏の学区制度と学校選択

嶺井正也×フランソワーズ・ウヴラール
聞き手／園山大祐　翻訳／小林純子

対談の趣旨：ウヴラール氏は，フランスの国民教育省において現在進められている学校選択研究の座長を務めている。その研究成果報告については本書の第8章をご覧いただきたい。ここでは，ウヴラール氏を文教大学に招聘し日本におけるフランス研究者と交流を重ねたうえで，さらに日本の学校選択研究者との交流を深めることで，なぜ日本人が学校選択に関心があるのか，また日仏の異同点について明らかにすることを試みた。以下は，半日近い時間を使って対談を行った際の全容である。フランスの教育事情に通じていない人にも判り易く話をしていただいたため，意外と日本の読者に興味を持ってもらえる点が多いと判断し，当日通訳をしていただいた小林純子氏に翻訳していただき，ここに掲載することにした。なお，本インタビューは，2010年10月30日に行った。

園山／まずは日仏それぞれの学区制の成り立ちと現状についてご紹介いただきたいと思います。学区制はいつから始まったのか，それぞれの国で事情が違うと思いますのでそこからお話いただきたいのですが。

ウヴラール：フランスではカルト・スコレール［学区制・通学区域制度］は1963年に設置されます。この時期は中等教育への到達が開かれた時代でした。あの時代，中学校は1日1校の割合でつくられたと言われています。そこで予測のため，生徒の流動を調整するための道具というものが必要になりました。もともとは領土の計画化と整備のための道具でした。ですから，社会混成という目的指向性は，優先的にかかげられていたわけではあ

りません。

嶺井：小学校の学区制も同じ年に設定されたのですか？

ウヴラール：初等教育，中等教育ともに1963年です。ただし，校区／学区設置の権限は，学校が小学校であるか，中学校であるか，高校であるかによって異なる管轄になります。校区／学区の設置は，小学校の場合は市町村が，中学校の場合は県議会が，高校の場合は大学区の視学部が行います。

嶺井：日本で校区という概念は，どちらかといえば，現体制に批判的な運動を行って来た人々が使ってきた概念です。これに対して，通学区域という用語は，行政的な用語です。

ウヴラール：どの体制に反対のひとのことですか？

嶺井：教育行政当局への反対という意味です。通学区域という意味での校区には明確な法的根拠がありません。ただ，学校をつくって，たとえば同じ市町村に2つの学校があった場合に，子どもをどちらに就学させるかを教育委員会が決めることを指定した学校教育法施行令という政令はあります。しかし「そもそも通学区域とはなにか」という規定はないのです。地方から当時の文部省に，どういう基準で指定をしたら良いかという問い合わせをしたところ，地域の特性を考慮して決めるよう回答があったそうです。日本の近代的な教育制度は明治時代に始まりますが，もともと通う学校というのは歴史的な村が中心でした。統廃合を繰り返してきたために，地域性のなかで地理的なものと歴史的なものが組み合わさって通学区域が変化してきています。義務教育が始まるのは明治の最初の頃ですが，はっきりと，「この学校にこの地域の子どもを行かせなさい」ということを決めるのは，1941年の国民学校令という天皇の命令です。その時に，義務教育をきちんとやるために，そういう区域を指定したのです。ですから通学区域とは何かという法的規定はないといって良いでしょう。

ウヴラール：日本の通学区域制度の目的は何ですか？

嶺井：第二次世界大戦後に，日本の高等学校については，教育委員会法という法律で，都道府県教育委員会が高等学校に関する通学区域を定めるように規定していました。小中学校については法規定がありませんでした。その規定では，高等学校の教育の普及と，その教育の機会均等が目的となっています。この法律は1948年に制定されましたが，1956年に廃止されています。小中学校については法規定上の目的はありません。

ウヴラール：教育行政当局ではなく地方自治体が定めるということですか？

嶺井：高等学校の学区を定めるのは都道府県，小中学校については市町村の教育委員会，すなわち地方自治体の教育行政当局が定めています。

園山／今までのお話のなかですでに触れられている部分もありますが，学区の規模と地理的範囲についてはいかがでしょうか。

ウヴラール：一般的な回答はありません。地理的な範囲に応じて大きな違いがあります。非都市部と都市部の範囲はかなり違いますし，通学距離についても違いがあります。教育段階に応じても違いがあります。たとえば居住地と小学校との距離は，居住地と高校との距離よりも近いわけです。非都市部に住む子どもが交通手段を使って30分かけて高校に通うということもあるいっぽうで，パリでは10分歩けば学校まで通うことができますので，一般的な形でお答えすることはできません。ただ，ひとつのセクター［中学校の学区の単位］の中に，中学校1校が含まれ，3校から4校の小学校が含まれます。そして，いくつかのセクターを含む高校の学区のことをディストリクトと言います。ですから，ひとつの高校は，いくつかの中学校から生徒を受け入れることになっています。

嶺井：日本もほとんど同じです。ただ，先ほど小中学校について通学区域につ

いての法的根拠はないと申し上げましたが，国が地方に補助を与えるときの基準になっている法律があります。学校施設費国庫負担法というものがあります。そのときの学校設置のモデルがありまして，例えば小学校については，12学級から18学級が望ましいとされています。そして一クラスの基準は法律ができた当時は50人でした。今は40人です。ですから，これだけの数の子どもを集められるような地域が「望ましい地域」になります。今でも小学校ですと，学校から通う範囲は4キロ，中学校は6キロです。人数と通学距離というのは上手く対応していないので，あくまでもこれはモデルです。ですから日本では今，小さな学校をいかに統廃合していくかが行政上の大きな課題となっています。12学級から18学級を維持しようとするならば，狭い地域では［就学者数が］足りなくなるので，［通学区域の範囲を］大きくしないと生徒が集まらないわけです。だから統廃合しなければならないわけですが，統廃合をするとその範囲は広がってしまいます。特に僻地ではそうです。

ウヴラール：フランスでも同じような問題があります。フランスには60,000校の小学校があります。1クラスの子どもの定員の平均は25名です。定員について毎年通達が出ていますが，法律はありません。1クラスもしくは2クラスしかなく，全校生徒数50名以下という小学校がたくさんあります。こうした学校は山間部や農村部に見られ，ある村に低学年クラスが，別の村に高学年クラスが，そしてまた別の村に保育学校［フランスでは初等教育の一部］があるというふうに，子どもがいつも同じ教師に見てもらうということを避けるために，3つの異なる小学校を維持します。

嶺井：日本の分校制度とはちょっと異なる面白い発想ですね。そうすれば地域に学校も残るわけですよね。日本では全部の学校をひとつにしてしまおうというのが基本ですから，分散するということを考えないでしょう。

ウヴラール：おそらくフランスではまだ非都市部でのロビーが政治のレベルで非常に強いからだと思います。地方議員は，学校がなくなるということは，

その地域に誰も来なくなるということ，つまり地域の終焉を意味すると考えているために，何としても学校を維持しようとします。

園山／それでは，学区外の学校への就学についてはいかがでしょうか。特定の手続き，方法や条件があると思いますが。

ウヴラール：一般的な原則としては，子どもは居住地に最も近い学校に就学する権利をもっているということです。これは教育法に明記されている権利です。しかし例外措置を申請することができます。確認ですが，学区制は公立学校にしか適用されません。

嶺井：その権利が定められている法律というのはいつ頃のものでしょうか？

ウヴラール：各市町村が小学校を建設しなければならないと定めているのは1881年のジュール・フェリー法ですが，児童がその居住地から最も近い学校に受け入れられなければならないと定めているのは1964年の法律です。例外措置は，入学希望校に受け入れ可能な空席があるという条件でのみ認められます。したがって，入学希望数が受け入れ可能な生徒数を上回る場合は，一定の序列のついた基準が適用されます。もっとも優先的に考慮される基準は，申請者が障がいをもった子どもであることです。つぎに，医療的観点から配慮が求められる生徒，3番目に奨学金を受給している生徒，4番目に学区校にない特別な教育課程，例えば外国語課程や音楽教育学級や欧州学級への就学を希望する生徒，5番目に申請校にすでに兄弟姉妹が就学している生徒，6番目に学区の境界に住んでいるために学区校よりも申請校のほうが通学距離の短い生徒という順に続きます。このうち，特別な教育課程への就学希望は，2007年以前の制度［緩和措置適用以前の通学区域制度］のもとで中間層の親にもっともよく使用された基準でした。しかし今では，奨学金受給者という基準が先行します。障がいをもった子どもという基準も2007年以降にもっとも優先される基準になっています。例外措置申請用紙には，さらに7番目の「その他」という理由があります。

　　　　この「その他」の理由をもって例外措置を申請する親が大半です。

嶺井：そこが問題になるわけですね。

ウヴラール：そうです。障がいをもった子どもや奨学金受給者が例外措置を申請することは非常に少ないのです。78％の申請理由は個人的な都合によるものです。たとえば「あの学校は評判が悪いので行きたくない」といった理由です。

嶺井：そういう理由は認められることもあるのですか？

ウヴラール：受け入れ校に空席があれば認められます。今お話した例外措置の手続きは中学校のことです。小学校については市町村が定めます。例外措置は，実は小学校ではほとんど問題になりません。子どものほとんどは学区校に就学するからです。小学校レベルで例外措置の問題が生じるのは，特に非都市部です。それは，居住地よりも自分の職場に近い学校に子どもを就学させたいと考えている親が多いからです。例外措置の大きな問題は，中学校に関しては都市部で生じていますが，小学校では非都市部で生じています。そこには居住地と職場の問題だけでなく，学校の質を親がどのように捉えているかという問題があります。親にはきわめて小規模な学校の質を劣ると考える傾向があり，より生徒数の多い学校に通わせたいと考えるため，通学のための交通手段の問題が生じます。このように，例外措置をめぐって生じている問題というのは，小学校と中学校では異なるものなのです。

嶺井：小規模校を避けるというマイナスの選択が非常に多いというのは日本でもまったく同じです。

ウヴラール：日本で「小さい」というのは1クラス40名くらいの規模ですか？

嶺井：日本では2010年10月現在，小学校も中学校も学級定数は1クラス40名ですが，平均すると実態としては35人以下になっています。また学校によっては，学年に1クラスしかなくて，それも10人以下という例もあります。都市部であってもそんな学校があり，選択の際に避けられます。例えば先駆的に学校選択制を導入した東京都の品川区で典型的にみられます。

ウヴラール：それは人口動態的な問題ですか？

嶺井：そうですね。あとは品川区を例にとれば，小学校がたくさんあるということも言えます。

ウヴラール：フランスでは小規模中学も問題になっています。1960年代に教育の民主化と中等教育への到達を促進するために，非都市部にはたくさんの小さな中学校が建設されました。こうした中学は，ある村に第6級と第5級［フランスの中学校第1学年および第2学年］のみがあり，また別の村に第4級と第3級のみがあるような小規模校でした。のちに完全に正当な中学となるのですが，今では生徒のいない中学となっているところもあります。こうした学校が民主化を促したことは事実ですが，今となっては本当に小さな学校で，大きな問題となっています。

嶺井：品川区には学校選択制がありますのでまた別ですが，学校選択制を実施していないところで，指定校以外の学校に行くときには，日本でも例外的措置が認められています。そのときの最初の一番の理由は，調整区域と言って，どちらの学校が近いかによって選ぶことができるような区域があります。その次は，1980年代になってからの特徴だと思いますが，ある学校でいじめられているというケースで，途中から学校を変更する場合です。また，小学校から中学校に行くときに，行くべき学校があっても，いじめられていることや部活動ができるかできないかが学校の変更を要請する理由になります。しかし，さきほどフランスの例でお話しいただいた「個人的な都合」というのはほとんど勘案されません。ただ，学校選択制がある

ところでは，親や子どもが学校を選択する理由のひとつに，風評が大きな影響を与えています。
　このように通学区域の弾力化や学校選択制のような合法的な手段による学校選択以外に，他の自治体や通学区域の学校に就学する場合があります。これを日本では「越境入学」と呼んでいます。

ウヴラール：それは実際には住んでいない場所の住所ということですか。

嶺井：そうです。アパートを借りたり，親戚の家にお願いしたりするのです。

ウヴラール：フランスにもそういう慣行があります。

ウヴラール：品川区のようなところで，学校の空席数を入学申請数が越えた場合，子どもがその学校の近くに居住しているという基準をのぞいて，どのような基準が優先されるのでしょうか。

嶺井：その場合は抽選です。

ウヴラール：英国のブリストルと同じですね。

嶺井：中学校の通学区域制度内で例外的に認められるのはいじめなどの他部活動の理由です。これは学校選択制度を実施している場合でも多い理由です。ある学校には野球部があるけれども，指定校にはない，しかし野球をやりたいというような，日本の学校教育に非常に大きな影響をもっている放課後のスポーツ活動による選択の条件を認めている教育委員会は多いです。今お話いただいたフランスの例とのもっとも大きな違いは，障がいのある子どもたちの問題です。障がいのある子どもの就学先は，教育行政機関が決めています。例外ももちろんありますが，例えば親が子どもをすぐ近くの地域の学校に入れたいと思っても，教育行政機関が特別支援学校に入れるように指示すれば，そこに行かなければいけないということです。

ウヴラール：それは障がいの種類や程度にもよるのでしょうか。

嶺井：もちろんです。保護者や本人の意思もききますが，専門家の意見をもとに最終的に決めるのは行政機関です。ですから，1980年代あたりには，親と教育委員会との争いになって裁判がたくさん行われました。私は親の立場を支援していました。そのときの論理のひとつが，障がいのある子どもほど，近くの学校に行く権利があるという主張だったのですが，なかなか認められません。

園山／お二人のお話は「選択制」の現状にも入っている訳ですが，「選択制」が導入される時期とその背景について伺いたいと思います。

ウヴラール：通学区域制度の緩和というのは実は新しい措置ではありません。というのは，通学区域制度はフランスでは1980年代にすでに緩和されているからです。この時期の政治的コンテクストを取り上げてみると興味深いのですが，まず左派が政権につき，社会党出身の教育相は，公立学校（le public）と私立学校（le privé）を併せ統一した非宗教的な大公立学校制度（un grand service public）をつくりたいと考えていました。ところがこの試みは，右派および私立学校の支持者からの極めて強い反対にあいます。大きなデモが複数起こりました。このことによって優先教育地区（zone d'éducation prioritaire）をつくったアラン・サヴァリ教育相は辞任に追い込まれます。後継者の［同じく］社会党出身教育相は，選択が私立学校のみに関わるものではなく，公立学校制度内部でも少し選択ができるように通学区域制度を緩和することをもって事態に対応しました。そこで通学区域制度緩和の実験が始まります。この実験については1980年代の終わりまで追跡（パネル）調査が行われ，1990年代まで研究者チームによって分析され管理されていました。その後も通学区域制度の規制緩和は進みましたが，その効果を規制しようとする実際的な意向は見られませんでした。つまり，2007年にニコラ・サルコジが大統領選挙のキャンペーンで通学区域制度の廃止を公約した時には，ほとんどすべての県で通学区域制

度は緩和されていたということです。ですから，サルコジの到来は，通学区域制度にとって断絶を意味するのではなく，25年来続いてきた緩和措置という素地の上に，新自由主義的な政策の中で，消費財と同様に学校を選ぶことができるという目的が掲げられたということなのです。こうして掲げられた目的は，中等教育機関の社会的多様性，すなわち，たとえば奨学金［社会的基準にもとづく援助］を受給している生徒が，よりよい教育環境を選ぶことができるように機会均等を促進するというものでした。

嶺井：ちょうどその時期の1984年に中曽根康弘内閣が成立します。この人は，レーガンやサッチャーとの関係をつくることを一生懸命にやった人です。彼の設置した臨時教育審議会というのが，1984年から1987年にかけて4つの答申を出しています。審議会というのは諮問に対して答申を出す機関です。この時の審議会は，首相のもとにおかれています。首相直属の審議会です。通常は文部科学省（当時は文部省）の中央審議会というものが重要事項を審議します。

ウヴラール：より政治的なものであったということですね。

嶺井：この臨時教育審議会の中の大きなひとつのテーマが，「教育の自由化」というものでしたが，これに対して，当時の文部省は反対でした。つまり政権の中で対立があったわけです。この文部省の反対は，左派的な立場からの反対ではなく，より保守的な立場からの反対です。中曽根の臨時教育審議会には，保守的な立場からの反対と，教員組合などの左派的な反対のふたつの方向からの反対がありました。こうした反対のために，臨時教育審議会の「教育の自由化」は，すぐには実現しませんでしたが，徐々に入ってきて，ついに文部省も通学区域の弾力化というものを打ち出すようになります。これも規制緩和のひとつだと思いますが，1999年に，日本では地方分権推進一括法といって，地方分権を各分野で推進する法律ができます。それで，機関委任事務というものが廃止されます。先ほど通学区域を設定するのは地方であると申し上げましたが，実は国がやることがらを地

方機関の教育委員会に委任していた,つまり通学区域の設定は,以前は国の機関委任事務だったわけです。ですから,機関委任事務の廃止以降は,地方自治になったので,品川区が自由に学校選択制を導入できるようになったのです。その後次第にいくつかの自治体で同じような制度が導入されます。ちょうどそのときに,小泉純一郎内閣が登場します。小泉内閣は,構造改革といって,まさに新自由主義的な政策をやりましたので,こうしたネオリベラルな動きと品川区のような動きがドッキングして,日本の学校選択制というものが広がっていきます。

ウヴラール:どのくらいの市町村で取り入れられているのですか?

嶺井:どこまでを「学校選択制」と呼ぶかは難しいところですが,内閣府による2008年の調査によると,小中学校の平均での選択制度実施率は全国の市町村の14%です。

ウヴラール:小学校で選択制を実施して中学校では実施していないような市町村もあるのですか?

嶺井:はい。どちらかといえば,小学校で実施せず,中学校段階のみで実施しているところが多いです。例えば品川区は4つのブロックに分かれていて,その中から小学校を選ぶというしくみですが,中学校は品川区全体から選ぶことができます。全国的には人口が30万人以上と,30万人未満で分けますと,人口の多いところで選択制が導入されていることが多いのです。

園山/私たちが「学校選択」と呼んでいる制度は,時代や地域に応じて実は多様であるということでしたが,親が選ぶ範囲は,ひとまず指定校公立学校,指定校外公立学校,私立学校の間にあると考えて,その結果どのくらいの割合になるのでしょうか。

ウヴラール:小学校と高校では問題は全く異なるので,中学校について紹介し

ますと，生徒の70％が指定校公立学校に，10％が指定校外公立学校に，20％が私立学校に就学しています。

嶺井：これは全国の平均ですか，それともパリのことですか？

ウヴラール：全国平均です。例外措置による指定校外公立への就学や，とりわけ私立への就学に関しては，かなりの地方差があります。私立への就学率はフランス西部で非常に高く，生徒の半数にものぼります。パリでは生徒のおよそ３分の１程度が私立に就学します。例外措置については，例えばパリでは申請件数は極めて多いのに，それが認められるケースは少ないということが言えます。

嶺井：さきほどの条件があるからということですね。そういう意味ではまだ完全な学校選択制というわけではないようですね。

ウヴラール：例外措置の許可件数が少ないのは，入学申請が非常に多い学校の受け入れ能力の問題だけでなく，避けられる中学校の入学定員数の激減を防ぐためでもあります。

嶺井：日本では，特に学校選択に関しては，全国的な統計というものはまだないと思います。私立学校を選んだのは何名だとか，指定校外公立学校を選んだのは何名かというような全国的な統計はありません。私立学校を選んだ人数は分かるかもしれません。指定校以外にどのくらい就学しているかは集計していません。

ウヴラール：私立学校への就学者数はフランスに比べると少ないのではないでしょうか？

嶺井：私立学校への就学者数は東京では多いですが，全国的にはフランスに比べると少ないです。例えば品川区では，私立中学校に行く子どもの割合は，

25％程度です。杉並区ではもっと多いですし，私が住んでいる江戸川区ではもっと少ないです。東京全体では20％くらいではないでしょうか。私の出身地である鹿児島県などには私立学校が多くはありません。

ウヴラール：人口の社会的状況によっても変わってくるのでは？

嶺井：そうですね，私立学校が多いのは大都市圏です。品川区で指定校外公立学校にどの程度就学しているかについてですが，これは約30％程度です。

ウヴラール：そうすると私立に就学する生徒と合わせると半分以上が指定校公立学校に就学していないということですね。

嶺井：これは品川区の教育委員会の資料ですが，希望段階で指定校に就学すると回答しているのは51％位です。ただこれは地域によって違います。

園山／選択をする生徒の社会的出自やジェンダー，親の階層，職業層，学歴に応じて，子どもが就学する学校に違いはあるのでしょうか。

ウヴラール：指定校公立に行くか，指定校外公立に行くか，それとも私立に行くかは，社会的集団によってかなりの違いがあります。まず，労働者や事務系職員などの庶民階層の親は，子どもを居住地からもっとも近い公立学校に入れることが多いということが言えます。続いて，指定校外公立学校に子どもを就学させやすいのは大学の教授や学校の教員など，異なる学校の特徴をよく知っていて，かつ指定校外公立学校就学のための手続きに通じている教育関係者です。私立学校に就学させることがもっとも多いのは，私的セクターの管理職であると同時に，職人，商業関係者，あるいは農業関係者などの自営業者です。

嶺井：こういう調査というのはどういうふうになされるのでしょうか。というのは日本ではこういう調査はできないからです。親の職業などはなかなか

聞くことができません。

ウヴラール：この調査は子どもの家族に対して行われたもので，国民教育省によって抽出され，第6級［中学校第1学年］から就職まで追跡されるパネルをもとにしています。さきほどお話したのは1995年のパネルですが，1997年のパネルもありますし，2007年のものもあります。2011年のパネルも出るでしょう。だいたい30,000人の生徒が含まれますが，私たちはその30,000人の生徒の家族に対して調査をしました。

嶺井：その時に社会階層も聞くことができると？

ウヴラール：そうです。このパネルだけでなく，生徒全員の家族の職業に関する情報をもっています。それは，第6級入学時に記入すべき個人調書に親の職業をたずねる欄があるからです。

嶺井：日本では絶対に無理ですね。

ウヴラール：それは個人情報の保護の理由からですか？

嶺井：この数年間は個人情報保護の理由から親の職業をたずねるような調査は日本では不可能ですが，社会的にも，個人的な背景を知るというのをタブーとしているところがあります。

ウヴラール：私がお話したケースは中等教育段階の生徒に関することで，だいたい1990年ころから上記の情報を持っていますが，初等教育段階の生徒については同じような調書がありません。そこで，同様の情報を初等教育段階でも得たいと考えているのですが，今ではこうした情報の提供に対する非常に強い反対の動きがありますので，職業や国籍に関する情報は，これからは個人調書の欄にはなくなるでしょう。パネル調査というかたちでは可能でしょうが，個人調書から全国的にこうした情報を集めるということ

はできなくなるでしょう。中等教育段階については今のところは認められています。この状況は，政治的な背景と大きく関わっています。

嶺井：日本では国勢調査などで大きく，学歴と収入の関係などを調べることはできますが，具体的にどの学校をどういう形で選んだかということをフォローするのは非常に難しいです。私たちにできるのは，例えば品川区のこの小学校で，就学援助を何人がもらっているか，その率を行政からもらって，そこから推測するということです。例えばこの学校にはこういう家庭の子どもたちが多いということは分かりますが，具体的な選択行動まで追跡するのは非常に難しいです。東京では，私立の小中学校を選ぶ層は，比較的裕福な上流層が選んでいると思いますし，公立学校間で選択行動をとる層も比較的上位の層だと推測はしています。しかし客観的データにもとづいて，裏付けることはできません。

園山／親の学歴別にみた場合，選択行動について何か傾向はあるのでしょうか。

ウヴラール：いまここでお見せできるデータはありませんが，親のもっている資格免状に応じた選択校の違いは，おそらく親の社会的カテゴリーに応じた選択校の違いよりも明確なものにはならないでしょう。たとえば私立学校の選択は，価値体系に導かれるのであって，収入にも資格免状にも関係がないからです。これに対して，指定校外公立学校の選択は高等教育を受けている親の行動と結びついています。ただし公務員など公的セクターで働く親に多い選択です。親のもっている資格免状は，領域によっては適切な基準となることもあるでしょう。しかし親のもっている資格免状や収入は，親の社会的カテゴリーに比べると，選択行動を分ける明確な基準ではありません。その意味で，資格免状も収入も取り入れているCSP［Catégorie Socio-professionnelle＝社会職業カテゴリーはフランス国立統計経済研究所の指標のひとつ。p. 61参照。］は様々な状況を要約している完成された基準だと思います。

園山／子どもの性別による違いはありますか。

ウヴラール：子どもの成績と性別に応じて，学校を選択する動機の違いをみることができます。たとえば暴力の多いという噂のある中学校は，女子をもつ親にとっては不安なことです。またエリート主義の中学校に通わせたいと思うのは，良くできる子どもをもつ親です。あるいは，成績がまあまあの中学校に入れたいという動機は，子どもの成績がそこそこでしかないような親にみられます。こういう親にとって，中学校が子どもに求める成績の高さは不安なものだからです。このように，子どもの性別や成績という基準は，指定校公立か，指定校外公立か，私立かという選択を分けるものというよりも，選択の動機において明らかになるものです。

嶺井：親の学歴に応じた選択行動については，積極的には聞いていません。日本で小学校から中学校の選択をする場合に，親が選択をしているか，子どもが選択をしているかについてアンケートをとっているのですが，中学校になると，結構子ども本人が選択するということもあるんですね。親もできるだけ本人の意見を尊重したいと答えるんですよ。そうすると，選ぶ理由は部活であったり，友達関係であったりします。男の子と女の子のどちらがより選択行動をとるかといえば，ちょっと調べていません。ただしジェンダーによる選択の理由の違いというものは仮説としては持っています。日本の高校で，女子が「制服のかわいらしさ」で選ぶというようなことはあります。

園山／学校選択は何をもたらしているのかという話に移りたいのですが，学校全体の学力への効果というのはありますか？

ウヴラール：2007年の改革以降，全国的な評価というのはまだありません。現在進行中の調査では，あくまでも暫定的ですがいくつかの情報があります。たとえば，学校間格差の拡大に対して学校選択の政策がもつ効果に関する一致した報告がなされています。大都市圏では，社会的にも学校の成績と

いう意味でも中学校の二極化の拡大がみられます。選択制は，中学校の学業成果の不平等を広げていますが，学校間同士の競争を高めることによって，教育制度全体の学業成果を下げることにも貢献しています。つまり，より不平等でありながら，かつ学業成果にとっても非効率的な教育制度をつくってしまいます。

嶺井：まったく同じように私も考えております。私の住んでいる下町江戸川区でも学校選択制度を実施しています。そこで一番生徒の希望の多い学校は，比較的裕福な居住地にあり，学力調査でも高い結果を出しているような学校です。ですから選ばれる学校はますます上がりますが，選ばれない学校はどんどん下がります。問題はふたつあります。ひとつは，選ばれる学校と選ばれない学校が固定化して，逆転はないということです。もうひとつは，これも下町の足立区の例で，積極的に学校選択制を取り入れることによって，東京都でもっとも学力の低いこの区で，学力を上げようという政策をとりました。筑波大学の経済学の研究者は，この施策によって足立区の平均学力が上がったと判断しました。しかし私たちの調査では，学力に変化はありませんでした。むしろ足立区内での格差が広がっています［嶺井，2010：pp. 26-32］。

ウヴラール：つまり良い成績をあげる学校が他の学校のできる子どもを引きつけるがゆえに，「良い」学校はますます良くなる一方，その他の学校は劣っていくということですね。ただフランスの場合，中間的な学校に対する効果というものもあります。中間的な学校から「良い」学校に，「できる」生徒が流れた結果，その空席に別の学校から社会的にもエスニシティの観点からも出自の異なる新しいタイプの生徒を受け入れることで，これまでになかった問題に直面し，それまでの安定性が失われるという効果です。

園山／選択制がもたらしているものとして，保護者の教育戦略への変化も考えられると思いますが，その点についてはいかがでしょうか。

ウヴラール：まず学校を選ぶということについての関心が，以前は上流・中間層の親のものであったのに対し，今ではすべての社会階層の親のものとなっているということが言えます。次に，庶民層にとっては不安なものでもあるということが言えます。彼らは学校に慣れ親しんでいる親ではないにも関わらず，「選択すること」を求められている，あるいは少なくとも「選ぶことができる」ということを知っているからです。この不安は，学校の質や提供される教育の種類および実践に関して親のもっている情報の程度が家族によって非常に不平等であることから倍増します。学校に関する情報というのは非常に限られたもので基本的なことでしかありません。最後に指摘できることは，多くの場合，居住に関する戦略が，学校を選択するという戦略に先立っているということです。つまり，上流・中間層は，すでに20年前から大都市圏で自分たちの居住地を，子どもに行ってほしい学校に応じて選んできました。居住地を選ぶことによって学校を選んでいるのです。子どもを私立学校に就学させたり，指定校公立学校に就学させたりするための例外措置の申請をしなくてすむからです。彼らは良い学校のある学区に住んでいるということになります。

嶺井：戦略については日本でも状況はフランスとほぼ同じだと思います。日本の南には沖縄県というところがありまして，そこに那覇市という町があります。そこでトラブルがありまして，ある学校に入るために，ある親が引っ越してきました。ところが，通学区域がある日突然変更されてしまいました。そのことに対して非常に憤慨しているという例がありました。あとはやはりこの時期日本ではネオリベラリズムの時代でしたので，親の自己責任というのでしょうか，「選択はしても良いがその結果は自分で引き受けなさい」という感情が強くなってきたので，親に対する精神的な不安感みたいなものも出てきたのではないかと私は思っています。ただその裏付けのデータはありません。私の仮説です。

園山／学校選択制度についてはイギリスなどに先行する研究もあるようですが，先ほどのお話で出たように統計に関する制約など様々な条件もあって日仏

それぞれの事情に応じて，方法や目的の異なる研究があると思います。それについて少し紹介いただけますか。

ウヴラール：さきほど触れたように，2007年の措置の効果について，現在研究者で構成されたチームによる調査が行われています。調査は2011年の6月に終わる予定です。現在あるのは中間報告のみですが，この報告にはすでに一致した情報があります。このことが私には興味深いと思うのです。このチームの研究者はそれぞれ異なるアプローチ，理論や学問領域をもっているにもかかわらず，結果は一致したものになっているからです。言い換えれば，緩和措置の効果に関する結果が一致していても，研究者によって強調する側面は異なります。たとえば，ある研究チームは，都市社会学的アプローチを使って，通学区域制度の緩和措置が，都市空間における社会的分化をいかに強化しているかに関心をもちます。中学校における社会混成の度合いはその中学校がある地区のそれよりも高いか低いかといったことです。またアニエス・ヴァンザンタン［パリ政治学院教授］のチームは，どちらかというと政治社会学的な概念を使って，緩和措置導入による地方自治体，国家，教育行政の関係の変化を明らかにしようとしています。たとえば，荒廃した界隈の再開発政策を行っている地方自治体では，学校選択制度がその政策を不安定にしてしまいます。選択制によって「良い」生徒が地元から離れてしまうからです。そこにコンフリクトが生まれるわけです。その他，社会階層の社会学のチームは，「学校選択」が，親の異なる社会集団に応じて学校と築いている関係をどのように変更しているのかに関心を抱いています。あるいはジャン＝ルイ・ドゥルーエ（Derouet, J-L.）［国立教育研究所教授］のチームは，通学区域制度の緩和政策がいかに学校の機能を動揺させているか，その効果に関心をもっています。ですから私たちはこの調査から，全国的かつ包括的な評価でなくとも，とりわけ緩和制度の効果という側面での評価を導き得るような情報を得られれば良いと考えているところです。

嶺井：日本の場合には，あまり社会学者が発言していません。日本では，どち

らかと言うと，学校選択制に反対か賛成かという価値判断があって，教育経済学や教育政治学をやっている賛成派の人もいれば，教育政治学的な観点から，反対をする人もいます。ただし，まだデータに基づいて客観的に分析するというところまでは行っていません。そういうデータもなかなか収集できていないのも現状だと思います。

ウヴラール：局所的にはデータをお持ちでしょう？

嶺井：どれだけ選択したかというデータはありますが，それと学力のデータだとか，親の職業のデータだとか，選択行動のデータだとか，総合的なデータはほとんどないといっていいと思います。

ウヴラール：選ばれる学校と選ばれない学校の生徒の成績の全国的なデータはないのですか？

嶺井：個別の学校の成績は一般的には公開されていませんので，全国学力・学習状況調査をおこなっている国立教育政策研究所なら分かるかも知れませんが，私たちのような立場からは分かりません。例えば，この品川区の調査をする場合，品川区にコミットしている人ならばできると思いますが，そうでなければアンケートも取れません。

ウヴラール：データが公にならないということは，実際に起こっていることを知られたくない政策側の意図だとお考えですか？

嶺井：全国の学力調査については，政府だけでなく教員組合なども各学校の個別のデータを出すことには反対です。親からすれば賛成の人もいます。

ウヴラール：しかしデータを公にするということと，データを研究者が使用するということは別の話ではないですか？

園山／フランスの場合，研究者が教育省などの公の機関と契約を結ぶことによって，非公開のデータであっても研究に使用できるシステムがありますが，日本にはそうした制度がないのかも知れませんね。「選択制」をめぐる，これまでのおふたりの対談から，日仏それぞれの教育や研究の様相も見えてきたわけですが，最後にそれぞれの国の教育の展望についてどのようにお考えか，お聞かせいただけないでしょうか。

ウヴラール：フランスの場合，もっとも深刻な問題は，学業成果の格差が，もっとも低い生徒と平均の間でも，学校間でも増大していることだと思っています。国内の統計でも，国際比較においても憂慮すべき傾向が見られます。フランスの教育制度は，学業成果が出身社会階層に強く結びついているという意味でもっとも不平等なシステムのひとつとされているからです。たとえば，生徒の学業成果は日本の制度におけるそれよりもずっと強く出身社会階層に結びついています。

嶺井：学校選択制に関する調査から私が考えたことのひとつは，やはり学校選択制が保護者に受け入れられた素地があったのではないかということです。それは，公立学校の教育に対する不満のようなものが根強くあって，そこをなかなか今の公立学校が克服できないでいる，そこに対する不満が支えているのではないかと思いますので，いかに公立学校が子どもたちの期待に応えられるようにするか，どうすれば応えられるのかということを考えて行きたいというのがひとつあります。ふたつ目は，必ずしも学校選択制とは関連しませんが，日本でも社会格差にともなう教育格差の拡大がありまして，それについては日教組の研究委員会でその問題については分析したことがあります。その中で心配していますのは，社会経済的格差の拡大が教育格差を生んでいる現状に対してどういう政策を提起できるかということで，これをもうひとつの大きな課題にしています。

ウヴラール：社会的，経済的格差は経済的な状況，つまり非正規雇用や労働条件の不安定化と結びついていると考えてよろしいでしょうか。

嶺井：そういうものが背景にあって格差が拡大してきていると思います。ただ私たちはあまり調査で親の職業や収入を綿密に調査できていませんので，どれくらい援助をもらっているか，その地域の平均収入などの民間の推計値を使って教育格差の背景としての経済格差を推定しているという状況です。

園山／本日は，長時間にわたり大変貴重なお話をありがとうございました。学校選択を取り巻く政策には共通点がみられますが，その研究方法，調査結果の裏付けには違いもあり，国際比較の重要性を改めて感じました。また，日本の教育政策における実態調査研究のフィードバックが不十分であることや，データ資源の限界についても改めて大きな課題を感じることができました。

おわりに

　最後にフランスにおける学区制の緩和政策が，なぜ教育の不平等を拡大し，教育における公正さに対する争点となったのか改めて整理してみよう。
　まず，フランスはOECDにおける国際学力調査（PISA）の成績において，諸外国と較べて明らかに出身階層と学業成績にとても強い相関がみられる国である（Baudelot & Establet 2009）。そしてこの点は，フランスの中等教育の大衆化以降，拡大している。また，就学前教育から小学校終了時点までにその格差が拡大する傾向にあり，教育の結果は，階層の低い生徒により厳しく作用している（Caille & Rosenwald 2006, Broccolichi & Sinthon 2011）。フランス国民教育省によればこうした社会階層と学業結果の相関は，フランスは日本の倍とされる（Fumel et al. 2010）。また，デュベら（2010）やモンス（2007）の国際比較研究では，フランスのような，国家による統制が厳しい中央集権型の教育における学区制の部分的な緩和政策の実施は，教育機会の格差を生み出し，学力格差を広げ，こうした学校選択はより底辺層に厳しい結果となる（Mons 2007, Dalsheimer-Van Der Tol 2010）。
　また，フランス国民教育省独自の学力調査（1987年と2007年の同一問題比較）においても，この20年で学力格差の拡大が指摘できる。2003年と09年の比較においても最低学力層の数値が悪化していて，特に優先教育地区の生徒（いわゆる庶民層と移民層）に顕著である（Bourny et al. 2010）。
　本書ではフランスの特徴として，こうした学区間の格差，特に隔離（セグレゲーション）やゲットー問題は，住宅事情と治安問題の影響を受けながら特定の学区に対するイメージが悪化し，保護者や生徒がその学校を回避・逃避する要因となり，80年代以降にさらなる悪化がみられたことを明らかにした。このような都市の社会混成が難しくなり，富裕層と非富裕層の住宅地区の二極化による学校間格差の問題は，2000年代になってヴァンザンタンを始め多くの教育社会学者によって分析された。また中間層のなかには教育の大衆化と学歴イン

フレによる学歴志向の高まりによって生じた資格の格下げに対する不安から，「仲間うち」や「植民地化」（校内に仲間うちの文化を築くこと。学校もこうした特定の消費者の要求に応えることで生き残りを見出すようになる）を強固にする動きもみられ，学校内部における差別化を求め，校長も中間層の逃避を恐れ，特定のコースや，外国語クラスを設けることで中間層にとって魅力的な学校作りに邁進したことも明らかとされた（Ballion 1991, Duru-Bellat & Mingat 1997, Trancart 1998, Broccolichi, Ben Ayed, Trancart 2010）。

　他方では，都市部における私学選択の存在も無視できないことが80年代半ば以降の研究から明らかとなった（Langouët & Léger 1997）。

　こうした一連の研究より，学区制の緩和は，学校選択の自由を十分に活かせない庶民層により厳しい結果を招いていることは間違いない事実である。このことは，フランス経済の不況と相まって郊外都市における住宅・労働事情と治安の悪化によるセグレゲーション・ゲットー問題と，その被害者の多くが移民であったことは，そこに生まれ，そこから離れることが選べなかった者に追い打ちを掛けるように厳しい教育環境を強いることにもなった。こうした不正義に対する若者の異議申し立てが2005年秋に暴動化したとされている（Mucchielli & Le Goaziou 2011）。

　こうした問題に応えるべく2007年にサルコジ大統領は，2010年までに学区制の完全廃止を掲げた。学区制は，1964年12月8日のデクレによって導入され，中等教育の拡大時期において学級規模の調整には不可欠な道具であった。またその後は社会混成の維持のためにも必要な道具とされた。しかし，都市部においては80年代初期の例外措置の導入と私学選択の高まりによって，結果として社会混成は遠く及ばず，むしろ二極化することになる。さらに2007年以降は，エリート養成を積極的に政策に反映させ，郊外地域にある学校に在籍する優秀な生徒の都市部の名門校への転校や，寄宿制への入学を実施している。こうした一見するとメリトクラティックな政策が，さらに学校間格差を拡大していることは上述したとおりである。

　では，より公正な教育とは何か。フランスは，1975年に前期中等教育の単線化を実現し，すべての子どもが同じ教育課程で同じ学習指導要領の下に学ぶことになった。そのことは中等教育の大衆化を促し，すべての出身階層の子ども

が同一の義務教育を受けることを可能にした。そして80年代後半には職業バカロレアコースを設けることで，より多くの子どもが高校をも修了する時代に突入し，当然ながら高等教育の進学率も上昇した。

　こうした教育の民主化は歓迎される動きであるが，このことが80年代半ば以降の景気の低迷による学歴インフレ，そして高学歴者の就職難が社会問題となり，学校から労働への移行が教育政策の最重要課題となる。また，フランスは課程（習得）主義であるにもかかわらず，80年代より過度な留年は逆効果とされ抑制されたため，学力が不十分な生徒でも進級させる実態が生じている。もう一方では無資格でドロップアウトする若者も少なくない。

　こうした移行や学力論は，先進国に共通した問題ではないだろうか。フランスの社会学では近年，庶民層や労働者層に関する研究が再浮上し，話題となっている。つまり，かれらは自身の親の世代より高い学歴を獲得しているにもかかわらず，就職は不安定であり，その生活は親世代より厳しいとされている（Alonzo & Hugrée 2009, Chauvel 2008, Maurin 2009）。そのため，一部の教育研究者からは統一コレージュすら疑問視され，75年以前の分岐型システムの再検討もされている（Derouet 2003, Dubet & Duru-Bellat 2000, Kuntz & Meirieu 2009）。

　教育における不平等は，教育制度内部の問題はもちろん，そこでの努力が平等に報われる社会が同時に用意されないと機能しないのは言うまでもない。これは教育が公共財であるためには必須である。すべての子どもが出自に関係なく均等に機会が保障される仕組みでなければならない。

　そのため少しでも公正な教育を実施するには，教育研究が明らかとしている格差に対抗しなければならない。そのときにできることはより平等な機会の提供であろう。フランスでも，より社会・文化的な障害者を優先に二歳児からの就学前教育の機会の提供や，社会的な弱者の多い地域に対する優先教育などが施されている。2011年度からこうした優先教育の学校では教員の採用に校長が関われるとしている。少なくとも教員の定期異動がないフランスにおいては，教育困難校における教員の定着率を上げる必要があり，こうした学校に勤務する場合にさらなる優遇措置が必要である。そして先述した寄宿制などもこうした郊外地区に設置することや，あるいはアメリカで行われているようなバス通

学などによって社会混成を高める努力が求められる。さらに，最も必要とされるのがスティグマ化された郊外地区のジェントリフィケーション（社会混成化）である。都市の再開発と一体となった教育環境の改善なくして都市のセグレゲーションを止めることはできないだろう。

　最後により難しい課題だが，中長期的には職業高校への進路選択をより社会的に評価する（職業高校からの就職を確保し，そうした職種の社会的地位を確保する）ことにある。

　いずれにしても2012年5月には大統領選挙を控えており，こうした教育状況に対し，次期政権が社会混成をどのようにして高めるか，つまり学区制の再定義が教育の公正さを取り戻す鍵となるだろう。

　さて本書は，日本人の4名の研究者とフランス側の5名の研究者の共同作業による成果である。著者および各学術誌には，研究論文の転載・翻訳の承諾に感謝したい。第6章のフランソワとプポーの論文の翻訳については，中京大学の小澤浩明氏にご協力いただいたことに感謝申し上げる。なお，研究方法や視点に違いがある故に，全体の調整が十分にまとめきれなかったとすれば，編者に責任がある。全体に関する忌憚のないご意見，ご指摘を頂ければ幸いである。今後フランスにおける議論を基に，わが国における学校選択の研究に，多様な議論が深まることを願う次第である。

　最後に，このようなフランスの学校教育について一冊の本にまとめることができたのは，出版社を紹介いただいた東京女子大学名誉教授の佐久間孝正先生のお陰である。この場を借りて感謝申し上げる。また，わざわざ日本社会学会研究大会における小生の報告に顔を出していただき，編集の細かな作業にまで気を遣っていただいた勁草書房の藤尾やしお氏には心からお礼申し上げる。

　　2012年2月

　　　　　　　　　　　　　　　　　　　　　　　　編者　　園山　大祐

参考文献

　Alonzo & Hugrée（2009）*Sociologie des classes populaires,* Armand Colin

Ballion (1991) *La bonne école,* Hatier
Baudelot & Establet (2009) *L'élitisme républicain,* Seuil
Bourny et al. (2010) Les évolution des compétences générales des élèves en fin de collège de 2003 à 2009, *Note d'information,* no. 10. 22, DEPP, MEN
Broccolichi, Ben Ayed, Trancart (2010) *Ecole: les pièges de la concurrence,* La découverte
Broccolichi & Sinthon (2011) Comment s'articulent les inégalités d'acquisition scolaire et d'orientation?, *Revue française de pédagogie,* no. 175, pp. 15-38
Caille & Rosenwald (2006) Les inégalités de réussite à l'école élémentaire, *INSEE France, portrait social,* pp. 115-137
Chauvel (2008) *Les classes moyennes à la dérive,* Seuil
Dalsheimer-Van Der Tol (2010) Approche internationale de la carte scolaire, *Les dossiers,* no. 198, pp. 31-45, DEPP, MEN
Derouet (s. dir) (2003) *Le collège en question,* puf
Dubet & Duru-Bellat (2000) *L'hypocrisie scolaire,* Seuil
Dubet et al. (2010) *Les sociétés et leur école,* Seuil
Duru-Bellat & Mingat (1997) La constitution de classes de niveau par les collèges, *Revue française de sociologie,* vol. 38 (4), pp. 759-790
Fumel et al. (2010) L'évolution des acquis des élèves de 15 ans en compréhension de l'écrit, *Note d'information,* no. 10. 24, DEPP, MEN
Kuntz & Meirieu (2009) *Faut-il en finir avec le collège unique?,* Magnard
Langouët & Léger (1997) *Le choix des familles,* Fabert
Maurin (2009) *La peur du déclassement,* Seuil
Mons (2007) *Les nouvelles politiques éducatives,* puf
Mucchielli & Le Goaziou (2011) *Quand les banlieues brûlent...,* La découverte
Trancart (1998) Evolution des disparités entre collèges publics, *Revue française de pédagogie,* no. 124, pp. 43-53

付記

本書は，科学研究費補助金若手研究（B）「フランスにおける学校回避とセグリゲーションの教育社会学的研究」（21730676）の研究成果の一部である。特にフランソワーズ・ウヴラール氏の招聘については上記の研究費なくしては実現できなかった。この場を借りて感謝申し上げたい。

巻末資料

フランス学校系統図

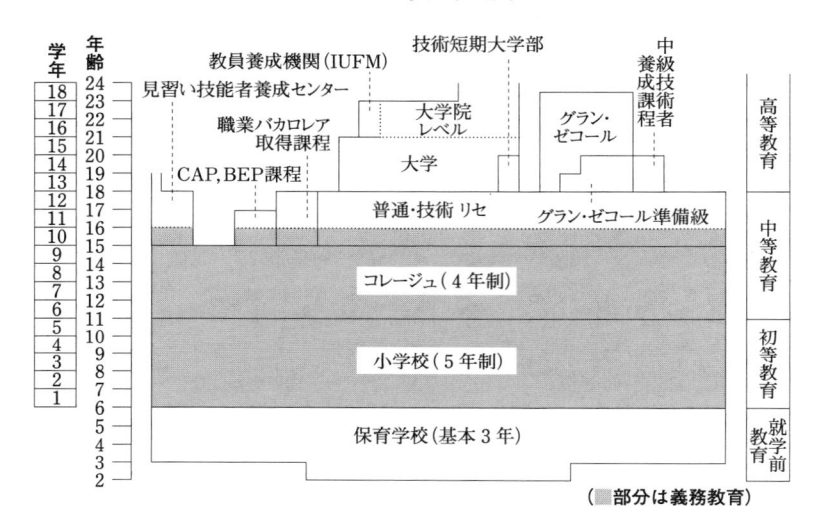

学年	年齢		
18	24	見習い技能者養成センター / 教員養成機関(IUFM) / 職業バカロレア取得課程 / CAP, BEP課程 / 大学院レベル / 大学 / 技術短期大学部 / グラン・ゼコール / 中級技術者養成課程	高等教育
普通・技術リセ / グラン・ゼコール準備級			
コレージュ（4年制）			中等教育
小学校（5年制）			初等教育
保育学校（基本3年）			就学前教育

（■部分は義務教育）

資料出所）文部科学省（2011）「平成23年版教育指標の国際比較」を一部加筆修正

就学前教育：就学前教育は，保育学校又は小学校付設の保育学級・保育部で，2〜5歳の幼児を対象として行われる。

義務教育：義務教育の年限は6歳から16歳までの10年である。

初等教育：初等教育は，小学校で5年間行われる。

中等教育：前期中等教育は，コレージュ（4年制）で行われる。このコレージュでの4年間の観察・進路指導の結果に基づいて，生徒は後期中等教育の諸学校・課程に振り分けられる（いわゆる高校入試はない）。後期中等教育は，普通・技術リセ（3年制）及び職業リセ（3年制）等で行われる。

高等教育：高等教育は，国立大学（学士課程3年，2年制の技術短期大学部等を付置している），私立大学（学位授与権がない。年限も多様），3〜5年制の各種のグラン・ゼコール，リセ付設のグラン・ゼコール準備級及び中級技術者養成課程（いずれも標準2年）等で行われる。これらの高等教育機関に入学するためには，原則として「バカロレア」（中等教育修了と高等教育入学資格を併せて認定する国家資格）取得試験に合格し，同資格を取得しなければならない。なお，教員養成機関として，主として大学3年修了後に進む教員養成機関（2年制）がある。

注）フランスでは，留年，飛び級が小学校入学時点から認められているため，学年右の年齢は標準年齢を指す。

パリ市周辺地図

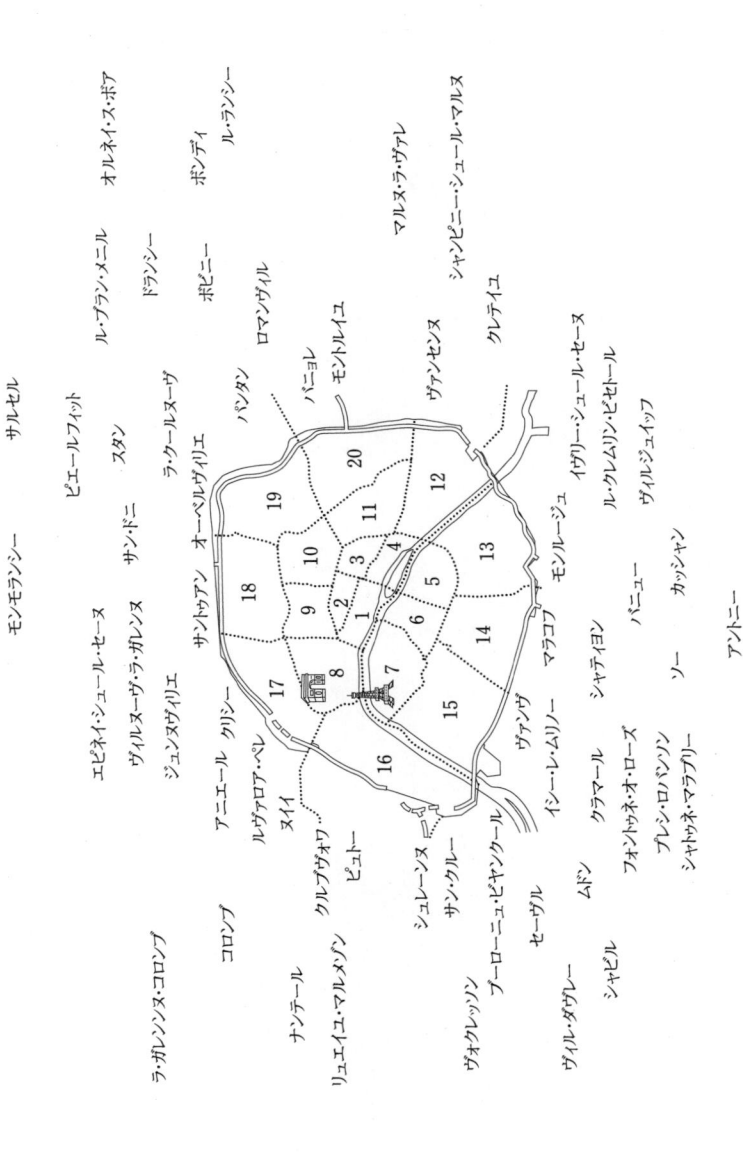

モンモランシー　サルセル

ラ・ガレンヌ・コロンブ
　　　　　　　エピネイ・シュール・セーヌ
　　　　　　　ヴィルヌーヴ・ラ・ガレンヌ
　　　　　　　ジェンヌヴィリエ
コロンブ
　　　　アニエール クリシー
　　　　　　　　　　　　　　サン・トゥアン　オーベルヴィリエ
ナンテール　　ルヴァロワ・ペレ
　　　　　　ヌイユ
リュエイユ・マルメゾン　　　　　　　　　　　　　　　　　　　　パンタン
　　　　　クルブヴォワ
　　　　　シュレーヌ　ピュトー　　　　　　　　　　　　　　　　　　バニョレ
　　　　　　　　サン・クルー
　　　　　　　　　　　　　　イシー・レ・ムリノー
ヴォクレッソン
　　　　　ブーローニュ・ビヤンクール　　　　ヴァンヴ
　　　　　　　セーヴル　　　　　　　　クラマール　　モンルージュ
ヴィル・ダヴレー　　　　　　　　　　　　　　　　　　　　　　　　　ジャンティイ
　　　　シャビル　　フォントネ・オ・ローズ
　　　　　　　　　プレシ・ロバンソン　　　　　　　　バニュー
　　　　　　　　　シャトゥネ・マラブリー　　　　　　ソー　　カッシャン

ピエール・フィット
　　　　ルブランメニル
スタン　　　　　ドランシー
　　　ラ・クールヌーヴ
　　　　　　　　　　　ボビニー　　　ロマンヴィル
　　　　　　　　　　　　　　　　モントルイユ
　　　　　　　　　　　　　　　ヴァンセンス

オルネイ・ス・ボア
　　　　　　　ルランシー
ボンディ
マルヌ・ラ・ヴァレ
シャンピニー・シュール・マルヌ
クレテイユ
イヴリー・シュール・セーヌ
ル・クレムラン・ビセートル
ヴィルジュイフ
アントニー

注）パリ市には20区あり、数字は各区を表している。また、パリ市の外周には各市名を表記した。

人名索引

ア行

アビ（Haby, R.）　14,54
ヴァンザンタン（van Zanten, A.）　2,15,29,31,32,35,36,38,40,42,66,91,117,126,139,195,196,221,227
ヴィンセント（Vincent, C.）　85
ヴァンデルメルク（Vandermeersch, E.）　57
ウヴラール（Œuvrard, F.）　2,30,191,203-223
オベルティ（Oberti, M.）　31,32,36,39,42,118,155,186,195

カ行

カクオー（Cacouault, M.）　30
ラン（Rhein, C.）　143
グイヨン（Gouyon, M.）　30
クティ（Coutty, M.）　53
小泉純一郎　212

サ行

サヴァリ（Savary, A.）　53,211
サッチャー（Thatcher, M. H.）　212
サルコジ（Sarkozy, N.）　211,228
シモン（Simon, J.）　18
ジラール（Girard, P.）　119,120,124
ジロット（Gilotte, O.）　119,120,124
シュベーヌマン（Chevènement, J-P.）　51

タ行

デュベ（Dubet, F.）　2,158,185,225
デュリュ=ベラ（Duru-Bellat, M.）　1,2,8,10,14-17,133

ナ行

ドゥルーエ（Derouet, J-L.）　221
ドンズロ（Donzelot, J.）　158,185

中曽根康弘　212

ハ行

パスロン（Passeron, J.-C.）　20,53,68,155,188
バリオン（Ballion, R.）　54,55,61
パンソン=シャルロ（Pinçon-Charlot, M.）　136,186
フィヨン（Fillon, F.）　4
プポー（Poupeau, F.）　2,31,117,118,121,139,196
フランソワ（François J.-C.）　31,117,121,139
フルジ（Felouzis, G.）　181,194
ブルデュー（Bourdieu, P.）　1,2,20,38,53,66,67,119,155,188,196
プレトゥセイユ（Préteceille, E.）　31,121,186
ブロコリッシ（Broccolichi, S.）　2,40,117
ボー（Beaud, S.）　2,196
ボール（Ball, S.）　66,85,140

マ行

マティアン（Mathian, H.）　144
マンガ（Mingat, A.）　133
モアザン（Moisan, C.）　18
モラン（Maurin, E.）　18,134,144
モンス（Mons, N.）　225

ラ行

ライール（Lahire, B.） 67, 68, 85
ラン（Rhein, C.） 143
ラングゥエ（Langouët, G） 57, 58, 60
リナール（Linhart, D.） 33
ルヴェル（Revel, J.） 68
ルノワール（Lenoir, R.） 1, 21
レーガン（Reagan, R. W.） 212
レジェ（Léger, A.） 57, 63

事項索引

ア行

アパルトヘイト　20,128
安全　42
移民　1,6,16,18,20,27,41,82,102,108,110,158-160,162,180,182,185,194,228
越境入学　210

カ行

外国人　1,20,41,81-83,135,173
　——生徒　41
階級
　上流（諸）——　96,98,100,103,108
　庶民（諸）——　91,92,97,102,103,107,108,125,128,131,132,135,137-140,145
　中流（諸）——　92,95-98,100-103,105-110,118,126,132,138-141
階層　12,58,184,225
　——間格差　8
　社会——　27,65,167,169,172,184,227
　上流（階）層　28-38,40,41,44,48,51,55,66,67,156,158,163,165-167,169-180,182-187
　庶民（階）層　28,39,41,44-49,66,68,69,84,121,128,132,135,138,139,145,155-160,162-165,167,170-173,175-178,180,183-185,187,195,196,198,219
　中間（階）層　16,17,28,29,36-38,40,41,44-48,121,132,138,139,157,158,162,165-167,170-174,176-178,180,182-187,191,196,198,200,207,219,225-227
回避　3,17,27,38,127,128,132,138,140,143,158,180,199,225

格差　42,43,54,193,201,223,225,227
格下げ　1,2,21,39,226
　社会的——　2
隔離　3,16,18,20,117,118,141,142,160,162,180,181,183,186,195,225
　隔離的（な）民主化　1,18
学歴　12,28-30,38,39,51-55,58,60,155,216,227
　——インフレ　1,2,20,53,54,227
家族の選択　118
学区　27,28,31,36,40,42-44,46,58,71,72,79,84,99,105,118-124,128,131-143,161,162,163,166,169,173,177,180,184,187,199,204,205,207
　学区校回避　119,121-124,128,137,138
　学区制（度）　28,46-49,117,118,120,121,127,128,130-132,134-137,141,142,161,167,174,178,180,181,183,187,203,204,207,226
　学校（の）回避　3,18,27,28,38,42-44,46,54,159,161,166,167,177,180,225
学校隔離　117,140
学校間格差　27,39-41,43,46,47,218,225
学校間競争　42,119
学校（の）効果　16,93
学校市場　92,118,122,142
学校選択（制）　5,27,28,36-40,43,44,46-49,51,52,55,57,58,63,65,118,162,178,180,182,209,210,213,214,218,219,221,223,224,226
学校選択行動　28,37,41,45,47
学校評価　42,43
家庭　44,45,48,161,169,177,178
　——の教育機能　44,45
　——の教育力　48

カルト・スコレール（→学区制）　118,
　　124, 131, 203
管理職　5, 8, 12-16, 20
　――層　199
機関委任事務　212
教育期待　12
教育効果　159
教育戦略　16, 44, 180, 219
　親の――　3
教育の自由化　212
教育の民主化　3, 28, 53, 59, 62, 157, 209,
　　227
教育爆発　5, 53, 54
教員　5, 229
競合空間　118, 122, 129, 130, 133-136, 140
　　-143
競争　32, 36, 37, 39, 41-45, 47, 97, 119,
　　139, 157, 160, 185, 200, 218
　――圏　37, 43
競争原理　33, 51, 200
共通基礎　5, 14
居住地　32, 39, 66, 85, 91, 159, 162, 166,
　　169, 180, 181, 186
近郊　191, 194
グラン・ゼコール　13, 14, 56, 67, 164, 173
経済資本　37, 43, 47-49, 196
経済的資源　66, 67, 79, 95, 100, 109, 119,
　　125, 126, 139
経済的・文化的資源　36, 141
経済・文化資本　28, 37, 43, 47-49, 157
ゲットー（化）　20, 27, 31, 200
ゲルムール法　54, 57
郊外　5, 18-20, 40, 73, 92, 124, 182, 226,
　　227
公正　3, 100, 226-228
構造改革　212
効率主義（教育の市場化）　60
効力　3, 14

サ行

差異化　47, 120
再生産　20, 100, 107, 109, 155-157
ザッピング　52, 57-59
私学　52-59, 199
資源　199
自己隔離　38
自己選抜　13, 20, 139
自己評価（選抜）　15
市場　3, 48, 65, 186, 200
　――原理　35
社会関係資本　66, 100, 107, 108, 196
社会空間的決定因　120, 139
社会経済文化指標　192
社会混成　18, 28, 38, 39, 41, 42, 46, 48, 49,
　　110, 122, 128, 159, 160, 163, 180-183,
　　187, 196, 199, 200, 205, 221, 225-228
社会正義　3, 48
社会的隔離　46, 48
社会的選別　121, 139
社会的排除　1, 44
社会的不平等　48, 117, 119, 142, 139, 158,
　　160, 187
就学実践　118, 119-124, 126, 132-136, 138
　　-140, 142, 143, 149
就学戦略　121
消費者　3, 35, 47, 48, 157
植民地化　159, 226
私立（学）校　16, 29, 31, 34, 35, 37, 38,
　　40, 42, 44, 46, 51-61, 69, 73, 75, 77, 84,
　　91, 104-106, 109, 120, 167, 170, 173, 178,
　　180, 183, 211, 213-215, 217, 220
私立中学　67, 69, 76, 80, 81
新自由主義　32, 33, 36, 48, 211, 213
人種隔離　27, 156
スティグマ　18, 191, 199, 200, 228
戦術　177
選択　47, 66-69, 84, 85, 91, 100, 102, 104,
　　109, 131, 167, 195-197, 200, 211, 217,

218,220
選抜　32,35,37,45,47,77,104,167,178,
　　　185,186
選別　45,83,157
専門職　32,35,36
戦略　28,30-32,44,58,80,92,104,105,
　　　107,109,117,119,156,159,166,180,
　　　183,185,195,196,220
　　親の——　66

タ行

大衆化　2,3,6,227,228
地方分権　42
調整区域　209
通学区域　91,105,194-200,204,205,209-
　　　212,220,221
ディスタンクシオン　1,20
低家賃集合住宅団地　70,73,75,79,158,
　　　173
テリトリー　20
統一コレージュ　2,5,51,56,62,229
逃避　129,132,133,141,191,195,197,
　　　200,201,225
ドゥブレ法　52-55,60

ナ行

内部における排除　2
仲間うち　29,31,36,100,102,105,107,
　　　109,115,134,226
ネオリベラリズム　220

ハ行

排除　1,20,31,38
　　——された人々　1
　　内部から——された人々　1,3
バカロレア　3-11,20,29,30,51,54,56,
　　　57,61
　　技術——　2
　　職業——　2,227
　　普通——　5,13
ハビトゥス　31,66,155,164,196
富裕層　192
ブルジョワ　121,127,137,199
ブルジョワジー　125,126,131,132,135-
　　　138,140,141
文化資本　8,13,17,28,29,31,37,39,43-
　　　45,47-49,61,156,157,196
文化的資源　36,66,67,79,92,100,119,
　　　125,126,139,141

マ行

民主化　20,28,59,60

ヤ行

優先教育地区（ZEP）　3,16,17,18,194,
　　　198,199,211,225,227

ラ行

領土　20,195
臨時教育審議会　212
例外措置　31,46,57,72,105,121,122,
　　　124,149,164,166,196-198,207,208,
　　　213,214,220,226
労働者　5,8,12,14,15,20,41,60,169,
　　　170,172,173,175,178,180,185,227

略語表記

第3級：フランスの中学4年（日本の中学校3年生）
第6級：フランスの中学1年（日本の小学校6年生）
第2課程：学士，修士，教員養成課程
第3課程：DEA, DESS，博士課程
Bac：バカロレア資格
Bac＋2：バカロレア取得後2年（短期高等教育修了者DEUG, BTS, DUT, DEUSなど）
Bac＋m：バカロレアの特記評価（秀・優・良のいずれか）を得た者
BEP：職業教育修了証（高校2年課程）
BEPC：第1期修了証（中学修了証）
Brevet：前期中等教育修了国家免状（DNB）
Brevet Pr.：職業Brevet
CAP：職業適格証（高校2年課程）
CPGE：グラン・ゼコール準備級
DEUG：大学一般教育免状
IUT：技術短期大学部
JAPD：防衛の日
PPRE：教育成功個別プログラム
RAR：教育成功願望網
RRS：学業成功網
SEGPA：コレージュ付設適応普通教育・職業教育科
STS：上級技術者養成短期高等教育課程
ZEP：優先教育地区

執筆者・訳者紹介

園山大祐（そのやま　だいすけ）　　編著者，第1章・第3章，第8章翻訳
　1971年生／九州大学大学院教育学研究科博士後期課程退学
　現在：大阪大学大学院人間科学研究科准教授
　主著：『日仏比較　変容する社会と教育』（共編著　明石書店　2009）
　『比較教育』（監訳　文教大学出版事業部　2011）

荒井文雄（あらい　ふみお）　　第2章，第7章翻訳
　1953年生／パリ第8大学大学院博士課程（言語学科　理論言語学）修了　一般言語学博士（1999）
　現在：京都産業大学外国語学部教授
　主著：*Les expressions locatives et les verbes de déplacement en japonais,* Presse Universitaire du Septentrion, 2000.「フランスにおける中学校の学区制度と学校回避――大都市圏における学校回避の現状」『フランス教育学会紀要』21号（2009），pp. 51-64.

小林純子（こばやし　すみこ）　　第4章，第5章・第6章・終章翻訳
　1978年生／パリ第5大学人文社会学部教育科学専攻博士課程修了　教育科学博士（2010）
　現在：文教大学ほか非常勤講師
　主著：『フランス教育の伝統と革新』（共著　大学教育出版　2009）

アニエス・ヴァンザンタン（Agnès Van Zanten）　　第5章
　パリ第5大学　社会学博士
　現在：パリ政治学院教授
　主著：Van Zanten & Obin, *La carte scolaire,* Que sais-je? Puf.
　Van Zanten, *Choisir son école,* Puf, 2009.

フランク・プポー（Franck Poupeau）　　第6章
　社会科学高等学院（EHESS）修了　社会学博士
　現在：フランス国立科学センター研究員
　主著：Poupeau & François, *Le sense du placement,* Raison d'agir, 2008.
　　　――, *Une sociologie d'Etat,* Raison d'agir, 2003.

ジャン＝クリストフ・フランソワ（Jean-Christophe François）　　第6章
　パリ第1大学大学院地理学研究科修了　地理学博士
　現在：パリ第1大学・パリ第7大学兼任講師
　主著：Poupeau & François, *Le sense du placement,* Raison d'agir, 2008.

京免徹雄（きょうめん　てつお）　第6章翻訳
　1982年生／早稲田大学教育学研究科博士課程単位取得退学
　現在：郡山女子大学短期大学部幼児教育学科講師
　主論文：「1880〜1910年代フランスにおける職業指導の展開と実践――小学校での教科指導を通した職業観・勤労観の育成」日本産業教育学会『産業教育研究』第40巻第2号，2010．

マルコ・オベルティ（Marco Oberti）　第7章
　パリ第10大学　社会学博士
　現在：パリ政治学院教授
　主著：Oberti, *L'école dans la ville,* Presses Sciences-Po, 2007.

フランソワーズ・ウヴラール（Françoise Œuvrard）　第8章，終章
　社会科学高等研究院（EHESS）修了　研究深化学位（DEA）社会科学
　現在：元フランス国民教育省教育評価予測成果局研究員・アルブヴァックス社会学研究所研究員
　主著：Cacouault & Œuvrard, *Sociologie de l'éducation,* La découverte, 2009（第4版）．Glasman & Œuvrard, *La déscolarisation,* La dispute, 2004.

嶺井正也（みねい　まさや）　終章
　1947年生／東京教育大学大学院教育学研究科博士課程単位取得退学
　現在：専修大学経営学部教授
　主著：『現代教育政策論の焦点』（八月書館　2005），『転換点にきた学校選択制』（編著　八月書館　2010）

学校選択のパラドックス
フランス学区制と教育の公正

2012年2月25日　第1版第1刷発行

編著者　園山大祐

発行者　井村寿人

発行所　株式会社　勁草書房

112-0005　東京都文京区水道2-1-1　振替 00150-2-175253
（編集）電話 03-3815-5277／FAX 03-3814-6968
（営業）電話 03-3814-6861／FAX 03-3814-6854
港北出版印刷・青木製本所

Ⓒ SONOYAMA Daisuke　2012

ISBN978-4-326-25073-8　　Printed in Japan

JCOPY　＜(社)出版者著作権管理機構　委託出版物＞
本書の無断複写は著作権法上での例外を除き禁じられています。
複写される場合は、そのつど事前に、(社)出版者著作権管理機構
（電話 03-3513-6969、FAX 03-3513-6979、e-mail: info@jcopy.or.jp）
の許諾を得てください。

＊落丁本・乱丁本はお取替いたします。
http://www.keisoshobo.co.jp

児島 明	ニューカマーの子どもと学校文化 日系ブラジル人生徒の教育エスノグラフィー	A5判	4410円
清水睦美	ニューカマーの子どもたち 学校と家族の間の日常世界	A5判	4725円
金井香里	ニューカマーの子どものいる教室 教師の認知と思考	A5判	4200円
馬渕仁編著	「多文化共生」は可能か 教育における挑戦	A5判	2940円
杉原由美	日本語学習のエスノメソドロジー 言語的共生化の過程分析	A5判	3150円
宮寺晃夫	教育の分配論 公正な能力開発とは何か	A5判	2940円
清田夏代	現代イギリスの教育行政改革	A5判	3885円
A.・オスラーほか 清田夏代ほか訳	シティズンシップと教育 変容する世界と市民性	A5判	3780円
酒井 朗	進学支援の教育臨床社会学 商業高校におけるアクションリサーチ	A5判	3045円
佐久間孝正	外国人の子どもの不就学 異文化に開かれた教育とは	四六判	2520円
佐久間孝正	移民大国イギリスの実験 学校と地域にみる多文化の現実	四六判	3150円
佐久間孝正	外国人の子どもの教育問題 政府内懇談会における提言	四六判	2310円
森田伸子	子どもと哲学を 問いから希望へ	四六判	2415円
柴山英樹	シュタイナーの教育思想 その人間観と芸術論	A5判	4200円
教育思想史学会編	教育思想事典	A5判	7560円

＊表示価格は2012年2月現在。消費税は含まれております。